사회정책과 새로운 패러다임

이 책의 출간은 2010년도 정부재원(교육과학기술부 인문사회연구역량강화사업비)으로 한국 연구 재단의 지원을 받아 이루어졌습니다 (NRF-2010-330-B00142)

이 도서의 국립중앙도서관 출판시도서목록(CIP)은 e-CIP홈페이지(http://www.nl.go.kr/ecip)와 국가자료공동목록시스템(http://www.nl.go.kr/kolisnet)에서 이용하실 수 있습니다.
(CIP제어번호: CIP2011005750)

경상대학교 인권사회발전연구총서 ②

사회정책과 새로운 패러다임

심창학 · 조영훈 엮음

New Paradigm in Social Policy

Edited by
Chang Hack SHIM & Young Hoon CHO

ORUEM Publishing House
Seoul, Korea
2011

| 머리말 |

이 책은 한국연구재단의 한국사회기반연구사업(SSK)의 일환으로 2010년 9월부터 3년 예정으로 시작된 "한국의 사회변동과 탈물질주의 사회정책" 사업의 결과물이다. 이 사업의 주체는 경상대학교 인권사회발전연구소의 SSK 한국형신사회정책연구팀이며, 이 연구팀은 박재흥 교수(경상대 사회학과, 연구책임자), 강수택교수(경상대 사회학과), 심창학교수(경상대 사회복지학과), 조영훈교수(동의대 사회복지학과)로 구성되었다.

이 사업의 1차년도 핵심과제는 현대 복지국가들을 둘러싼 거시사회적 변화들에 비추어 고전적 사회정책들을 평가하고 새로운 사회정책의 패러다임을 모색하는 것이었다. 이러한 핵심과제에 맞추어 2011년 5월 12일에 경상대학교에서 국제학술 심포지엄이 개최되었고, 여섯 명의 사회정책 연구자들이 귀중한 논문을 발표하였다. 이 책자는 그 여섯 논문을 바탕으로 한 것이며, 이 여섯 논문들은 신사회위험, 사회투자, 활성화, 복지혼합, 유연보장성(flexicurity) 등 탈산업화를 비롯한 거시사회적 변화들에 따라 각광을 받게 된 새로운 사회정책의 핵심개념들을 중심으로 연결되어 있다. 보다 구체적으로 각 장의 내용들을 소개하면 다음과 같다.

　제1장은 조영훈 교수의 "탈산업화와 사회정책의 변화"로서 이 책의 서론에 해당한다. 이 글은 가족구조의 변화, 여성의 노동시장 참여 증대, 탈제조업화, 서비스경제의 확대를 특징으로 하는 탈산업화에 따라 복지국가에 어떤 변화가 발생하는가라는 문제의식하에 1980년대 이래 20여 년 동안 선진산업국가들에서 전통적인 사회프로그램들과 새로운 사회적 위험을 보장하는 사회프로그램들이 어느 정도로 축소 또는 확대되었는지를 비교 검토한다. 이를 통해 이 논문은 선진산업국가들이 항구적인 긴축재정의 상황하에서도 탈산업화에 대응하는 새로운 사회프로그램들을 확대해 왔음을 밝히고, 복지제도의 고착성이나 경로의존성 개념에 기초하여 새로운 사회프로그램의 확대 가능성을 낮게 평가하는 신제도주의를 비판한다. 이 글은『사회복지정책』38권 3호(2011년)에 게재되었던 내용을 수정·보완하였다.

　제2장 "사회투자와 활성화"에서 안 마리 기유마르(Anne-Marie Guillemard) 교수는 현재 급속히 진행되고 있는 인구고령화에 대응하기 위해 복지체제가 근본적으로 변화할 필요가 있음을 주장한다. 이 글에 따르면, 지식기반경제 혹은 탈산업사회에 들어선 현대사회에서는 수명연장에 따라 근로자들의 퇴직연령이 높아지며, 근로기간이 연령별로 설정되어 있는 산업사회와는 달리 노동시장에의 진출입이 전 생애에 걸쳐 가능할 뿐 아니라 필요하다고 한다. 따라서 국가의 역할은 연금제도를 통한 소득보전에 국한되는 것이 아니라 전 생애에 걸친 보장을 제공하는 쪽으로 확대되어야 하며 그 좋은 방안은 개인들의 인적자본 확충에 기여하는 사회투자의 확대이다. 이와 함께, 근로연령층과 노령층 내지는 후기노령층과의 새로운 사회적 연대도 필요하다고 한다. 수명연장에 따른 노인층의 노동시장 참여는 근로연령층의 일자리를 빼앗는 것일 수도 있지만 다른 한편으로는 연금급여의 감소를 통해 근로연령층의 부담을 줄이는 것이기 때문이다. 인구고령화가 복지국가의 변모에 대해 미치는 영향에 대해 언급하는 연구자들은 많지만 그에 대해 체계적으로 다룬 연구는 매우 드물다. 이 글은 이러한 학문적 공백

을 메운다는 점에서뿐 아니라 경험적으로나 논리적으로 매우 정교한 주장을 제시한다는 점에서 커다란 의의가 있다.

제3장 "유럽 활성화 전략과 사회보호 패러다임의 변화"에서 심창학 교수는 복지국가연구에서 최근 각광을 받고 있는 활성화정책의 개념과 사회정책상의 의의에 대해 논의한다. 활성화(activation)를 적용한 사회 정책들이 활발하게 시행되는 반면에 활성화에 대한 개념이 불분명한 현 상황을 감안할 때 이 글은 매우 시의적절한 시도인 것으로 평가된 다. 특히, 근로촉진을 강조한다는 점에서 비슷한 정책으로 혼동되는 활 성화와 근로연계복지가 서로 어떻게 다른지를 이론적으로나 경험적으 로 분명하게 구분해준다. 근로연계복지가 사회보장급여의 삭감과 노 동에 대한 강제를 추구하는 반면에, 활성화는 변화하는 사회적 상황에 맞추어 사회보장제도의 재편성을 지향한다는 점에서 두 정책은 지향 점이 다른 것이다. 더 나아가서, 이 글은 서유럽 국가들에서 광범하게 채택되고 있는 활성화 전략이 복지국가의 구조뿐 아니라 사회권의 개 념까지도 바꿀 수 있을 정도로 강력한 영향력을 발휘할 것으로 예견한 다. 이러한 예견이 어느 정도나 실현될 지 앞으로 두고 보아야 하겠지 만, 활성화 전략이 탈산업사회의 새로운 사회정책의 근간이 되고 있음 을 부정할 수는 없을 것이다.

제4장 "한국의 복지혼합과 사회정책: 복지시장과 제3섹터를 중심으 로"에서 김진욱 교수는 최근의 복지국가연구에서 가장 뜨거운 이슈들 가운데 하나를 다룬다. 잘 알려진 대로 세계화와 탈산업화로 인해 새로 운 사회문제들이 등장하는 반면에 국가의 개입능력이 약화되는 현실 에서 복지혼합의 중요성은 아무리 강조해도 지나치지 않을 것이다. 이 글은 다소 불분명하게 사용되어 왔던 복지혼합의 개념을 분명하게 정 립하고, 특히 민간부문을 구성하는 하위분야들이 무엇인지를 매우 상 세하게 논의하고 있다. 이러한 이론적 논의를 바탕으로 하여 이 논문 은 한국에서 시장부문과 제3섹터가 매우 빠르게 성장하면서 복지혼합 의 주요한 축을 담당하고 있음을 매우 광범위한 경험적 자료들을 가지

고 입증해낸다. 이 글은 한국의 복지혼합체제에 대한 본격적인 연구로 서는 거의 최초의 것으로서 학문적 의의가 크며, 시장기제의 확대가 낳을 수 있는 사회적 역기능들을 정확하게 제시한다는 점에서 실천적 의의도 매우 크다.

제5장은 카미무라 야스히로(上村泰裕) 교수의 "일본 복지체제의 현재와 미래: 안정성과 유연성의 조화?"로서 탈산업화와 세계화에 따라 일본복지체제가 어떻게 재구성되어야 할 것인가 하는 문제의식을 제기한다. 일본 복지체제에서 국가의 역할이 매우 제한적인 대신에 기업복지와 가족의존체제가 발달되었다는 것은 이미 잘 알려진 사실이다. 그렇지만, 세계화와 탈산업화의 진전에 따라 일본사회도 가족의 해체와 낮은 출산율, 소득의 양극화, 고용형태의 다양화 등을 경험하였고, 이에 따라서 기업복지와 가족의존체제가 더 이상 원활하게 작동되기 어렵게 되었다는 것이다. 이러한 도전에 대한 적절한 대응책은 노동유연화를 수용하면서도 노동시장의 주변계층에게 생활상의 안정을 보장하는 유연보장성(flexicurity) 체제의 구축이며, 이를 위해 노동, 자본, 국가 등 모든 이해관계자들의 적극적인 협조가 요구된다고 한다. 이제까지 일본 복지국가에 대한 연구들은 대부분 사회정책 및 사회프로그램들의 과거와 현재를 다루는 데 그쳤다. 이에 반해서, 카미무라 교수의 논문은 일본사회를 둘러싼 거시 사회적 변화를 고려하면서 일본복지체제의 바람직한 미래 건설을 위해 어떤 방안이 강구되어야 하는가를 심각하게 고민한다는 특징을 지닌다.

제6장 신동면 교수의 "사회복지의 공공성 측정에 관한 연구"에 따르면, 사회정책연구자들은 복지의 시장화를 비판하고 사회복지의 공공성을 높여야 한다고 주장하지만, 실제로 자신들이 말하는 공공성이 정확히 무엇이고 어떻게 측정될 수 있는가에 대해서는 별다른 관심이 없다. 단순하게 말하면 사회정책연구자들은 사회복지부문에서 국가의 역할이 커지는 것이 곧 공공성의 강화라고 가정할 따름인 것이다. 그렇지만, 복지혼합이 확대되어 가고 공공복지전달체계의 확대가 공익보다는 복

지관료들의 이해관계에 따를 수 있는 현실에서는 사회복지의 공공성에 대한 새로운 정의와 객관적인 측정 지표가 필요하다고 한다. 이 글은 사회복지의 공공성을 형식적인 차원(복지혼합)과 실질적인 차원(사회권)에서 측정할 수 있는 매우 다양한 지표들을 제시하며, 사회복지의 공공성을 실질적으로 확대하기 위해서는 단순한 국가개입의 증대가 아니라 이러한 지표들에서의 향상을 꾀해야 한다고 주장한다. 이 글은 학계에서 당연시되어 온 견해를 비판하고 사고의 전환과 함께 그 방법까지도 체계적으로 제시했다는 점에서 학문적으로나 실천적으로 커다란 의의를 지닌다. 이 글은『한국사회정책』제17집 1호 (2010)에 게재되었던 논문을 수정 · 보완하였음을 밝혀둔다.

이상 6편의 글은 필자 나름대로의 문제의식과 관점을 보여주고 있다. 그럼에도 불구하고 현대 복지국가들을 둘러싼 거시 · 사회적 변화들에 비추어 고전적 사회정책들을 평가하고 새로운 사회정책의 패러다임의 모색이 필요하다는 점에서는 필자 모두 인식을 같이하고 있다. 하지만 이는 첫걸음에 불과하며 앞으로 한국형 신사회정책모델 개발을 위한 좀 더 체계적이고 깊이 있는 논의가 지속되어야 할 것이다.

끝으로 국제학술대회 발표와 발간에 응해주신 선생님들께 깊은 감사의 말씀을 드리고 싶다. 책의 출판에 귀중한 도움을 주신 도서출판 오름의 관계자분들께도 감사드린다. 그리고 두 외국 학자 논문의 번역 작업을 맡았던 경상대학교 사회복지학과 박사과정의 김윤정, 국제학술대회 준비 및 원고 교정이라는 힘든 작업을 수행한 석사과정의 윤영섭, 김성엽, 박경빈, 김민수 등 여러분에게 감사의 마음을 전하고 싶다.

2011년 10월
필자들을 대표하여
엮은이 심창학, 조영훈

| 차 례 |

|제1장|
탈산업화와 사회정책의 변화

조영훈

I. 머리말

　세계화의 충격이 본격화되었던 1990년대에는 케인즈주의 복지국가의 쇠퇴 내지는 몰락을 예견하는 흐름이 복지국가 연구를 지배했었다. 신자유주의, 맑스주의, 사회민주주의 등 이념적인 차이와는 관계없이 대부분의 복지연구자들은 자본이동과 사회적 덤핑, 노동계급의 분열, 개별협상의 확산과 네오코포라티즘의 붕괴와 같이 세계화가 초래하는 사회적 결과들로 인해 전통적인 복지국가의 기반이 무너질 것으로 간주했던 것이다. 그렇지만, 이들의 예견은 아직까지 실현되지 않았다. 서구복지국가들에서는 1990년대 이래로 다양한 복지개혁이 시도되고 사회지출수준의 저하 경향이 나타나기는 했지만, 그렇다고 해서 복지국가의 본격적인 쇠퇴라고 부를만한 근본적인 변화는 관찰되지 않고 있다. 오히려 약간의 변화에도 불구하고 복지국가는 건재하고 있다고 하는 것이 정당한 평가일 것이다.

복지국가의 쇠퇴 내지는 몰락의 예언은 빗나갔지만, 그렇다고 해서 전통적인 케인즈주의 복지국가에 어떤 유의미한 변화가 발생하지 않은 것은 아니다. 2000년대 들어 복지국가 연구에서는 재조정 (recalibration), 재건립(recasting), 재구성(restructuring), 이행(transition) 등의 용어들이 키워드로 자리 잡았다. 변화의 방향이 어디인가에 대해서는 여전히 논란이 많지만, 이제 복지국가의 미래에 대한 학계의 논의의 핵심은 복지국가의 존립여부 자체가 아니라 복지국가가 어떤 모습으로 변모해갈 것인가에 놓이게 되었다.

현재 복지국가의 변모를 촉진하는 요인으로는 세계화, 탈제조업화 및 서비스경제의 확대, 인구고령화, 가족구조의 변화, 여성의 노동시장 참여 증대 등이 거론되고 있다. 이 가운데서 세계화를 뺀 나머지 것들은 탈산업사회의 도래와 관련이 있는 것으로 간주된다. 이러한 탈산업화 요소들은 전통적인 복지국가가 보장해 주었던 노령, 실업, 질병, 재해와 같은 사회적 위험들과는 다른 형태의 새로운 사회적 위험들을 초래하였고, 이를 통해서 전통적인 복지국가들에 대해 재조정 내지는 재구성의 압력을 가하고 있다고 한다.

현재 탈산업화와 복지국가의 변모에 대한 연구를 선도하고 있는 신제도주의(neo-institutionalism)에 따르면, 대부분의 복지국가들은 변화의 압력에도 불구하고 새로운 사회적 위험들에 적절하게 대응하지 못한다고 한다. 복지재정에 대한 압박이 증대하는 가운데 기존의 사회보장 프로그램들에 대한 사회적 지지도가 여전히 높기 때문에 새로운 사회프로그램을 도입하기 어렵기 때문이라는 것이다. 이와 함께, 이 연구들은 탈산업화 압력에 대한 대응방식이 복지유형별로 차이가 있다고 주장한다. 특히, 노동시장내부자에 대한 보호장치가 강력하고 사회보험과 같이 전통적인 사회적 위험을 보장하는 사회프로그램이 발달한 보수주의 복지국가들은 새로운 사회적 위험에 대해 가장 취약한 것으로 평가된다.

이 글의 목적은 탈산업화에 따라 복지국가가 어떤 방향으로, 그리고 얼마나 빨리 재편되고 있는지를 밝히는 데 있다. 이를 위해서 이 연구는 지난 20여 년 동안 선진산업국가들에서 전통적인 사회프로그램들과 새로운 사회적 위험을 보장하는 사회프로그램들이 어느 정도로 축소 또는 확대되었는지를 검토할 것이며, 이를 통해서 복지국가의 변모에 대한 신제도주의의 진단들에 대해 평가해 볼 것이다.

이 연구의 가정은, 비록 신제도주의의 주장대로 복지체제의 경로의 존성(path dependency)을 인정한다고 하더라도, 새로운 사회적 위험에 대한 대처가 매우 시급한 것으로 인식될 경우 기존 복지체제의 변화가 불가피하며, 그러한 변화가 복지수준을 전반적으로 낮추는 것이 아니라 수급자 집단별로 자원을 재분배하는 선에서 그친다면 복지국가의 재조정에 대한 사회적 저항은 국가의 개입에 의해 조정될 수 있을 정도로 온건하리라는 것이다. 이러한 관점에서 보면, 새로운 사회적 위험들에 대한 선진산업국가들의 대응은 제도의 고착성(institutional stickiness)을 강조하는 신제도주의의 주장에 비해서는 급진적일 수 있으며, 복지국가의 재구성은 보수주의 복지국가들이라고 해서 예외일 수는 없는 것이다.

II. 이론적 검토

1. 탈산업화의 도전

연구자에 따라 강조점에 차이가 있기는 하지만 탈산업사회로의 전환을 초래하는 요인들로는 탈제조업화(deindustrialization)와 서비스경제의 확대, 가족구조의 변화와 여성의 노동시장 참여 증대, 인구고령화가 거론된다. 이 요인들 가운데서 탈산업화의 핵심으로 간주되는 것은 탈제조업화와 서비스경제의 확대이다. 실제로, 기념비적인 저작인『탈산업사회의 도래(The Coming of PostIndustrial Society)』를 통해 탈산업사회라는 용어를 유행시킨 다니엘 벨(Daniel Bell)에 따르면, 탈산업화사회는 제조업에서 서비스경제로의 변화를 핵심적인 특징으로 하며, 이러한 변화를 바탕으로 하여 전문직 및 기술직과 같은 전문기술관료계층이 사회적으로나 급부상하여 지배계급으로서의 자본가를 대체하는 또 다른 특징을 보인다고 한다(Bell, 1973: 14-15).

다니엘 벨은 미국에서는 이미 1960년대부터 고용의 3차산업화(tertiarization of employment), 즉 서비스경제의 확대가 본격화된 것으로 본다. 복지국가 연구자들도 서구에서 제조업의 비중이 크게 낮아진 것이 1960년대라는 데에는 동의하지만, 서비스경제의 확대가 복지국가와 관련하여 본격적인 영향력을 발휘하게 된 것은 1970년대의 경제침체기 이후인 1980년대부터라고 한다(Bonoli, 2005; Esping-Andersen, 2002; Ferrera, 2008; Huber and Stephens, 2009; Taylor-Gooby, 2004).

서구복지국가들은 1970년대 동안 제조업의 침체와 실업률의 급증을 경험하면서 사회서비스를 확대하였고, 이를 통해 총고용을 일정 수준으로 유지하였다. 또한, 이들 국가들에서는 제조업의 심각한 위축과 함께 민간부문에서는 개인서비스나 도소매업, 음식배달 등의 저숙련 직업들이 양산되어 총고용의 유지에 기여하였다(Iversen, 2001). 이러한 탈제조업화와 서비스경제의 확대는 전통적인 복지국가에 대해 다음과 같은 직접적인 영향력을 행사한다.

첫째, 서비스부문은 제조업에 비해 생산성이 낮다. 공공서비스든 개인서비스든 서비스업은 노동집약적이기 때문이다. 예를 들어서, 교육, 보육, 의료 및 개인서비스 등은 제공되는 서비스 질의 악화 없이는 보다 빠르거나 보다 효율적으로 작업이 수행될 수 없는 것이다(Iversen and Wren, 1998). 결국, 제조업이 감소하는 대신에 서비스업이 확대됨으로써 경제성장이 지체되거나 위축되고 이것은 조세와 사회보험료 수입의 감소로 이어진다. 세계화와 인구고령화로 인해 재정수입감소와 사회지출증가의 압력에 시달리는 복지국가들에게 또 다른 재정적 압박이 가해지는 것이다.

둘째, 서비스부문은 제조업에 비해서 숙련도의 차이가 크며, 서비스 경제의 확대는 전문적 지식과 기술이 필요한 직업들을 증가시킴과 동시에 저숙련 노동을 다수 발생시킨다.[1] 즉, 서비스 경제의 확대는 임금 격차를 확대시키는 것이다. 복지국가의 삼중충돌(trilemma)이라는 용어가 잘 나타내듯이, 복지국가는 임금평등, 고용, 재정건전성(budgetary restraint) 가운데 두 가지만을 선택할 수 있으며(Iversen and Wren, 1998: 507), 재정건전성의 확보가 일차적인 과제인 현 상황에서 국가는 고용을 증대시키기 위해 임금평등을 희생할 수밖에 없는 것이다. 반숙련 또는 저숙련이 지배적인 제조업 중심 사회에서는 비슷한 숙련도와 강력한 노동운동을 기반으로 하여 임금평등이 가능했고, 생산성 향상에 따라 일정 정도의 임금인상도 이루어졌다. 반면에, 서비스경제에서는 중간숙련도를 요하는 직업들이 크게 줄어들고 저숙련과 저생산성을 특징으로 하는 직업들이 양산되며, 이른바 근로빈곤층(working poor)의 문제가 야기된다(Ferrera, 2008: 91; Häusermann and Palier, 2008: 562). 전통적인 빈곤층과는 다른 형태의 빈곤층이라는 새로운 사회적 위험이 발생되는 것이다.

셋째, 제조업은 주로 남성 집중 산업인 반면에, 서비스업은 주로 여성 집중 산업이다. 제조업의 축소로 인해 발생하는 남성 실업자들은 새롭게 창출되는 서비스업부문에 재취업되기 어려우며, 장기실업에 빠지기 쉽다(Bonoli, 2007: 498-501). 이와 함께, 노동시장에 신규로 진입하는 남성들도 과거에 비해 취업기회가 크게 줄어든다. 과거의 실업이 주

---

1) 다니엘 벨에 따르면, 탈산업사회의 서비스부문은 저숙련 개인서비스가 아니라 의료, 교육, 연구, 공공서비스 등의 높은 지식을 요하는 전문적 서비스가 지배적이라고 한다. 그는 이러한 전문적 지식계층의 등장으로 인해 전통적인 노동계급이 분해되고 재산소유계층의 권력은 약화될 것으로 보았다(Bell, 1973: 14-15).

로 경기침체에 따라 노동시장 경력자를 중심으로 단기적으로 진행되었
던 데 반해서, 서비스경제가 지배적인 현재에는 전통적인 실업에 더하
여 장기실업과 청년실업이라고 하는 새로운 형태의 실업이 대규모로
발생하였다. 실업부문에서도 새로운 형태의 사회적 위험이 급증하고
있는 것이다.

　다음에, 서비스경제의 확대에 이어 탈산업화의 요소로서 중요하게
간주되는 것은 여성의 노동시장 참여증대이다. 여성의 노동시장 참여
증대는 기본적으로는 성역할의 변화라는 가치관의 변화에 의해 촉발되
기는 했지만, 다른 한편으로는 서비스경제의 확대와도 관련이 있다. 위
에 서술했듯이 서비스부문은 여성이 집중된 분야이며, 이러한 서비스
부문의 확대는 숙련직과 미숙련직 모두에서 여성의 노동시장 참여기
회를 크게 향상시킨 것이다(Esping-Andersen, 1999: 145; Ferrera, 2008:
92; Matydell et al., 2006: 14). 이와 같이 과거에 보육과 간병을 전담했
던 전업주부들이 노동시장에 대규모로 진입함으로써 직장과 가족생활
의 충돌이라는 새로운 위험뿐 아니라 가족내 돌봄 담당자의 부재라는
새로운 형태의 사회적 위험이 발생한다(Taylor-Gooby, 2004: 5).

　여성의 노동시장 참여증대와 밀접한 연관을 지니는 탈산업화의 또
다른 요소는 가족구조의 변화이다. 여기서 가족구조의 변화는 일하는
남편과 전업주부 및 아동으로 구성된 전통적인 핵가족이 줄어드는 대
신에 한부모가족, 단독가구, 이중소득가족(double income family) 등
다양한 형태의 가족들이 늘어나는 현상을 말한다. 이러한 비정형적인
형태의 가족들은 보육이나 간병과 같은 돌봄 기능을 제대로 수행하지
못한다는 문제를 지닌다. 또한, 한부모가족은 다른 가족형태에 비해 빈
곤의 위험이 높으며 이것은 전통적인 빈곤과는 성격이 다른 새로운 형
태의 사회적 위험이다(Bonoli, 2007: 498-501).

　마지막으로, 인구고령화는 탈산업화의 요소로 많은 학자들에 의해
거론되고 있는데 비해서는 위에 서술한 다른 요인들에 비해 상대적으
로 덜 강조되고 있다. 그럼에도 불구하고, 인구고령화가 복지국가에 대

해 매우 강력한 변화의 압력을 행사한다는 데 대해 이의를 제기할 사람
은 없을 것이다. 인구고령화는 다음의 두 가지 방향에서 전통적인 복
지국가에 영향을 미친다. 우선, 인구고령화는 연금과 의료 등 노인관련
사회지출을 크게 증가시키며, 이를 통해 복지재정에 매우 강력한 압박
을 가한다. 다음에, 인구고령화는 일상생활의 영위를 위해 타인의 도움
에 의존해야 하는 노인들, 특히 후기고령층을 양산하며, 간병 혹은 수
발에 대한 사회적 욕구를 증가시킨다(Ferrera, 2008: 92; Matydell et al.
2006: 15-7). 사실, 인구고령화 그 자체는 새로운 사회적 위험이라고 할
수 없다. 인구고령화는 여성의 노동시장 참여증대와 가족구조의 변화
에 따라 가족내 돌봄 담당자의 부재라는 현상과 만날 때 새로운 사회적
위험이 되는 것이다.

2. 신사회위험(New Social Risks)

전통적인 복지국가는 제조업을 기반으로 한 생산성의 향상, 포드주
의 생산방식에 따른 임금평등과 임금인상, 안정적인 가족관계, 여성의
가사노동 전담 등의 조건하에서 핵가족의 생활을 책임지는 남성가장의
보호에 초점을 두었다.[2] 남성가장의 노령, 사망, 노동력 상실, 실업 등
의 사회적 위험에 대한 보장이 제공되기만 하면 가족의 기본적인 생활
이 유지되고 사회가 안정될 수 있는 것으로 간주되었기 때문이다.

기존 복지국가들이 노령연금, 유족연금, 실업보험, 산재보험, 의료
보험을 중심으로 발달해 온 것이 이것을 잘 말해 준다. 이와 함께, 공공
부조나 아동급여도 대체로 남성가장을 위한 소득 보충의 의미를 지닌

---

2) 몇몇 연구자들이 지적하듯이 전통적인 복지국가는 안정된 가족구조와 분명한 성
별분업에 기초한 산업사회의 산물인 것이다(Bonoli, 2007: 496; Hemerijck, 2009:
80; Jæger and Kvist, 2003: 567)

다는 점에서 전통적인 복지국가의 핵심적인 사회프로그램이었다.[3] 전통적인 복지국가가 보장하고자 했던 사회적 위험들은 구사회위험(old social risks)으로 불리며, 여기에는 노령, 실업, 재해, 질병, 출산 및 양육, 빈곤 등이 포함된다.

지난 20~30년 동안의 본격적인 탈산업화 추세로 인해 전통적인 복지국가의 사회적 기반이 크게 약화되었다. 위에 서술했듯이 제조업의 쇠퇴와 서비스경제의 확대가 복지국가의 변화를 요구하는 사회적 압력을 선도했다. 서비스경제의 확내는 경제 전반적으로 생산성 지체의 문제를 일으키며, 저숙련 노동을 양산한다. 그 결과, 근로빈곤층이라는 새로운 형태의 빈곤문제와 장기실업 및 청년실업이라는 새로운 형태의 실업문제가 발생하였다. 또한, 여성을 주로 고용하는 특성상 서비스경제의 확대는 여성의 노동시장참여를 증대시켰으며, 이것은 가정과 직장의 충돌이라는 새로운 사회적 문제를 초래하였다. 여성의 노동시장참여 증대와 비정형적인 가족형태의 급증으로 인해 양육이나 간병의 욕구가 더 이상 가족 내에서 충족되기 어려워졌으며, 양육과 간병은 새로운 사회적 문제로 떠올랐다. 일상생활의 영위를 위해 타인의 도움이 필요한 후기고령층이 급증은 그러한 사회적 문제를 더욱 악화시켰다.

근로빈곤, 장기실업, 청년실업, 가족생활과 직장의 충돌, 고령자 간병 등은 전통적인 복지국가가 적절히 대응하기 어려운 사회문제들이다. 이러한 사회문제들은 탈산업화라는 새로운 사회적 변화에 따라 새롭게 나타나거나 크게 부각되었다는 점에서 새로운 사회적 위험, 혹은 신사회위험(new social risks)이라고 불린다. 신사회위험은 "탈산업사회로의 이전으로 인해 발생하는 경제적 및 사회적 변화들의 결과 사람들이 자신의 생애과정에서 직면하게 되는 위험들"이며(Taylor-Gooby, 2004: 2-3), 그로 인해서 "개인들이 복지상실을 경험하는 상황"인 것이다(Bonoli, 2007: 498). 신사회위험들은 다양한 형태로 존재할 수 있지

---

3) 이에 대해서는 (Esping-Andersen, 2002: 19-20)를 참조하시오.

만 위에 언급한 다섯 가지가 대표적인 것들이다.

 구사회위험을 보장하는 사회프로그램들이 주로 한 가족의 가장인 남성 블루칼라의 보호에 초점을 두었다면, 신사회위험 사회프로그램들의 보호대상은 여성, 청년실업자 및 장기실업자, 후기고령층이다(Bonoli, 2007: 501). 또한 구사회위험 사회프로그램이 연금이나 실업보험 혹은 아동수당과 같은 소득보장을 중심으로 구성되는 반면에, 신사회위험 사회프로그램은 적극적 노동시장정책, 직업훈련 및 교육, 보육, 간병 등과 같은 사회서비스의 형태를 취한다(Huber and Stephens, 2009: 113).

 탈산업화로 인해서 신사회위험이 늘어난다고 해서 구사회위험이 줄어드는 것은 아니다. 오히려 구사회위험들이 지속되고 확대되는 가운데 신사회위험이 가중되는 것이다. 이제 선진산업국가들은 세계화와 서비스경제의 확대로 인한 복지재정의 축소 압력을 받는 가운데 신사회위험들로부터 사회적 약자들을 보호하는 새로운 형태의 사회프로그램을 확대해야 하는 딜레마에 빠져버렸다(Häusermann and Palier, 2008: 566).

3. 신사회위험의 증대와 복지국가

 국가가 언제나 사회의 요구에 맞추어 정책들을 만들어 내고 시행하는가에 대해서는 학문적으로 논란이 많다. 특히 항구적인 긴축(permanent austerity)의 시대(Pierson, 2001a: 103), 혹은 사회정책의 실버에이지(Talylor-Gooby, 2002)에 들어선 선진산업국가들이 신사회위험들의 증가에 대응하여 새로운 사회프로그램들을 도입하고 확대하기는 매우 어려울 것이다.

 현재 지배적인 견해를 대표하는 신제도주의에 따르면, 북구를 비롯한 일부 국가들을 제외한 대부분의 선진산업국가들은 신사회위험에 대

응하는 사회정책의 도입에 어려움을 겪고 있다고 한다.[4] 사회적 안정
과 시민생활의 보장을 추구해야 하는 국가의 입장에서는 구사회위험
사회정책을 삭감하는 대신에 신사회위험 사회정책을 도입하고 확대하
는 것이 합리적이겠지만, 연금을 비롯한 기존 사회프로그램들의 수급
자가 다수 존재하는 현실에서 이들의 이해관계를 침해하는 일이 매우
어렵기 때문이라는 것이다.

　이와 같이 기존 사회프로그램에 대한 대중적 인기가 높기 때문에 복
지개혁은 매우 어렵고(Jæger and Kvist, 2003: 567), 사회지출을 신사회위
험과 보다 취약한 사회집단들로 재분배하는 것은 기존제도들의 현상유
지 고착성과 충돌한다(Ferrera, 2008: 92). 결국, 신사회위험에 대응하기
위해 복지국가를 조정하려는 노력은 이미 오랫동안 지속되어 온 구사
회위험 들에 대한 헌신에 의해 크게 제약되며(Hemerijck, 2009: 82), 국
가는 제도상의 경로의존에 갇혀서 탈산업화에서 발생하는 위험 구조
의 변화에 합리적으로 대처할 수 없게 되는 것이다(Esping-Andersen,
1999: 4). 이와 함께, 구사회위험 사회정책의 주된 수혜자는 조직노동
인데 반해서 신사회위험 사회정책의 수혜자가 여성, 비정규직, 장기실
업자, 후기노령층 등 조직되기 어려운 다양한 사회집단이라는 점도 신
사회정책의 도입을 어렵게 만드는 요인이 된다(Bonoli, 2006: 26).

　다른 한편, 신제도주의에 따르면, 신사회위험에 대한 대응이 복지유
형별로 상이하다고 한다. 우선, 앵글로색슨 국가들로 구성된 자유주의
복지유형은 시장실패에 대한 공적책임을 제한하는 제도적 특징 그대로
신사회위험 욕구에 대해서도 사적복지제공과 같은 시장적 해결에 의

---

4) 원래적 의미의 제도주의, 즉 구제도주의는 통치에 있어서 제도의 중요성을 강
　조한 아리스토텔레스에게서 연유하였다. 그것이 한동안 주목을 받지 못하다가
　1980년대 이래로 경제학을 중심으로 부활하여 신제도주의라는 이름으로 불리게
　된 것이다(Powell and Hewitt, 2002: 102-3; Regini, 2000). 역사적 제도주의는 신
　제도주의의 여러 흐름들 가운데 가장 중요하게 받아들여지고 있으며, 그 핵심주
　장은 정치적 및 정책적 결과들은 역사적으로 배태되어 있는 다양한 요소들의 복
　합적인 상호작용의 산물이라는 것이다(Rothstein and Steinmo, 2002: 2).

존한다. 자유주의 복지국가들은 신사회위험 사회정책의 도입에 커다란 관심이 없는 것이다. 이에 반해서, 북구의 사회민주주의 복지유형은 적극적 노동시장정책이나 사회서비스가 이미 잘 발달되어 있기 때문에 다른 유형들에 비해서 탈산업화에 따른 신사회위험의 증대에 대해 가장 잘 대응할 수 있다(Bonoli, 2007: 504; Esping-Andersen, 2002: 13-16; Taylor-Gooby, 2004: 23).

신제도주의의 관점에서 볼 때 대륙유럽의 보수주의 유형은 신사회위험에 대한 대응에 가장 커다란 어려움을 겪고 있다. 그것은 이 유형에서는 강력한 고용보호법 등과 같은 조치를 통해 노동시장의 내부자인 정규직 노동자의 특권을 보호하고, 연금 등의 구사회위험 사회정책들이 지나치게 발달하여 새로운 사회프로그램의 도입을 방해하며, 성별분업의 이념이 강력하여 보육이나 간병이 새로운 사회적 위험이 되기보다는 여전히 가족 내에서 수행되어야 할 의무로 간주되기 때문이다. 북구 등의 다른 국가들에 비해 탈산업화가 늦게 출발하여 구사회정책의 수혜자가 이미 막강한 사회세력으로 확립되어 있다는 것도 보수주의 유형에서 신사회위험 사회정책의 발전을 어렵게 하는 요인이다(Bonoli 2006: 25-6; Esping-Andersen, 2002: 16-17; Ferrera, 2008: 92; Huber and Stephens, 2009: 145; Taylor-Gooby, 2004: 23).

4. 평가

1990년대에 신자유주의 세계화가 전 세계를 강타하면서 복지국가 연구에서는 이념적인 차이와는 관계없이 복지국가의 쇠퇴 내지는 몰락을 예언하는 견해들이 지배적이었다. 이런 가운데서 신제도주의의 관점을 취하는 학자들은 세계화라는 외적 변수의 영향력은 필연적으로 사회 내적 변수들, 특히 역사적 전통과 제도적인 맥락에 의해 매개된다는 점에서 복지국가의 급진적인 쇠퇴나 몰락은 불가능하다고 주장했다.

그 대표자인 피어슨(Paul Pierson)에 따르면, 서구국가들에는 이미 복지제도가 확립되어 있고, 복지제도의 고착성으로 인해 복지국가의 변화는 경로의존성을 따라 일정 범위 내에서 진행되며, 복지국가는 스스로 존속하려는 힘을 지니고 있다고 한다. 또한, 그는 복지국가를 둘러싼 이해관계의 발전을 강조한다. 복지국가가 확대함에 따라서 중산층을 포함하는 복지급여의 수급자와 복지기구의 관리자 및 복지전달체계의 종사자 등 복지국가의 직접적인 이해관계자들이 늘어나게 되고, 이들이 복지국가를 방어하는 강력한 사회세력으로 작용한다는 것이다 (Pierson, 2001b: 414).

이러한 신제도주의의 관점에서 피어슨은 복지국가의 재구성의 어려움에 대해서도 이야기한다. 그에 따르면, 기존 복지국가에 대한 이해관계자들의 지지가 너무 큰 나머지 재정위기와 같은 특별한 상황에서도 복지제도의 근본적인 재구성은 거의 불가능하게 된다고 한다. 복지제도의 근본적인 재구성을 통해서 얻을 수 있는 이득은 장기적인 것이고 사회구성원들 모두에게 분산되는 반면에 기존 복지국가의 유지로부터 이해관계자들이 얻을 수 있는 이득은 집중되어 있으며, 이런 점에서 정치가의 입장에서는 복지국가 유지의 쪽이 훨씬 선택하기 쉬운 정치적인 대안이 되기 때문이다(Pierson, 1996: 311-6).

세계화라는 외적 충격에도 불구하고 서구복지국가가 2000년대에 들어서도 커다란 축소 없이 여전히 건재하다는 점에서 신제도주의의 주장은 타당하다고 할 수 있다. 또한, 기존의 복지프로그램들에 대한 대중적 지지로 인해서 신사회위험에 대응하는 사회프로그램을 확대하는 것이 어렵다고 하는 주장도 수용할 만하다. 복지재정의 압박이 급증하는 현실에서 기존의 복지프로그램들을 축소하는 일이 어렵다면 새로운 프로그램을 도입하는 것은 거의 불가능할 것이기 때문이다.

이와 같이 신제도주의의 관점에 대해 수용의 여지가 있지만, 그 구체적인 주장들에 대해서는 몇 가지 의문이 제기된다. 첫째, 복지국가에 대한 대중적인 지지도를 감안할 때 구사회위험 프로그램의 급격한 축소가 불가능한 것은 사실이다. 그렇지만, 복지수준을 일정 정도로 유지한다는 것이 전제될 경우에는 한정된 복지자원을 대상 집단별로 재분배하는 것이 전혀 불가능하지는 않을 것이다. 특히 연금과 같이 상대적으로 관대한 기존 사회프로그램들을 부분적으로 삭감하고 그것을 신사회위험에 대응하는 사회프로그램의 도입과 같이 시급한 곳에 사용하는 것에 대해 복지국가의 이해관계자들이 전적으로 반대한다고 생각하기는 어렵다.

신사회위험 프로그램의 수혜자가 구사회위험 프로그램의 수혜자에 비해 덜 조직되어 있는 것은 사실이지만, 보육과 같은 신사회위험 프로그램은 아동을 부양하는 모든 가족(특히, 이중소득가족)의 지지를 받으며, 사회서비스 중심의 신사회위험 프로그램은 소득보장 중심의 구사회위험 프로그램에 비해 사회보장전달체계 종사자들의 더 많은 지지를 받는다. 이상과 같은 조건들이라면 신사회위험 프로그램을 확대하고 도입하는 데 따르는 정치적 위험이 크게 줄어들기 때문에 국가는 기존 제도들로부터 배제되는 사회적 약자의 보호라는 시급한 과제의 해결에 보다 적극적으로 나설 수 있을 것이다.

둘째, 구사회위험 사회정책과 신사회위험 사회정책에는 다양한 프로그램들이 존재하고, 각 프로그램마다 대중적 지지의 정도와 시급성에 차이가 있을 것으로 예상되지만, 신제도주의는 그러한 차이를 무시한 채 구사회위험 정책과 신사회위험 정책의 집단적인 특징에만 초점을 둔다. 신제도주의는 구사회위험 정책들의 대중적 지지도가 높기 때문에 개혁의 가능성이 매우 낮은 것으로 보았다. 그렇지만, 구사회위험 정책인 실업급여는 사회적 지지도가 그다지 높지 않으며, 장기실업이 급증하는 현 상황에서 개혁의 시급성이 크다. 연금은 비교적 광범한 지지를 받고 있기는 하지만, 인구고령화에 따라 재정 압박이 커져가는 가운데 중산층 이상의 노인들에게 필요이상의 관대한 노후소득을 제공한다는 점에서 개혁에 대한 사회적 공감대가 확산되고 있다.

이에 반해서, 신사회위험 프로그램인 적극적 노동시장정책은 장기실

업자와 청년실업자에게 취업의 기회를 높여준다는 점에서 실업급여에
비해 사회적 지지도가 높으며,[5] 보육도 사회적으로 광범한 지지세력을
확보하고 있을 뿐 아니라 미래세대에 대한 사회적 투자라는 관점에서
우파에서 좌파에 이르는 다양한 정치적 세력들로부터 지지를 받고 있
다.[6] 단순하게 수혜자에게만 초점을 둔다면 구사회위험 사회프로그램
들이 더 넓은 지지기반과 강력한 사회적 영향력을 지니고 있겠지만, 사
회구성원들과 정치세력들을 모두 포괄해서 본다면 신사회위험 사회정
책이 지지기반과 영향력의 측면에서 그나지 뒤지지 않는다고 할 수
있다.

　셋째, 신사회위험에 대한 대응방식이 복지유형별로 다를 수는 있겠
지만, 과연 신제도주의의 주장대로 보수주의 복지국가들의 제도적 고
착성이 탈산업화라는 거대한 사회적 조류를 거스를 정도로 강력한가에
대해서는 의문이 든다. 보수주의 유형에서는 연금 등 사회보험이 발달
해 있고 정규직 노동자에 대한 사회적 보호가 강력하기는 하지만, 그렇
다고 해서 복지개혁이 전혀 불가능한 것은 아니다.

　이미 1980년대 이래로 보수주의 유형에서도 보수정당의 집권과 세계
화의 진전에 의해 복지지출이 일정 정도 통제되었으며, 복지개혁을 선
도하고 있는 네덜란드뿐 아니라 보수주의 유형의 원형으로 평가받는

---

5) 한 연구자에 따르면, 적극적 노동시장정책은 미디안 투표자에게 긍정적이지도
　부정적이지도 않은 효과를 지니지만 개념 자체로 볼 때 근로촉진(activation)은
　대부분의 사람들은 수동적인 급여보다는 능동적인 프로그램을 선호한다는 점에
　서 광범한 사회적 지지의 획득이 가능하다고 한다(Vis, 2010: 14-5).
6) 예를 들어서, 사회민주주의의 관점을 취하는 에스핑안데르센은 사회적 평등은
　사후적인 소득재분배뿐 아니라 사전적인 예방조치를 취함으로써 가능하다는 점
　에서 아동을 양육하는 가족에 대한 적절한 소득보장을 제공함과 동시에 "아동,
　특히 빈곤아동의 인지자극을 위한 새로운 정책마련이 필요[하며, 이를 위해] 보편
　적인 성격의 양질의 양육서비스를 제공"할 것을 제안하고 있다(EspingAndersen,
　2002: 49). 전통적인 사회민주주의를 비판하는 제3의 길 관점의 기든스도 "재분
　배는 생애과정의 재분배로 바뀌어야 [하며]…… 아동수당, 모성휴가, 주간보호시
　설, 유치원교육에 대한 지출에 초점을 두어야"한다고 주장한다(Giddens, 2000:
　108).

독일에서도 연금을 비롯한 다양한 분야에서 광범위한 개혁이 진행되어
왔다. 또한, 장기실업과 청년실업의 문제가 가장 심각한 보수주의 복지
국가들에서는 실업정책이 수동적 관점에서 능동적 관점으로 전환될 필
요성의 증대되어 왔고, 1990년대 이후 여성의 노동시장 참여가 증가하
면서 보육이나 간병과 같은 새로운 사회적 위험한 대응이 매우 시급한
과제가 되었다.

  신제도주의는 제도적 고착성과 복지국가의 불가역성(irreversibility)
의 관점에서 구사회위험 프로그램들의 급진적인 확대 및 보수주의 복
지국가들의 변화 가능성을 매우 낮게 평가한다. 그렇지만, 신사회위험
이 사회적 안정을 깨뜨릴 정도로 증대되고 신사회위험 사회프로그램
들에 대한 사회적 지지가 높아가는 상황에서 복지개혁을 미룰 정부는
그다지 많지 않을 것이다. 또한 새로운 취약계층이 늘어나는 상황에서
전통적인 복지국가의 지지자들도 복지수준이 일정 정도로 유지되는 한
복지자원의 재분배를 반대하고만 있을 수도 없을 것이다. 이러한 상황
들이 중첩되면 신제도주의의 예상과는 달리 구사회위험 사회정책과 신
사회위험 사회정책 사이에 제로섬 관계가 나타날 수도 있다(Armingeon,
2009: 105-6). 이러한 예측과 신제도주의의 예측 가운데 어떤 것이 현실
적으로 타당한지에 대해서는 경험적인 검토가 필요하다.

III. 선진산업국가들에서의 복지구성의 변화

  이 절에서는 탈산업화의 압력과 복지국가의 변화에 대한 신제도주의
의 주장들을 경험적으로 검토한다. 신제도주의자들을 비롯한 많은 연
구자들이 복지국가의 향후 변화에 대해 많은 예측을 제시하였지만, 그
러한 예측이 어느 정도나 실현되고 있는가를 체계적으로 검증한 연구

는 거의 없다. 이 글에서는 복지유형별로 구분된 선진산업국가들을 대상으로 하여 1985년부터 최근까지 구사회위험 정책에 쓰인 비용과 신사회위험 정책에 쓰인 비용이 어떻게 변화해 왔는가를 비교하고자 한다. 신제도주의의 주장들이 옳다면, 비교대상 국가들 중에서 구사회위험 프로그램들에 대한 지출이 줄어들지 않고, 신사회위험 정책에 대한 지출의 증가율은 보수주의 유형에서 가장 낮게 나타날 것이다.

여기서 비교대상 국가들은 12개의 선진산업국가들이며, 이들은 기존 연구들에서 자유주의, 보수주의, 사회민주주의 유형들을 대표하는 4개의 국가들로 구성된다. 비교기간은 1985년부터 2007년까지이다. 서구의 탈산업화가 1970~80년대부터 시작되었다는 일부 연구자들의 지적이 있기는 하지만, 보다 많은 연구자들은 보수주의 복지국가들을 포함한 선진산업국가들 전반을 대상으로 할 때 탈산업화는 20~30년 전부터 본격화되었다고 주장한다.

구사회위험 정책에는 노령연금, 의료, 실업급여, 가족수당의 네 항목이 포함되고, 신사회위험 정책에는 가족서비스, 적극적 노동시장정책, 노인서비스의 세 항목이 들어간다. 여기서 의료를 제외한다면 이 항목들은 노령연금—노인서비스, 실업급여—적극적 노동시장정책, 가족수당—가족서비스와 같이 같은 서로 경쟁관계에 있는 사회프로그램들이며, 구사회위험 정책 진영이 현금급여로 이루어진 데 반해서, 신사회위험정책 진영은 현물급여로 이루어진다는 특징을 보이고 있다. 이 연구에 사용된 수치들은 OECD의 Social Expenditure Data(OECD.Stat)에서 2011년 3월11일에 도출한 자료에 기초한다.

〈표 1〉에는 노령부문의 구사회위험 정책과 신사회위험 정책에 사용된 비용들이 제시되어 있다. 먼저, 노령연금이 GDP에서 차지하는 비율은 12개국 평균적으로 1985년의 5.863%에서 2007년에는 6.421%로 0.558% 포인트 늘어난 데 반해서, 노인복지서비스의 12개국 평균치는 1985년의 0.565%에서 2007년에는 0.857%로 0.292% 포인트 증가하였다. 단순 증가치는 노령연금 쪽이 크지만, 증가율로 보면 노령연금은

〈표 1〉 노령부문에서의 구사회위험 정책 및 신사회위험 정책의 비용

(단위: %)

구분		노령연금			노인복지서비스		
		1985	2007	증감	1985	2007	증감
자유주의	미국	5.261	5.265	0.0	0.060	0.037	-38.3
	영국	4.032	5.223	29.5	0.376	0.543	44.4
	캐나다	3.401	3.804	11.8	n.a	n.a	n.a.
	오스트레일리아	2.846	3.183	11.8	0.080	1.124	1305.0
	평균	3.885	4.369	12.5	0.172	0.568	230.2
보수주의	독일	9.584	8.638	-9.9	0.185	0.014	-92.4
	프랑스	8.482	10.735	26.6	0.148	0.320	116.2
	네덜란드	5.479	4.468	-18.5	0.461	0.789	71.1
	이탈리아	8.962	11.645	29.9	0.000		0.092
	평균	8.127	8.872	9.2	0.199	0.304	52.8
사민주의	스웨덴	6.972	6.637	-4.8	1.264	2.346	85.6
	노르웨이	4.292	4.453	3.8	1.186	1.769	49.2
	덴마크	4.650	5.561	19.6	2.202	1.717	-22.0
	핀란드	6.392	7.434	16.3	0.648	0.962	48.5
	평균	5.577	6.021	8.0	1.325	1.699	28.2
12개국 평균		5.863	6.421	9.5	0.565	0.857	52.7

주) 각 정책의 비용 수치는 GDP 대비 비율이며, 증감은 1985년의 수치 대비 2007년 수치의 증가 비율임

9.5%로서 노인복지서비스의 52.7%에 크게 못 미친다. 이것은 기준점이 되는 1985년의 노인복지서비스의 지출수준이 워낙 낮은 데서도 연유하지만, 이 기간 동안 노령연금에 비해 노인서비스에 대한 정책적 관심이 더 높아졌기 때문인 것으로 해석될 수 있다. 전반적으로 볼 때, 신제도주의의 주장대로 노령부문에서는 구사회위험 정책에 대한 지출이 증대하고 있지만, 신제도주의의 기대와는 달리 신사회위험 정책에 대한 지출은 그보다 더 빠른 증가율을 보이고 있다.

다음에, 노령부문에서 구사회위험 정책과 신사회위험 정책의 비중이 어떻게 변화했는가를 복지유형별로 검토해 보겠다. 자유주의 복지유

형에서는 노령연금이 3.885%에서 4.359%로 12.5% 증가하는 데 그쳤지만, 노인복지서비스는 0.172%에서 0.568%로 230.2%나 증가하였다. 자유주의 복지유형에서는 노령연금과 노인복지서비스의 증가율이 12개국의 평균치를 상회하며, 특히 노인복지서비스의 증가율은 평균치보다 4배 이상 높았다. 사회민주주의 복지국가들은 노령연금이 5.577%에서 6.021%로 8.0% 증가한 반면에, 노인복지서비스는 1.325%에서 1.699%로 28.2% 늘어났다. 사회민주주의 복지국가들은 다른 유형들에 비해 노령연금과 노인복지서비스의 증가율이 모두 낮았다. 보수주의 복지국가들에서는 노령연금의 비중이 8.127%에서 8.872%로 9.2% 증가한 데 반해서 노인복지서비스의 비중은 0.199%에서 0.304%로 52.8%나 높아졌다. 1990년대 중반 장기요양보험이 도입된 독일의 경우 2007년의 노인복지서비스 수치가 실제보다 적게 잡혀있다는 점을 감안하면 보수주의 복지국가의 노인복지서비스 지출 증가율은 이 표의 수치보다 더 높을 것이다.

각 유형내에서도 개별국가마다의 차이가 있기는 하지만, 전반적으로 볼 때 노령부문에서의 신사회위험 정책의 증가율은 자유주의―보수주의―사회민주주의의 순서로 높았다. 자유주의 유형의 경우 오스트레일리아 사례를 예외적인 것으로 제외한다면, 평균 증가율이 한 자리 수에 그치며, 이런 점에서 보수주의 유형의 노인복지서비스의 증가율이 세 유형 가운데 가장 높은 것으로 간주될 수 있다. 이것은 신사회위험에 대한 대처가 보수주의 유형에서 가장 더딜 것이라는 신제도주의의 주장과 배치된다. 이것은 기준연도인 1985년 당시에 이미 사회민주주의 복지국가들의 노인복지서비스가 발달했었던 데서도 연유하지만, 보수주의 유형에서 신사회위험에 대한 정책적 대응이 생각보다 빠르게 진행되고 있는 것으로 해석될 수 있다.

〈표 2〉에는 가족급여(아동급여 포함)와 가족복지서비스(보육 포함)에 사용된 비용이 GDP에 대비하여 제시되어 있다. 12개국 평균적으로 볼 때 가족급여는 1.283%에서 1.194%로 6.9% 줄어든 반면에, 가족복지

〈표 2〉 아동부문에서의 구사회위험 정책 및 신사회위험 정책의 비용

(단위: %)

구분		가족급여			가족복지서비스		
		1985	2007	증감	1985	2007	증감
자유주의	미국	0.373	0.104	-72.1	0.252	0.554	119.8
	영국	1.814	2.130	17.4	0.439	1.113	153.5
	캐나다	0.598	0.796	33.1	0.102	0.160	56.9
	오스트레일리아	1.070	1.798	68.0	0.057	0.651	1042.1
	평균	0.964	1.207	25.2	0.213	0.620	191.1
보수주의	독일	1.254	1.085	-13.5	0.234	0.746	218.8
	프랑스	2.331	1.328	-43.0	0.353	1.666	372.0
	네덜란드	1.733	0.606	-65.0	0.410	1.383	237.3
	이탈리아	0.793	0.650	-18.0	0.113	0.748	561.9
	평균	1.528	0.917	-40.0	0.278	1.136	308.6
사민주의	스웨덴	1.768	1.494	-15.5	2.335	1.860	-20.3
	노르웨이	1.311	1.364	4.0	0.573	1.449	152.9
	덴마크	0.888	1.486	67.3	1.708	1.802	5.5
	핀란드	1.456	1.485	2.0	1.100	1.343	22.1
	평균	1.356	1.457	7.4	1.429	1.614	12.9
12개국 평균		1.283	1.194	-6.9	0.640	1.123	75.5

주) 각 정책의 비용 수치는 GDP 대비 비율이며, 증감은 1985년의 수치 대비 2007년 수치의 증가 비율임

서비스는 0.640%에서 1.123%로 75.5%나 증가하였다. 1985년과 2007년 사이에 가족급여의 비중이 0.089% 포인트 감소한 대신에 가족복지서비스는 0.483% 포인트 늘어났다는 점에서 아동부문에서는 구사회위험 정책이 축소된 것 훨씬 이상으로 신사회위험 정책이 확대되었다고 할 수 있다. 이것은 구사회위험 정책이 온존될 것이라는 신제도주의의 주장과 배치되는 결과이다.

복지유형별 지출경향을 보면, 자유주의 유형에서는 1985년에서 2007년 사이에 가족급여가 0.964%에서 1.207%로 25.2% 늘어났고 가족복지서비스는 0.213%에서 0.620%로 191.1%나 증가하였다. 후자의 증가율

이 전자보다 훨씬 빠르기는 했지만 자유주의 복지국가들은 미국을 제외한다면 구사회위험 정책과 신사회위험 정책 모두에서 확대의 경향을 보이고 있는 것이다. 사회민주주의 유형에서는 가족급여의 비중이 1.356%에서 1.457%로 약간 증가하고 가족복지서비스는 1.429%에서 1.614%로 약간 증가하였다. 가족복지서비스의 증가율이 가족급여에 비해 다소 높기는 하지만, 사회민주주의 복지국가는 자유주의 유형과 마찬가지로 두 영역에서 모두 증가경향을 보이며 가족복지서비스의 증가율이 세 유형 가운데서 가장 낮다는 특징을 보인다. 보수주의 유형에서는 가족급여가 1.528%에서 0.917%로 40% 감소한 반면에 가족복지서비스는 0.278%에서 1.136%로 308.6%나 증가하였다. 개별국가마다 양적인 차이가 있기는 하지만, 모든 보수주의 복지국가들은 가족급여의 감소와 가족복지서비스의 증가 경향을 보이고 있다.

가족급여의 증가율은 자유주의—사회민주주의—보수주의의 순서로 높았고, 세 유형 가운데서 가족급여에 대한 지출이 줄어든 곳은 보수주의 유형뿐이었다. 가족복지서비스의 증가율은 보수주의—자유주의—사회민주주의의 순이었다. 전반적으로 볼 때 아동부문에서 구사회정책의 비중 축소와 신사회정책의 비중 확대라는 복지개혁이 제대로 나타난 곳은 보수주의 유형뿐이며, 아동부문에서는 보수주의 복지국가가 신사회위험의 증대에 대해 가장 주도적으로 대응하고 있는 것으로 평가할 수 있다. 보수주의 유형은 1985년에는 사회민주주의 유형에 비해 가족급여를 더 많이 지출했지만 2007년에는 훨씬 적게 지출하였으며, 가족복지서비스에 대한 지출은 사회민주주의 유형 대비 1985년의 19.5%에서 2007년에는 70.0%로 크게 늘어났다. 보수주의 복지국가가 제도적 고착성과 불가역성으로 인해 새로운 사회적 변화에 대응하지 못할 것이라는 신제도주의의 주장은 사실과 다른 것이다.

〈표 3〉은 실업급여와 적극적 노동시장정책에 대한 사회지출의 추이를 보여준다.[7] 1985년에서 2007년 사이에 비교대상 12개국 평균적으로 실업급여는 1.587%에서 0.844%로 46.8%나 감소했고 적극적 노동시장

〈표 3〉 실업부문에서의 구사회위험 정책 및 신사회위험 정책의 비용

(단위: %)

복지유형		실업급여			적극적 노동시장정책		
		1985	2007	증감	1985	2007	증감
자유주의	미국	0.397	0.333	-16.1	0.278	0.114	-59.0
	영국	2.033	0.204	-90.0	0.688	0.436	-36.6
	캐나다	1.841	0.560	-69.6	0.612	0.288	-52.9
	오스트레일리아	1.182	0.407	-65.6	0.349	0.367	5.2
	평균	1.363	0.376	-72.4	0.482	0.301	-37.6
보수주의	독일	0.943	1.384	46.8	0.493	0.723	46.7
	프랑스	1.156	1.311	13.4	0.599	0.902	50.6
	네덜란드	3.315	1.140	-65.6	1.306	1.078	-17.5
	이탈리아	1.300	0.438	-66.3	0.231	0.450	94.8
	평균	1.679	1.068	-36.4	0.657	0.788	21.8
사민주의	스웨덴	0.863	0.666	-22.8	2.075	1.098	-47.1
	노르웨이	0.478	0.218	-54.4	0.591	0.560	-5.2
	덴마크	4.244	1.922	-54.7	0.745	1.305	75.2
	핀란드	1.290	1.546	19.8	0.729	0.866	18.8
	평균	1.719	1.088	-36.7	1.035	0.957	-7.5
12개국 평균		1.587	0.844	-46.8	0.725	0.682	-5.9

주 1) 각 정책의 비용 수치는 GDP 대비 비율이며, 증감은 1985년의 수치 대비 2007년 수치의 증가 비율임
주 2) 이탈리아와 덴마크의 1985년 적극적 노동시장정책 지출은 1990년의 수치임

정책은 0.725%에서 0.682%로 7.5% 감소했다. 이와 같이 실업부문에서 구사회위험 정책과 신사회위험 정책이 모두 감소한 것은 1980년대 동안 크게 높아졌던 선진산업국가들의 실업률이 최근 들어서 다소 진정

7) 여기서 적극적 노동시장정책(Active Labor Market Policy: ALMP)에는 공공고용 서비스(public employment services: PES), 직업훈련, 직업순환 및 공유(job rotation and job sharing), 고용 인센티브, 고용보조 및 재활(supported employment and rehabilitation), 일자리창출(direct job creation), 창업인센티브(start-up incentives)에 지출된 비용들이 포함된다.

된 것과 관련이 있다.[8] 그렇지만, 구사회정책에 속하는 실업급여가 급진적인 삭감을 겪었다는 것은 신제도주의의 기대를 저버리는 결과이다. 적극적 노동시장정책에 대한 지출이 감소하고 있기는 하지만, 비교대상 국가들은 실업부문에서의 복지개혁을 본격적으로 진행한 것으로 평가된다.

복지유형별로 보면, 자유주의 복지국가들은 실업급여의 감소율이 -72.4%로서 다른 유형들에 비해 높을 뿐 아니라 적극적 노동시장정책의 감소율도 -37.6%로 최고치를 기록하고 있다. 이 기간 동안 실업률의 하락이 뚜렷했던 자유주의 복지국가들에서는 실업보험의 개혁에 따라 실업급여가 크게 줄어드는 가운데 적극적 노동시장정책과 같은 신사회정책에 대해서도 별다른 관심이 두어지지 않았다. 이러한 경향은 자유주의 유형보다는 덜 하지만 사회민주주의 국가들에서도 비슷하게 나타났다. 실업급여가 1.719%에서 1.088%로 -36.7%나 감소하였고 적극적 노동시장정책도 1.035%에서 0.957%로 -7.5% 줄어든 것이다. 이에 반해서, 보수주의 복지국가들에서는 실업급여가 1.679%에서 1.068%로 -36.4%나 줄어든 반면에 적극적 노동시장정책은 0.657%에서 0.788%로 21.8% 증가하였다.

실업급여에서는 모든 복지유형에서 감소율이 매우 높았던 반면에, 적극적 노동시장정책에서는 자유주의 유형과 사회민주주의 유형에서는 감소하고 보수주의 유형에서는 크게 늘어났다. 실업급여라는 전통적인 사회정책이 축소되었다는 점에서 모든 복지유형에서 실업부문의 개혁이 진행되어 온 것은 분명하다. 그렇지만, 적극적 노동시장정책이라는 새로운 사회정책이 자유주의 유형과 사회민주주의 유형 모두에서 감소한 것은 의외의 결과이다. 특히 적극적 노동시장정책의 원조라

---

8) 1980년 5.5%였던 OECD의 평균실업률은 1985년에는 8.2%로 치솟았다. 이 수치는 2000년 들어 6.7%로 낮아진 다음에 2007년에는 5.8%까지 떨어졌다(Society at a Glance 2009: OECD Social Indicators).

고 할 수 있는 사회민주주의 국가들에서 지난 20여년 동안 적극적 노동
시장정책이 축소되어 온 것은 기준시점의 수치가 높았다는 점을 고려
하더라도 쉽사리 이해되지 않는다. 결국, 탈산업화에 대응하여 실업급
여의 축소와 적극적 노동시장정책의 확대라는 복지개혁을 실행한 곳은
보수주의 복지국가들뿐이다. 신제도주의의 예상과는 달리 실업부문에
서도 보수주의 복지국가들은 새로운 사회적 변화에 가장 잘 대응해 온
것이다.

〈표 4〉에는 1985년과 2007년 사이에 비교대상 선진산업국가들에서
구사회위험 정책들과 신사회위험 정책들에 지출된 비용들의 합계가 제
시되어 있다. 여기서 구사회위험 정책들에는 노령연금, 가족급여, 실업
급여 및 의료가 포함되고, 신사회위험 정책에는 노인복지서비스, 가족
복지서비스, 적극적 노동시장정책이 포함된다. 의료의 경우 후기고령
층에 대한 간병비용을 포함할 수도 있지만 일반적으로 이른바 4대 사
회보험의 한 축으로서 전통적인 사회보장프로그램으로 간주되기 때문
에 구사회위험 정책으로 분류되었다.

우선, 12개국 평균치를 보면 구사회위험 사회지출은 14.26%에서
15.10%로 약간 증가하였다. 이러한 추세는 구사회위험 사회정책에 대
한 삭감이 어려울 것이라는 신제도주의의 주장이 타당하다는 것을 보
여준다. 반면에, 신사회위험 사회지출은 1.941%에서 2.586%로 33.2%
나 늘어났다. 2007년 현재 신사회위험에 대한 지출이 구사회위험 지
출에 비해 17.1%로 여전히 낮지만, 이 비율은 1985년의 13.6%에 비해
25.7% 증가한 것이다. 이러한 추세는 신사회위험 사회정책의 확대가
어려울 것이라는 신제도주의의 주장에 대한 반증이 된다. 결국, 구사회
위험과 신사회위험 사회지출의 추세가 보여주는 것은 신제도주의의 주
장이 반은 맞고 반은 틀렸다는 것이다.

구사회위험 사회지출은 실업급여와 아동수당은 급속하게 감소한 반
면에 가장 비중이 큰 연금과 의료부문의 지출이 증대됨으로써 전체적
으로는 증가하는 추세를 보이고 있다. 이것은 거의 모든 선진산업국가

〈표 4〉 구사회위험 정책과 신사회위험 정책 비용의 합계 추이

(단위: %)

구분		구사회위험 사회지출			신사회위험 사회지출		
		1985	2007	증감	1985	2007	증감
자 유 주 의	미국	10.15	12.94	27.5	0.590	0.705	19.5
	영국	12.73	14.39	13.0	1.503	2.092	39.2
	캐나다	11.89	12.17	2.4	0.790	0.448	-4.3
	오스트레일리아	9.59	11.13	16.1	0.486	2.142	340.7
	평균	11.09	12.66	14.2	0.842	1.347	60.0
	(평균)	(73.0)	(72.9)	(-0.1)	(5.2)	(7.7)	(2.5)
보 수 주 의	독일	18.57	18.95	2.0	1.142	1.483	29.9
	프랑스	18.25	20.86	14.3	1.110	2.888	160.2
	네덜란드	15.70	12.17	-22.5	2.177	3.250	49.3
	이탈리아	16.37	19.38	18.4	0.344	0.946	175.0
	평균	17.22	17.84	3.6	1.193	2.142	79.5
	(평균)	(73.3)	(71.9)	(-1.4)	(4.9)	(9.0)	(4.1)
사 민 주 의	스웨덴	17.31	15.37	-11.2	5.674	5.304	6.5
	노르웨이	10.56	11.74	11.2	2.350	3.778	60.8
	덴마크	14.84	15.48	4.3	4.655	4.824	3.6
	핀란드	14.72	16.58	12.6	2.477	3.171	28.0
	평균	14.36	14.79	3.0	3.789	4.269	12.7
	(평균)	(61.8)	(59.6)	(-2.2)	(15.9)	(17.2)	(1.3)
12개국 평균		14.26 (69.4)	15.10 (68.1)	5.9 (-1.3)	1.941 (8.7)	2.586 (11.3)	33.2 (2.6)

주) 괄호안의 숫자는 사회지출총액 대비 비율이며, 괄호 안의 증감치는 2007년 수치에서 1985
년 수치를 뺀 값임

들에서 다양한 연금개혁이 시행되었음에도 불구하고 인구고령화라는
자연적인 요인 때문에 연금과 의료부문의 지출이 비교적 덜 통제될 수
밖에 없었기 때문이다. 그렇지만, 가까운 장래에 1990년대 보수주의 복
지국가들을 중심으로 시행된 연금개혁이 본격적인 효과를 발휘하는 시
기가 오면 구사회위험 사회지출은 감소의 경향을 보이게 될 것이며, 이
렇게 되면 신제도주의의 주장은 잘못된 것으로 판명날 것이다.

구사회위험 사회지출과 신사회위험 사회지출이 사회지출총액에서 차지하는 비율의 추이를 보면 신제도주의의 예상과는 달리 구사회위험 정책의 축소와 신사회위험 정책의 확대 현상이 뚜렷하게 나타남을 알 수 있다. 〈표 4〉의 괄호 안의 숫자가 보여주듯이 비교대상 12개국 평균적으로 1985년에서 2007년 사이에 구사회위험 지출은 69.4%에서 68.1%로 1.3% 포인트 줄었고, 신사회위험 지출은 8.7%에서 11.3%로 2.6% 늘어났다. 국가별로 약간의 차이가 있기는 하지만 탈산업화에 따른 사회적 압력에 부응하여 선진산업국가들은 복지국가의 재구성을 진행해 온 것이다.

복지유형별로 보면, 자유주의 복지유형에서는 구사회위험 사회지출이 14.2%, 그리고 신사회위험 사회지출이 60.0% 증가하였다. 신제도주의는 자유주의 유형이 신사회위험의 증대에 따른 사회적 압력에 대해 주로 시장주의적인 대응을 할 것으로 예상했지만, 이 기간 동안 공공사회지출이 GDP 대비 15.42%에서 17.41%로 12.9% 올라 복지유형들 중 가장 높은 증가율을 보이는 데서 잘 드러나듯이, 자유주의 유형에서는 국가개입의 증대 경향이 나타났다. 자유주의 유형은 복지지출의 수준이 낮았기 때문에 신사회위험의 증대에 따른 사회적 압력 하에서 일정 정도의 사회지출 증가가 가능했던 것이다(Huber and Stephens, 2009: 145).

다음에, 사회민주주의 유형에서는 구사회위험 지출이 3.0% 증가하는 데 그쳤고 신사회위험 지출은 12.7% 증가하였다. 사회민주주의 복지국가들은 두 영역 모두에서 플러스 증가율을 보이기는 했지만 세 유형들 가운데서는 두 영역 모두에서 최저치를 나타냈다. 사회민주주의 유형은 신사회위험 사회지출에서 여전히 가장 높은 수준을 보이고 있기는 하지만 그 증가속도에서는 두 유형에 비해 크게 떨어진다. 이것은 사회민주주의 복지국가들에서 신사회위험에 대응하는 사회프로그램들이 이미 성숙단계에 들어선 것으로 해석할 수 있다. GDP 대비 사회지출비율은 이 기간 동안 23.26%에서 24.78%로 1.5% 포인트만 늘어나

사회민주주의 국가들은 이른바 한계성장(growth to limit) 단계에 도달한 것으로 보인다.

셋째로, 보수주의 복지유형에서는 1985년에서 2007년 사이에 구사회위험 사회지출이 17.22%에서 17.84%로 약간 증가하는 데 그친 반면에, 신사회위험 사회지출은 1.193%에서 2.142%로 79.5%나 증가하였다. 이것은 다른 유형들에 비해 보수주의 유형이 탈산업화에 대한 대응을 가장 잘못할 것이라는 신제도주의의 예상을 뒤집는 것이다. 〈표 2〉와 〈표3〉의 설명에서도 서술했지만 보수주의 유형은 아동부문과 실업부문에서 구사회정책의 축소와 신사회정책의 확대를 보여준 유일한 사례였다. 이 기간 동안 보수주의 유형은 사회지출이 평균적으로 23.67%에서 24.63%로 4.1%만 증가하는 한계성장을 보이는 가운데서도 신사회위험 정책에 대한 투자를 가장 적극적으로 확대해 온 것이다.

마지막으로, 구사회위험 사회지출과 신사회위험 사회지출이 사회지출총액에서 차지하는 비율의 추이를 복지유형별로 살펴보면 다음과 같다. 우선 자유주의 유형은 구사회위험 지출이 별다른 변화를 보이지 않는 가운데 신사회위험 지출은 5.2%에서 7.7%로 2.5% 포인트 늘어났다. 사회민주주의 유형은 구사회위험 지출이 2.2% 포인트 감소한 반면에 신사회위험 지출은 1.3% 포인트 증가하였다. 보수주의 유형도 구사회위험 지출이 1.4% 줄어든 반면에 신사회위험 지출은 4.1% 포인트 늘어났다. 이와 같이 사회지출총액에 대비해서 보면, 사회민주주의 유형과 보수주의 유형 모두가 구사회위험 정책의 축소와 신사회위험 정책의 확대를 경험해 왔으며, 신제도주의의 기대와는 달리 보수주의 복지국가들이 신사회위험 사회정책의 확대에 가장 적극적이었음을 알 수 있다.

IV. 맺음말

전반적으로 볼 때, 탈산업화로 인해 발생하는 사회적 변화에 따라 선진산업국가들은 신사회위험 프로그램을 확대해 왔다. 아직까지는 연금을 중심으로 한 구사회위험 정책에 대한 사회지출이 증가추세를 보이고 있기는 하지만, 1990년대 이래로 대부분의 선진산업국가들에서 다양한 형태의 복지개혁이 시행되었음을 고려할 때 멀지 않은 장래에 사회지출의 측면에서도 구사회위험 정책은 점진적이나마 축소의 과정을 밟게 될 것이다. 또한, 구사회위험 정책과 신사회위험 정책의 지출을 사회지출총액에 대비해 보면 이미 구사회정책의 축소와 신사회정책의 확대 현상이 진행되고 있음을 알 수 있다.

신제도주의의 주장 가운데 문제가 되는 것은 다음의 두 가지이다. 우선, 신제도주의의 연구들은 구사회위험 정책과 신사회위험 정책을 각각 하나의 집단으로 간주하여 두 정책의 전반적인 추세에 관심을 두었다. 그렇지만, 실제로는 각 집단의 세부 프로그램별로 축소와 확대의 정도에 차이가 있었다. 구사회위험 정책이 여전히 증가의 추세를 보이는 것은 노령연금(및 의료)과 같이 인구고령화에 직접적으로 영향을 받는 사회프로그램 때문이다. 그것을 제외한 다른 구사회위험 프로그램들은 뚜렷하게 축소되었으며, 특히 실업급여는 모든 복지유형에서 매우 급진적으로 삭감되었다.

신사회위험 정책도 전체적으로는 크게 확대되었지만, 프로그램마다 사정이 달랐다. 인구고령화와 가족구조의 변화 및 여성의 노동시장 참여증대를 반영하여 노인복지서비스와 가족복지서비스는 획기적으로 확대된 반면에, 노동시장의 변화를 반영하는 적극적 노동시장정책은 오히려 축소되었다. 이것은 실업률의 감소와 어느 정도 관련이 있기도 하고, 자유주의 유형의 경우에는 신자유주의 사회개혁으로 인해서 관련예산이 줄어들었을 수도 있다. 이러한 사정들을 감안하더라도 복지

개혁의 키워드로 근로촉진(activation)이 강조되는 현재의 상황에 비추어 볼 때 적극적 노동시장정책의 상대적 축소현상은 여전히 이해되기 어렵다.

다음에, 신제도주의의 연구들은 탈산업화의 압력에 대한 복지유형별 대응에 대해 잘못된 진단을 내렸다. 시장주의적인 대처를 할 것으로 예견되었던 자유주의 유형은 새로운 사회적 변화에 대해 부분적으로나마 국가개입의 확대를 통해 대응하였다. 자유주의 유형은 복지수준이 상대적으로 낮다는 점에서 국가차원에서 신사회위험의 증대에 대한 국가차원의 대응의 여지가 남아있었던 것이다. 또한, 탈산업화에 가장 잘 대응할 것으로 예상했던 사회민주주의 유형은 신사회위험 사회지출의 증가율이 가장 낮았다. 이에 대해서는 사회민주주의 복지국가들에서는 이미 오래 전부터 신사회위험에 대비하는 프로그램들을 확대되어 이제는 어느 정도 성숙단계에 접어들었다는 식으로 설명할 수도 있다. 그렇지만, 사회민주주의 복지국가를 특징지었던 적극적 노동시장정책이 축소되고 가족복지서비스에 대한 투자의 증가분이 미미했다고 하는 것은 복지재정의 문제에 봉착한 사회민주주의 복지국가들이 탈산업화에 따른 복지개혁의 요구에 상대적으로 소극적인 대응을 보인 것으로 해석될 수도 있다.

신제도주의의 연구들은 보수주의 복지유형의 복지개혁 가능성에 대해 지나치게 회의적이었다. 보수주의 복지국가들은 전통적인 사회프로그램들을 온존시키고 사회적 변화에 신속하게 대응하지 못하는 것으로 간주되었지만, 사회지출의 측면에서 볼 때 오히려 가장 적극적으로 대응해 온 것으로 드러났다. 특히, 보수주의 복지국가들은 세 유형 가운데 유일하게 아동부문과 실업부문에서 구사회위험 정책과 신사회위험 정책들 간의 제로섬을 보여주었으며, 절대적으로나 상대적으로나 신사회위험 사회지출을 가장 크게 확대하였다.

이와 같은 현상이 발생한 것은 독일을 비롯한 대륙 유럽국가들에서 본격적인 탈산업화가 북구국가들에 비해 20년 정도 늦게 시작되었던 것과 관련이 있다. 대륙 유럽국가들은 1990년대 들어서야 여성의 노동시장참여율이 눈에 띄게 증가하였고, 복지재정의 심각성이 급부상하는 상황에 처하여 장기실업 및 청년실업의 문제에 대해 보다 적극적인 자세를 취하게 되었다. 신제도주의는 보수주의 복지국가에서는 노동조합이 강력하여 전통적인 사회프로그램의 축소가 매우 어려울 것으로 보았지만, 사회지출총액을 크게 변화시키지 않은 가운데 구사회위험 지출을 줄이는 대신에 신사회위험 지출을 늘리는 데 대해 노동조합이 강력히 반발할 이유는 없을 것이다. 게다가 인구고령화와 가족구조의 변화 및 노동시장의 변화가 가져올 사회적 파장이 매우 크기 때문에 전통적인 복지국가의 지지자들이 자신들의 이해관계만을 주장하기 어려우며, 정부로서도 적절한 타협책을 찾아낼 수밖에 없었을 것이다.

1980년대 중반 이래로 선진산업국가들은 모두 본격적인 탈산업사회로 이행해 왔다. 탈산업사회는 산업사회에 비해 교육, 직업훈련, 보육, 간병 등의 사회서비스에 대한 사회적 욕구가 높다. 이에 따라 선진산업국가들은 소득이전 중심의 전통적인 복지국가에 대한 개혁을 통해 사회서비스 부문을 확대해 왔다. 이런 식의 변화는 세계화론이나 신자유주의론에서 주장하는 복지국가 쇠퇴론과는 거리가 멀다. 전반적으로 복지지출은 일정 정도 유지되는 가운데 복지체제의 구성요소들을 재배치하는 것이기 때문이다. 여전히 연금을 비롯한 전통적인 사회프로그램들이 비중이 지배적이고 앞으로도 급진적으로 줄어들지도 않을 것이지만, 보육·간병·적극적노동시장 등의 사회서비스는 지속적으로 확대되는 추세에 있다.

참고문헌

Armingeon, K. 2009. "Reconciling Competing Claims of the Welfare State Clientele The Politics of Old and New Social Risk Coverage in Comparative Perspective." K. Armingeon and G Bonoli, G.(eds). *The Politics of Post-Industrial Welfare States: Adapting Post-War Social Policies to New Social Risks*. London: Routledge.

Bell, D. 1973. *The Coming of Post-Industrial Society*. New York: Basic Books.

Bonoli, G. 2007. "Time Matters: Postindustrialization, New Social Risks, and Welfare State Adaptation in Advanced Industrial Democracies." *Comparative Political Studies* 40: 495-520.

_____. 2006. "New Social Risks and the Politics of Post-Industrial Social Policies." K. Armingeon and G. Bonoli(eds). *The Politics of Post-Industrial Welfare States: Adapting Post-War Social Policies to New Social Risks*. London: Routledge.

Bonoli, G. and Palier, B. 2007. "When Past Reforms Open New Opportunities: Comparing Old Age Insurance Reforms in Bismarckian Welfare Systems." *Social Policy and Administration* 41: 555–573.

Castles, F. G. 2004. *The Future of the Welfare State: Crisis Myths and Crisis Realities*. Oxford: Oxford University Press.

Esping-Andersen, G. 2002. *Why we need a New Welfare State*. London: Sage.

_____. 2000. "Interview on Postindustrialism and the Future of the Welfare State." *Work, Employment & Society* 14(4): 757–769.

_____. 1999. *Social Foundations of Postindustrial Economies*. Oxford: Oxford University Press.

_____. 1996a. "After the Golden Age? Welfare State Dilemmas in a Global Economy." G. Esping-Andersen(ed). *Welfare States in Transition: National Adaptations in Global Economies*. London: Sage.

_____. 1996b. "Welfare States Without Work: the Impasse of Labour Shedding and Familialism in Continental European Social Policy." G. Esping-Andersen(ed). *Welfare States in Transition: National Adaptations in Global Economies*. London: Sage.

Ferrera, M. 2008. "The European Welfare State: Golden Achievements, Silver Prospects." *West European Politics*, Vol. 31(1–2): 82–107.

Giddens, A. 2000. *The Third Way and Its Critics*. Cambridge: Polity.

Guillemard, A. M. 2000. *Aging and the Welfare State Crisis*. Newark, NJ: University of Delaware Press.

Häusermann, S. and B. Palier. 2008. "The State of the Art: The Politics of Employment-Friendly Welfare Reforms in Post-Industrial Economies." *Socio-Economic Review* 6: 559–586.

Hemerijck, A. 2009. "In Search of a New Welfare State in Europe: An International Perspective." J. Powell and J. Hendricks(eds.). *The Welfare State in Post-Industrial Society: A Global Perspective*. Heidelberg and London: Springer.

Huber, E. and J. D. Stephens. 2009. "Combating Old and New Social Risks." *Powell, J. and J. Hendricks(eds.). The Welfare State in Post-Industrial Society: A Global Perspective*. Heidelberg and London: Springer.

Iversen, T. 2001. "The Dynamics of Welfare State Expansion: Trade Openness, Deindustrialization, and Partisan Politics." P. Pierson(ed). *The New Politics of the Welfare State*. Oxford: Oxford University Press.

Iversen, T. and A. Wren. 1998. "Equality, Employment and Budgetary Restraint: The Trilemma of the Service Economy." *World Politics* 50: 507–546.

Iversen, T. and T. Cusack. 1998. "The Causes of Welfare State Expansion: Deindustrialization or Globalization?" *WZB Discussion Paper*. FS I: 98-304.

Jæger, M. M. and J. Kvist. 2003. "Pressures on State Welfare in Post-industrial Societies: Is More or Less Better?" *Social Policy and Administration* 37(6): 555-572.

Matydell, B. et al. 2006. *Enabling Social Policy*. Berlin: Springer Verlag.

Pascual, A. S. 2007. "Reshaping Welfare State: Activation Regimes in Europe." A. S. Pascual and L. Magnusson(eds). *Reshaping Welfare State and Activation Regimes in Europe*. Stockholm: SALTSA : 11-34.

Pierson, P. 2001a. "Post-Industrial Pressures on the Mature Welfare States." P. Pierson(ed). *The New Politics of the Welfare State*. Oxford: Oxford University Press.

_____. 2001b. "Coping with Permanent Austerity: Welfare State Restructuring in Affluent Democracies." Pierson(ed). *The New Politics of the Welfare State*.

Oxford: Oxford University Press.

_____. 1996. "The New Politics of the Welfare State." *World Politics* 48: 143-179.

Powell, M. and M. Hewitt. 2002. *Welfare State and Welfare Change*. Buckingham: Open University Press.

Regini, M. 2000. "Between Deregulation and Social Pacts: The Responses of European Economies to Globalization." *Politics and Society* 28(1): 5-33.

Rothstein, B. and S. Steinmo. 2002. "Restructuring Politics: Institutional Analysis and the Challenges of Modern Welfare State." B. Rothstein and S. Steinmo(eds). *Restructuring the Welfare State*. New York: Palgrave Macmillan.

Schustereder, I. J. 2010. *Welfare State Change in Leading OECD Countries : The Influence of Post-Industrial and Global Economic Developments*. Wiesbaden, Germany: Gabler.

Sheppard, 2009. "Gender, Marriage, and Family in Post-industrial Society: An International Perspective." Powell, J. and J. Hendricks(eds). *The Welfare State in Post-Industrial Society: A Global Perspective*. Heidelberg and London: Springer.

Sipilä, J. et al. 2009. "A Nordic Welfare State in Post-industrial Society." Powell, J. and J. Hendricks(eds.). *The Welfare State in Post-Industrial Society: A Global Perspective*. Heidelberg and London: Springer.

Taylor-Gooby, P. 2004. "New Risks and Social Change." P. Taylor-Gooby(ed). *New Risks, New Welfare. The Transformation of the European Welfare State*. Oxford: Oxford University Press.

_____. 2002. "The Silver Age of the Welfare State: Perspectives on Resilience." *Journal of Social Policy* 31: 597–621.

Vis, B. 2010. *Politics of Risk-Taking: Welfare Reform in Advanced Democracies*. Amsterdam: Amsterdam University Press.

|제2장|

사회투자와 활성화: 수명연장과 인구고령화에 적응하기 위한 새로운 복지 패러다임

안 마리 기유마르(Anne-Marie Guillemard)

I. 고령화와 평균수명: 고용과 복지 간의 평생에 걸친 새로운 상호작용

수명연장은 사회적으로 정의된 기간(periods of time)에 따라 연령대가 조직화되는 전체 문화 패턴에 이의를 제기한다. 산업화시기에 점차 그 형태를 자리 잡은 청년시기의 교육, 중년기의 취업, 노년기의 은퇴와 같이 3단계로 분리된 생애 모델에 대한 의문이 제기되었다. 복지체계의 조직화가 언급되면 될수록 이러한 의문은 증폭되었는데, 그 이유는 복지체계가 바로 이 세 가지 연령대 및 이와 관련된 위험에 바탕을 두고 건설되었기 때문이다. 1945년 합의된 은퇴와 관련된 세대 간의 계약은 이제 쟁점의 대상이 되고 있다.

1. 현대사회의 은퇴: 산업사회로부터 전승된 3단계 생애 구성

은퇴체계는 현재 세대 간의 암묵적인 계약에 기반을 두고 있다. 이 계약은 일생동안 근로(work)와 비경제활동(inactivity)기간의 분배를 대비했다. 그리고 연령에 따라 발생할 수 있는 사회보험으로 보호될 수 있는 위험을 유형화했다. 산업사회의 발달에서 비롯된 이 계약은 각 개인의 고용상태와 인생의 조직화, 그리고 복지의 내용물(contents) 등의 구체적인 배열을 반영한 것이다. 3단계 모델에서 비경제활동(inactivity)의 주요기간은 연금체계라는 사회적 전이를 통해 노년층에게 할당되었다. 제2차 세계대전 이후, 선진국에서는 인구의 최극빈자인 "노년층"의 은퇴에 대한 보편적인 권리를 수립하는 것이 시급했다. 생애 마지막에서 쉴 수 있는 권리에 대한 교환(exchange)은 청년과 성인의 짧은 교육기간 후에 보장된 평생직장으로 적절하게 변함없이 유지되었다. 은퇴체계의 구성은 다른 사회정책과 마찬가지로 인생 경로를 제도화하고 표준화하는 데 강력한 요인이 되었다. 3단계 인생 경로는 청년층에 대한 교육, 성인층에 대한 근로, 노년층에 대한 연금에 바탕을 둔 비경제활동으로 구분되었다.

생애 사회학(The sociology of the life course)은 복지국가의 발전이 일생동안의 사회적 조직과 얼마나 강하게 상호작용하는가를 보여주고 있다(Mayer and Schoepflin, 1989; Kohli, 1987). 예를 들어, 아동 노동 관련법, 퇴직 연령 그리고 의무 교육은 산업사회에 나타나는 3단계 인생 경로를 표시하고 있다. 보편적인 사회 권리와 연령으로 형식화된 공식적 규칙 때문에 대부분의 복지국가는 생활사건을 "계층화", "표준화", 그리고 "연대기화"하는 것이다. 복지국가가 발전함에 따라, 3단계 인생 과정은 정의되고 그들의 연대기적 경계가 설정된다. 이런 연령 경계는 그것의 지위 및 기능과 함께 인생의 한 단계에서 다음 단계로의 되돌릴 수 없는 이행(irreversible passage)을 표시하는 분계선이다. 동시에 연령집단 간의 경쟁과 연대의 유형이 결정된다.

복지체계의 구성은 일생(biographies)에 주요한 영향을 끼쳤으며, 연령과 관련된 경계로 표시된 3가지 연속 단계에서 사람들의 인생 경로에 대한 예측 가능한 시간틀(time frame)을 개인에게 제공한다. 한 단계에서 다음단계로의 이행에 대한 계획이 그러하다. Mayer와 Schoepflin (1989:198)에 따르면

"복지국가에서 인생의 연속 흐름은 평생 동안 일생의 패턴으로 전환된다 [……]. 생의 주기화와 사회보험 제도로부터 파생된 강렬한 이행의 증폭은 생애에 걸친 연대기적 패턴으로 결합된다."

따라서 연령은 단선적 생애 과정을 되돌릴 수 없는 단계로 나타내기 위해 사용되는 수단이 되었다. 모든 분야에서, 복지국가는 "age police"[1]라는 연령에 바탕을 둔 관리를 시행했다. 연령집단 구분은 사회적 문제를 다루기 위한 공공 정책 도구로 널리 채택되었다. 인구 집단의 연령 구분에 의한 관리는 곧 공공 개입의 주요 수단이 되었다. 예를 들어, 법은 취업, 교육, 근로 중단 그리고 퇴직과 관련된 연령을 정하고 있다. 이런 법은 고용, 교육, 사회적 서비스 분야에서 연령 기반적 자격 요건에 의존하는 공적 프로그램에 의해 연계 혹은 확대되었다.

앞서 언급한 3단계 모델하에서 근로는 인생에서 가장 중요한 단계이다. 그것은 단선적, 양적 그리고 분할된 시간 체계를 강요했다. 근로에 전념한 시간은 인생의 다른 단계의 중심이 되었으며, 비경제활동 시간은 근로의 다른 면이 되었다. 사회적으로 다른 것보다 근로(work)가 지배한다는 것은 산업사회에서 생애사적, 직업적인 계획을 다른 사람과 시간적으로 일치, 표준화시키는 것을 의미한다. 예컨대, 남성이 성인으

---

1) "Age police"는 지배로 이해되는 왕정하의 통치와 맥을 같이하고 있다. Percheron(1991)는 "Police et gestion des ages(경찰과 연령 관리)"절에서 다음 구절을 사용했다. 즉, "Age police는 복지국가의 도구이고 산물이며, 어떤 정책 활동의 주요한 관점을 구성하고 있다."

로 진입한다는 것은 안정된 직장을 확보하고 결혼을 통해 가족을 구성
하며 이어서 자녀가 생긴다는 것을 의미한다.[2]

2. 지식기반사회에서 새롭고 유연성 있는 인생 경로의 도전

산업사회에서 형성된 노동과 복지와 인생과정 간의 배열이 흐트러지
고 있다. 시간의 구성은 좀 더 유연해지고 사회적으로 정의된 인생 주
기는 동시성에서 탈피하여, 비동시성을 지향하고 있다. 근로에 부과된
시간 역시 파편화되었다. 근로와 여가 또는 비경제활동은 인생의 각 단
계에서 중복되었다. 이런 단계들은 비전문화(despecialized)되어 그들
의 경계들이 모호해졌다(Guillemard, 2010). 따라서 각 단계는 더 이상
"단조롭지" 않으며, 비경제활동 역시 더 이상 연령으로는 구분할 수 없
다. 연령의 모호함은 종래의 질서 있고 위계화 되어있는 3단계 분류체
계를 뒤집어 놓았다. 그것은 연령 분계선을 제거했으며 이행 또한 회귀
가능하게 했다. 결국, 가족은 이미 어른이 된 아이들이 그들의 부모와
함께 살기 위해서 돌아가거나 혹은 40대에 교육이라는 새로운 시기에
접어 든 늦깎이 부모를 발견하게 될 지도 모른다. 인생이 새롭게 뒤엉
킨다는 것은, 일생동안의 계획이 더 이상 인생의 3단계 구성 하의 전통
적인 배열과 일치하지 않는다는 것이다. 인생은 점점 더 갈수록 복잡하
고 불확실하다. 인생 계획을 전문화하는 것과 마찬가지로 인생을 규범
적으로 다시 개편한다는 것은 어떻게 인생을 펼칠 것인지 예측하기 어
렵다는 것을 의미한다. 인생 경로는 유연하고 더 개별화된 양상을 보이
고 있으며, 이는 혼란스러워질 수 있는 위험을 내포하고 있다.

---

2) 인생 경로 3단계 모형은 가구주 혹은 생계 부양자인 남성에게만 적용될 수 있음
   이 강조되어야 할 것이다. 장기간 임금 근로 세계에서 멀어져 있는 여성들은 가
   족을 대상으로 돌봄을 제공하고 있다. 그들이 만약 일을 한다면 일자리는 부차적
   이며, 생계유지의 방법이 될 것이다.

인생 경로의 조직화에서 발견되는 대변동은 다음 몇 가지 요인으로 설정될 수 있다.

첫째, 제조업에서의 포디즘의 쇠퇴, 네트워크와 정보 또는 지식기반 사회의 출현과 관련된 노동 변화는 단선적 경력을 덜 안정적이고 덜 지속적으로 만들고 있다.

둘째, 위험의 목록과 이에 상응하는 수급요건을 강조하는 복지체계는 경제활동(activity)과 비경제활동(inactivity) 사이의 반복과 덜 확실한 인생계획과 관련된 새로운 위험의 정체성을 밝히는 데 어려움을 겪고 있다(Guillemard, 2005). 산업사회의 엄격한 복지 장치는 점점 갈수록 유연해지는 직업 경로와 관련된 새로운 보장 욕구를 대처하기에는 적절하지 못하다. 그동안 기술과 자격증에 대한 급격한 평가 절하로부터의 보호 및 다양한 "직종전환(reconversions)"을 통한 노동 시장에 대한 욕구가 있었다. 이 모든 것이 단지 노년층만이 아니라 모든 연령집단에게 영향을 끼치는 비경제활동기간에 대한 보장을 필요로 하게 만들었다. 비경제활동은 이제 더 이상 인생의 마지막 시기에 은퇴만의 형태로 축적되는 것이 아니다.

셋째, 인구의 고령화 및 평균수명 연장과 관련된 인구 구조 변화는 산업사회의 3단계 인생 모형을 위협하고 있다. 최근 10년간 평균수명 연장의 진전은 일생동안 직장에서 상당히 더 짧은 시간을 보내는 현상을 고려할 때 자기 모순적임이 드러났다. 직장생활기간의 단축은 인구의 고령화와 양립할 수 있는 고용문제에 대한 해답을 찾지 못하는 선진국(특히 유럽)의 무능력으로 치부될 수 있다.

2010년 이후 선진사회의 인구고령화를 고려해 볼 때, 직장생활 종결 후에 나타나는 비경제활동 기간의 연장이 지지될 수 없음은 분명하다. 이는 두 가지 위협을 대변하고 있다. 한편으로는 세대 간의 연금체계를 통한 사회적 전이 구조를 위태롭게 하는 것이며, 다른 한편으로 직장생활기간이 더 짧아진다는 것은 노동력 부족 및 선진국의 경제력을 필요로 하는 생산 가능 인구의 규모에 대해 의문을 제기한다는 것을 의미한다.

위의 두 가지 위협에 대한 해답은 연령 집단과 세대 간 근로 기회의 더 나은 배분에 있다. 적어도 프랑스, 벨기에 그리고 일부 남부 유럽 국가들에서 나타나는 노동시장 경향은 이러한 의미에서의 노력과는 무관한 것처럼 보인다. 지식기반 및 정보사회의 도래는 중 · 고령 근로자의 노동시장 유지 및 이들 기업의 내부 노동시장 수혜 확대를 내용으로 하는 규칙을 불안정하게 만들고 있다(Guillemard, 2010). 제조업에서의 재구조화는 중 · 고령 근로자의 경험을 일축해 버렸다. 이러한 경험은 그들 자산의 대부분을 차지하고 있다. 경우에 따라서는 기술적인 변화 속도가 노동자를 쇠퇴하게 만들었다. 회사의 생산과 노동구조의 새로운 방법으로 보통 사업장에서 나이 든 근로자를 축출하고 대신 저비용이면서도 교육을 더 많이 받은 젊은 사람들을 채용하고 있다. 하지만 이런 종류의 실행은 노동력의 고령화와 노동인구의 부족이라는 2가지 장애물에 직면하게 될 것이다. 이런 장애물은 이미 발생했다. 2006년부터 2015년 사이 유럽에서 베이비 붐 세대인 사람들은 은퇴하는 동안 베이비 붐 이후의 옅은 청년 연령 집단이 노동시장으로 진입할 것이다. 현재 선진국에서 노동력의 많은 부분은 연령상으로 45세 이상이 차지하고 있는데, 불행하게도 이들의 직업적 경력은 현재 위기에 빠져있다.

II. 유럽대륙과 남부 유럽: 노동시장 조응의 주된 변수로서 연령

3대륙(유럽, 북미와 일본) 비교 연구는 각 사회가 고령화라는 인구구조 변화에 대처하기 위해 동일한 정책 옵션을 선택하지 않았다는 것을 보여준다(Guillemard 2005). 그들은 고용, 교육, 훈련, 복지에 대하여 2가지 매우 다른 대응 전략을 도입했다.

　유럽(특히 프랑스)대륙의 전략은 일자리 공유의 차원에서 젊은 사람들을 위해 조기 퇴직하는 임금 근로자에게 보상하는 것이다. 중·고령 임금 근로자는 조기 퇴직에 대한 보상으로 유리한 조건을 제공받았다. 그들은 노동시장이 변화할 때 한꺼번에 복지에 대한 지위(예비퇴직, 조기 퇴직, 실업보험, 장애급여)를 부여받았다. 대신 근로 과정의 강화는 그들에게 매력적인 전망을 거의 제공하지 못했다. 그러므로 연령은 점차적으로 직장을 못 다니는 법적 기준이 되었다. 그들은 직종 전환도 어려우며 취업될 수 없는 사람들로 인식되었다. 결과적으로 연령은 곧 노동시장 조응을 위한 주요한 변수가 되었다.

　고용정책은 연령기반 분할(segmentation)과 차별의 체계적인 근거를 추구했다. 결과적으로 나이든 사람뿐만 아니라 젊은 사람도 노동시장의 주변부로 밀려났다. 젊은 사람들은 공공정책 덕분에 "사회 통합 범주(category to integrate)"에 들어갈 수 있었다(Van de Velde, 2007). 나이든 사람들은 결국 퇴직체계로 들어갈 것이라는 전망과 함께 장기 비경제활동이라는 다양한 범주(categories)에 포함되었다. 이러한 방안은 고용과 실직을 통한 기대효과를 낳지는 못했다. 하지만 이러한 조치는 사람들의 정서를 뿌리 깊이 변화시켰으며 이른바 "조기 퇴직 문화(early exit culture)"라는 것을 사회에 주입시켰다. 이에 대한 예기치 못한 결과 중의 하나는 고용과 복지를 상호 대립 관계로 인식시켰다는 점이며, 전략의 의도와는 달리 상황은 더 악화되었다.[3]

　두 번째 전략은 근본적으로 다른 정책 옵션과 일치하는 것으로 주로 스칸디나비아와 일본에서 도입되었다. 이 전략은 45세 이상 임금 근로자의 취약성 증대를 극복 차원의 적극적 형태를 취하면서 이들에게 유

---

3) Esping-Andersen(1996)은 "근로 없는 복지"를 노동 시장에서 가장 취약한 연령 집단에게 보상하는 전략에서 비롯된 비경제활동의 악순환으로 묘사했다. 이러한 악순환은 유럽 대륙 복지 국가의 전형적인 모습이다.

리한 노동시장 정책의 실시를 통해 중·고령 임금 근로자의 직종 전환 및 노동시장 정착을 목적으로 하고 있다. 그리고 퇴직 보상을 제공하는 대신 "어느 연령대에서나 적절한 직업(right to a job at any age)"을 유지하려고 애쓰는 것이다. "어느 연령대에나 적절한 직업 권리 문화 (culture for the right to a job at any age)"의 모습, 그것은 연령에 관계 없이 일자리 제의 및 이에 대한 사회의 보장 그리고 취업 상태 유지를 위한 복수의 기회 보장에 대한 반대급부로서 근로 행위를 의무화하는 협정에 바탕을 두고 있다.

첫 번째 전략과는 달리 두 번째 전략에서 주목할 만한 것은 "연령 중립(age neutral)"의 성격으로 공공 정책에 호의적이라는 것이다. 이 정책은 연령 집단대신에 욕구를 목표로 한다. 반대로 첫 번째 전략은 연령에 바탕을 둔 조치를 증대시키고 있다. 이들은 프랑스에서처럼 연령 장벽과 연령 기반적 차별 행위를 강화시켰다.

사실, 프랑스는 지금 젊은이와 나이든 사람들의 양자 취업률에서 저조한 성과를 보이고 있다. 55세에서부터 65세까지 고용률은 EU 15개 회원국 평균인 48%에 비해 39%로 세계에서 가장 낮다. 이 연령집단에서는 3사람 중 1사람 정도가 더 일하고 있음을 알 수 있다(부록 〈table 1〉참조). 그리고 60세 이상의 인구 연령층이 직장을 다니고 있는 비율은 단지 17%에 불과하다. 2003년 연금개혁과 예비 퇴직체계의 폐지에도 불구하고 노동시장 퇴직 중위 연령은 58세이다(2010년 58.9세). 유럽대륙(특히 프랑스)에서는 나이 든 사람들의 고용률 감소와 일자리 적립의 목적하에 실시되는 나이든 임금 근로자를 대상으로 하는 일자리 할당 전략 사이에 상관관계가 존재한다. 몇십 년 동안, 고용주와 임금 근로자, 공적 당국 관계자들은 이 전략에 동의했다.

동시에, 프랑스의 15세에서 24세의 고용률 역시 31%로 EU 15개 회원국 평균인 41%에 비해 매우 낮다. 이는 청년집단 대상 사회 및 직업적 포용 조치의 증가에도 불구하고 1980년대 초 이후 계속 떨어졌다. 이렇게 부진한 결과는 조기 퇴직 문화의 형성에서 중요한 요인이었던 극단적인 연령기반적 고용 관리의 의도하지 않은 영향으로 해석될 수 있다.

이러한 연령기반 고용과 같은 정책들이 일련의 공적 개입 규칙과 규정만을 대변하는 것은 아니다. 이것들은 노동시장에서 활동하는 모든 행위자들의 행위를 만드는 인식적 충격과 함께 동기유발 및 정당성의 네트워크를 형성한다. 이것이 바로 필자가 강조하고자 하는 "연령 문화" 즉, 연령에 따른 의무와 권리, 고령화에 따라 제기되는 질문을 구상하는 방법에 관한 규범, 일련의 분배된 가치이다.

이런 정책들은 직장에서 연령기반이라는 고정관념을 조성해 왔었다. 50대 사람들은 이미 그들의 직장에서 한계에 이르렀다. 그들은 덜 생산적이고, 그들의 방법을 바꾸는 것을 꺼리며, 게다가 연공제로 인해 고임금을 받고 있다는 인식 때문에 취업되기 힘든 존재로 여겨진다. 비슷한 이유가 덜 생산적이고 경험이 없는 집단으로 인식되어 있는 청년집단에게도 적용된다. 따라서 이들은 "직업적 포용(occupational inclusion)"을 막연하게 기다리면서 결국은 노동시장의 주변부에 자리 잡게 된다. 연령기반 조치는 고용주의 전략과 맥을 같이하고 있다 (Mayntz and Scharpf, 2001). 최근 몇십 년 동안 각 기업은 중·고령 근로자를 노동시장에서 퇴출시키기 용이한 방법을 채택해 왔다. 그 결과, 중·고령 근로자들 역시 불가피한 노령화의 대응 차원에서 필요한 근로조건 개선 노력을 등한시했다. 그들은 나이 든 임금 근로자의 기술과 자격요건을 업데이트하든지 아니면 두 번째 직장으로의 이동을 촉진하는 노력 등을 하지 않았다. 고용주들도 세대 간의 기술 전수와 젊은이들을 기업에 충실한 근로자로 만들기 위한 경력 기대를 제공하고 충원하는 부분에 대해서 고려조차 없었다.

이런 순환 과정은 노동시장에서 너무 젊고, 너무 나이 든 사람들을 배제시키는 결과를 낳았으며, 이러한 현상은 유독 현재 한 세대에 취업이 집중되어 있는 프랑스에서 강하게 나타난다. 현재 경제 생산은 노동과정 강화로 인해 직장에서 많은 스트레스를 경험하고 있는 집단인 30세에서 50세에 거의 전적으로 의존하고 있다. 우리가 알다시피, 이와

같은 강화(intensification)는 고령 인구집단을 직업에 적응시키는 것과
는 반대이다. 그것은 노동인구로 머무르는 동안 동기 유발과 능력을 축
소시킨다(Volkoff et al., 2000).

연령개념 그리고 활동 및 동기 부여에 내재되어 있는 인지적 틀, 행
위를 주조하는 정당화에 대해서는 거의 생각하지 않았기 때문에, 개혁
의 위험 부담은 작용하지 않는다. 기존 제도의 변화, 퇴직 체계 제도의
변화, 예비 퇴직 폐지 등의 부분 개혁은 현재 견고한 사고방식으로 자
리 잡고 있는 소기 은퇴(the early exit)문화에 이의를 제기하지 못하며,
그러한 전략은 쟁점이 되지 못한다. 그것은 어제의 공식과 도구로 내일
의 문제를 처리할 정도이고, 유럽 대륙에서 고령화라는 인구구조학적
인 변화 도전을 대처하는 데 필요한 노동 가능 인구의 대대적인 동원화
와는 거리가 먼, 기대에 못 미치는 결과를 가질 수 있다.

직장 생활을 오래 한다는 것은 연금 제도의 재정을 균형 있게 하는
데 중요한 요인임을 잊지 말자. 그 이유는 이것이 두 배의 효과 즉, 급
여 제공 부담이 줄어듦과 동시에 기여금 납부 규모를 증가시킬 수 있기
때문이다. 하지만 젊은이와 나이 든 사람들은 현 제도의 부분적 수정만
으로는 취업 상태를 유지할 수 없다. 50세 이상의 사람들을 노동시장에
정착하도록 하기 위해서는 노동조건을 충분히 개선시켜야 한다. 그리
고 젊은 사람들의 일자리 유지 유도는 새로운 것을 고안하고 직업 전망
에 대한 동기유발을 필요로 한다. 이런 도전에 효과적인 대처를 위해서
는 양자 공히 모든 연령대를 위한 사회적 투자와 활성화와 관련된 새로
운 전략이 필요하다.

III. 연령집단과 세대 간의 새로운 결속을 위하여: 취업과 은퇴 쟁점을 중심으로

1. 연령기반 관리에서 연령다양성 관리로

연령기반 관리는 한계에 도달한 것으로 보인다. 그것은 유연성으로 대변되는 새로운 시대 상황을 고려할 때 타당성을 상실했다. 3단계 인생 경로 모델이 미완성으로 끝났기 때문에 연령 기반 관리는 더 이상 작동될 수 없다. 이러한 관리는 연령에 대해 문자 그대로 혁명이 일어나고 있는 고도의 이동성과 유연성을 지닌 사회에서 비롯된 보장에 대한 새로운 욕구를 대응하기에는 무능력한 것으로 입증되었다. 더욱 더 심각한 현상은 이것이 오히려 왜곡된 효과의 순환을 유발할 뿐이라는 것이다. 실례로, 이는 연령에 바탕을 둔 고정관념과 장애물을 강화시키고 심지어 연령 기반적 차별을 조성했다. 이제는 전 세계적인 현상인 지식 기반, 수명연장 사회에 적응 가능한 새로운 관리 도구를 개발해야 될 시점이다. 연령에 의해서 인구를 구분하는 대신에 새로운 정책은 연령에 중립적이어야 하며 인생 경로 관점을 채택해야 한다. 또한 이것은 예방을 위한 사회적 투자와 직업 경로에 대한 새로운 개념을 필요로 한다.

핀란드 사례는 연령 다양성 관리와 세대 간의 시너지 효과 증대를 위한 방법과 관련하여 좋은 예를 보여주고 있다(Guillemard, 2010). 인생 경로 여정 및 기술의 전향적인 관리는 그러한 사회정책에서 중요한 요소이다. 이런 혁신적인 도구들은 이미 "사회 유럽"을 건설하는데 주요한 역할을 했으며, 평생 교육 또한 모든 스칸디나비아 국가들에서 현실이 되었다. 핀란드 역시 이에 참여하고 있다(부록 〈Table 2〉 참조).

또 다른 중요한 인생 경로 정책은 노동조건을 향상시키고 직장에서의 행복(well-being)을 고취하는 것이다. 이것 역시 연령을 무효화시키는 정책이다. 모든 연령집단에게 혜택을 주며 수명연장사회에서 연령의 다양성 관리와 관련된 기본적인 도구를 대변하고 있다. 근로를 지속 가능하게 하고 만약 우리가 직장을 오랫동안 다니기를 원한다면 근로로 인한 소진현상을 줄이는 것이 필수적이다. 유럽 데이터가 보여주는 것처럼, 어떤 국가에서는 직장의 질과 나이 든 근로자들의 고용률 사이에 강한 상관관계가 있다. 인생 경로 관리를 위한 새로운 정책들은 고령화 및 수명연장 사회의 흐름과 궤적을 더 잘 통제하는 것이 목적이다. 이 정책들은 생애 여정의 전향적인 관리를 필요로 한다. 그들은 수직적이기 보다는 수평적인, 새로운 형태의 노동시장 이동 개발을 수반하고 있다.

수명연장과 인구고령화 도전은 연령에 의한 구분에 바탕을 두고 있는 과거 방식과의 단절을 위한 기회가 될 수 있다. 임금근로자가 더 유동적이고, 더 자율적이며, 일생동안 더 많은 교육을 받을 수 있어야 한다는 지식기반 사회의 새로운 요구에 부응할 수 있는 새로운 연령 관리가 개발되어야 하는 것이다.

2. 복지의 재구성: 위험 보호에서 평생보장 제공까지

이와 같이 더 융통성 있는 인생 경로는 생애에 걸쳐 경험할 수 있는 위험의 새로운 목록 작성을 필요로 한다. 산업사회에 그 기원을 두고 있는 위험 목록과 이에 상응하는 수급 자격 항목을 가진 현재의 복지 구조로서는 더 이상 새로운 위험을 커버할 수 없다. 산업화되고, 불확실한 인생 경로에서 영속성을 보증할 수 있는 새로운 사회보장의 개발이 시급하다. 이런 관점으로부터 복지의 주요한 목표는 이제 더 이상 특정 위험에 상응하는 사고 또는 사건으로 인해 발생하는 피해를 치료하는 것이 아니다. 산업화 시기의 복지국가처럼 책임의 사회화에 의해 직장의 안정화를 보증하는 것 또한 아니다. 그 목표는 인생에 중요한 변화와 유동성에 필요한 지지를 제공함으로써 인생 여정을 보장하는 것이다(Guillemard, 2008).

이는 "사회 투자(Esping-Andersen, 1996)", "사회권 개발(social drawing right)"(Supiot, 1999), "자산기반복지(asset-based welfare)" 혹은 "노동시장이행(transitional labor markets)"(Gazier, 2003) 등의 이론으로 구성되는 복지 재구성의 새로운 제안들이다. 이런 모든 제안들은 산업사회에 기원을 두고 있는 내재적 복지 프로그램의 패러다임을 다시 만들고 "불확실성에 대한 최적의 관리(an optimal management of uncertainty)"에 대한 개념 규정을 시도하고 있다(Ewald, 1992). 그것들은 경기 순환에 기능적인 성격의 조응이나 부분적인 개혁 추구를 절대적으로 거부해 왔다. 대신에 이러한 제안들은 복지 체계의 설계 그 자체에 초점을 맞추고 있다.

위험에 대한 보상은 복지의 이름으로 취해지는 여러 가지 기능 중의 하나에 불과하다. 이제 복지는 경제활동기간과 비경제활동기간의 반복에 관계없이 사람들의 인생 여정에 대한 지속성 보장을 통해 개인의 자율성 지지 또한 제공해야 한다. 그 주요 역할은 직업적 성향과 취업 가능성을 유지시키는 것이다. 이것은 새로운 보장을 필요로 한다. 이것이 바로 에스핑-안데르센에 의해 발전된 사회 투자라는 개념이다. 이에 따르면 평등한 기회는 소득을 재분배하고 유지하는 것 외의 다른 프로그램을 수반한다. 이러한 새로운 방법은 인적 자본의 개발을 보장하고 평생 동안 교육 및 직업상의 질적 제고와 관련된 접근을 보증하는 것이다. 그리고 그것들은 가장 불리한 여건에 처해 있는 사람들에게 더 많은 지지를 제공할 수 있다.

사회보장 보호를 인생 경로 여정까지 확장시키는 것은 임금에 대한 새로운 타협 도출과 세대간 계약 수정을 의미하는 복지의 새로운 목표이다. 산업화 시기의 타협하에서는 임금근로자가 안전보장을 위한 반대급부로서 고용주에게 종속관계임을 인정했다. 새로운 타협은 노동시장 이동성 증가, 자율성, 그들에게 부여된 책무에 대한 반대급부로서 연령에 관계없이 모든 임금 근로자는 보장 그리고 장래의 가능성에 대

한 새로운 보증을 받을 수 있는 방향으로 작용되어야 한다. 게다가 은
퇴에 기반을 둔 산업사회의 세대 간 계약은 재설계되어야 한다. 일생동
안 취업(work) 또는 비경제활동(inactivity)으로 생애 단계를 구분하는
것은 더 이상 융통성 있는 새로운 인생 경로와 맥을 같이 하지 못한다.
우리는 근로, 교육, 보상받는 비경제활동과 관련된 시기의 분배 방식을
변화시켜야 한다. 개개인은 그들의 인생 여정과 관련하여 더 많은 선택
을 하게 될 것이고, 보상되는 비경제활동기간은 모든 연령대에 확산되
어야 할 것이다. 이 모든 것은 연령 구분을 탈피하고 연령의 다양성이
라는 새로운 관리를 개발하는 적극적 노화를 위한 포괄적, 예방적 전략
과 맥을 같이하고 있다. 은퇴 시기가 오는 것은 당연하다. 하지만 이의
대응으로서 사람에게 더 나은 선택 기회가 부여되어야 할 것이다. 결과
적으로 모든 사람에게 강요되는 표준화된 퇴직 연령은 이제 더 이상 규
정이 아닌 것이다. 안식과 취업의 교호에 의해 근로는 평생 확산되게
될 것이다.

　고령화와 수명연장으로 인한 인구학적 변화의 도전은 치명적 재앙
이 아니다. 오히려 혁신된 세대 간의 연대 형태를 통해 더 관대하면서
도 더 결속력을 지닌 사회 유럽의 발전으로 이끌 수 있다. 이런 인구학
적 변화 추세가 연금은 불가피하게 소멸되고 복지국가가 해체될 것을
시사하는 것은 아니다. 그들은 연령 다양성에 대해 더 많은 주의를 기
울이는 사회, 세대 간의 더 많은 응집력을 가지고 "모든 연령대를 위해
건설된 사회"를 위한 기회가 될 수 있다. 이것을 성취하는 방법은 요구
하는 것이다. 그것은 공적 당국의 강력한 결정을 필요로 한다. 이 도전
을 계속하는 북유럽 국가를 검토해 볼 때, 그들은 혁신적 경제를 가지
고 있음을 알 수 있다. 그들은 완전히 새로운 지식기반 경제에 진입했
으며, 일생동안 개개인의 적성과 자율성을 지지하기 위한 사회 투자 국
가의 발전을 통해 현대화되고 있다.

_영문 번역: 김윤정 (경상대학교 일반대학원 사회복지학과 박사과정)

참고문헌

Esping-Andersen, G. 1996. "Welfare states without work: The impasse of labour shedding and familialism in continental European social policy." In G. Esping-Andersen (ed.). *Welfare states in transition: National adaptations in global economies*. London: Sage : 66-87.

Ewald, F.1992. "Responsabilité, solidarité, sécurité. La crise de la responsabilitéen France àla fin du 20e siècle." *Risques* 10 : 9-24.

Gazier, B.2003. *Tous "sublimes" vers un nouveau plein-emploi*. Paris: Flammarion.

Guillemard, A.M. 2005a. "Politiques publiques et cultures de l'âge. Une perspective internationale." *Politix* 18(72) : 79-98.

_____. 2005b. "The advent of a flexible life course and the reconfigurations of welfare." In Andersen, Guillemard, Jensen, Pfau- Effinger (eds). *The Changing face of Welfare*. Bristol Policy Press : 55-74.

_____. 2008b. "Conclusion" in A.M. Guillemard (ed.). *Oùva la protection sociale?*. Paris: Presses Universitaires de France. : 373-386.

_____. 2010. *Les défis du vieillissement. Âge, emploi, retraite. Perspectives internationales*. Paris: Armand Colin.

Kohli, M.1987. "Retirement and the moral economy: An historical interpretation of the German case." In *Journal of aging studies* I-2. : 125-144.

Mayer K., Schoepflin, U. 1989. "The state and the life course." *Annual review of sociology*, XV : 187-209.

Mayntz, R. and Scharpf, F.W. 2001. "Institutionnalisme centrésur les acteurs." *Politix*, 14(55) : 95-123.

Percheron, A. 1991. "Police et gestion des âges." In A. Percheron et R. Remond (eds.). *Age et politique*. Paris: Economica : 111-139.

Supiot, A. 1999. *Au-delàde l'emploi: Transformations du travail et devenir du droit du travail en Europe*, report for the European Commission. Paris: Flammarion.

Van de Velde, C. 2007. "La dépendance familiale des jeunes adultes en France. Traitement politique et enjeux normatifs." In S. Paugam (ed.). *Repenser la solidaritéau XXIème siècle*. Presses Universitaires de France : 315-334.

Volkoff, S., Molinié, A.F. and Jolivet, A. 2000. *Efficaces àtout âge? Vieillissement démographique et activités de travail*. Dossier du Centre d'Études de l'Emploi, 16, Paris: La Documentation Française.

부록

〈Table 1〉 고용률 추이 (55세-65세, 1995년부터 2009년까지)

국가	1995	1997	1998	1999	2000	2001	2002	2003	2004	2005	2006	2007	2008	2009	Var. en%
독일	37,8	38,2	37,7	37,8	37,4	7,7	38,4	39,4	41,4	45,4	48,4	51,5	53,8	56,2	49
벨기에	23,3	22	22,5	24,7	25	25,2	25,8	28,1	30,1	31,8	32	34,4	34,5	35,3	51
덴마크	49,3	51,4	50,4	54,2	54,6	56,5	57,3	60,7	61,8	59,5	60,7	58,6	57	57,5	17
스페인	32,1	34	35,3	34,9	36,8	39,1	39,7	40,8	41	43,1	44,1	44,6	45,6	44,1	37
핀란드	34,4	35,7	35,7	39,2	41,2	45,5	47,8	49,6	51,1	52,7	54,5	55	56,5	55,5	61
프랑스	29,4	28,9	28,3	28,4	29,4	30,7	33,8	36,3	37,5	38,5	38,1	38,2	38,2	38,9	32
이탈리아	27,8	27,8	27,7	27,5	27,3	26,9	28,6	30	30,2	31,4	32,5	33,8	34,4	35,7	25
네덜란드	28,8	31,4	33	35,3	37,9	39,3	42	44,5	44,6	46,1	47,7	50,9	53	55,1	91
포르투갈	45,5	46,8	50,2	50,7	51,3	50,7	51,9	51,7	50,1	50,5	50,1	50,9	50,8	49,7	11
영국	47,5	48,5	48,3	49,4	50,4	52,2	53,2	55,4	56,1	56,8	57,3	57,4	58	57,5	22
스웨덴	62	61,6	62,7	64,6	64,3	66,2	68,3	68,6	69	69,4	69,6	70	70,1	70	13
유럽연합 회권국평균 (15개국)	35,8	36,4	36,4	37	37,5	38,4	39,8	41,5	42,3	44,2	45,3	46,5	47,4	48	33
일본		64,2	63,8	63,4	62,8	62	61,6	62,1	63	63,9	64,7	66,1	66,3		3,3
미국		57,2	57,7	57,7	57,8	58,6	59,5	59,9	59,9	60,8	61,8	61,8	62,1		8,6

Source: Eurostat (EFT)

〈Table 2〉 유럽 국가의 연령대별 직업 훈련 참여율

Countries

source: Eurostat, EFT, module ad hoc 2003

25-34 years old
35-44 years old
45-54 years old
55-64 years old

|제3장|

유럽 활성화 전략과 사회보호 패러다임의 변화

심창학

I. 머리말

최근 유럽 복지국가 재편 특징 중의 하나로서 활성화(activation) 개념의 정책적 도입을 들 수 있다. 활성화 개념의 정책적 도입 시기가 언제부터 인가에 대해서는 논란의 여지가 많지만 국가 정책을 통해 용어가 공식적으로 처음 사용된 것은 덴마크에서 실업보험의 개혁이 실시된 1994년이다. 당시 덴마크는 7년의 실업보험 수급 기간을 4년의 일반적 수급기간(Benefit period)과 3년의 활성화 기간(activation period)으로 구분하고 활성화 기간 중에는 공공고용서비스(PES)가 제의하는 노동시장 프로그램에 반드시 참여하도록 하는 조치(활성화 조치)를 마련한 바 있다(F. Larsen and M. Mailand, 2007).

이후 활성화 개념은 유럽 연합(EU)의 관심으로 확대되었다. 대표적인 것이 1997년 발표된 유럽 고용 전략(European Employment Strategy,

EES)이다. 이는 취업가능성, 기업가 정신, 적응성, 성적 평등 등의 네 가지 분야(pillar)를 중심으로 회원국의 공동 목적과 표적 집단을 확인하고, 이에 바탕을 둔 개별 회원국 간의 고용정책의 조절을 목적으로 구상되었다. 이 중 활성화 개념이 가장 많이 반영된 것이 취업 가능성 분야이다. 대표적인 것 몇 가지만 소개하면, 가이드라인(Guidelien) No. 1에 따르면 노동시장 최초 진입 청년 집단에 대해서는 6개월 안에 훈련 및 재훈련, 사업장 견습, 취업 혹은 여타 형태의 취업 가능성 제공과 관련된 프로그램이 제공뇌어야 하며, 가이드라인 No.2는 성인 실업자에 관한 것으로 실업 상태 12개월 안에 개별 지도를 통해 필요한 프로그램이 제공되어야 함을 명시하고 있다. 이러한 유럽 고용전략은 2000년 리스본 정상회담에서 제시된 유럽 사회모델의 핵심으로 자리 잡게 되었다. 유럽 정상회담은 유럽 사회모델의 특징으로서 인적 자본 투자와 적극적 사회국가(active social state) 등 두 가지 기본 방향을 제시했는데, 이상의 기본 방향을 추진하는 수단으로 자리 잡고 있는 것이 바로 활성화 개념이다(A. Serrano Pascual, 2004a: 212). 이에 유럽 회원국은 용어의 공식적 혹은 묵시적 사용을 통해 사회정책에 활성화 성격을 강화시키고 있는 추세이다.

한편, 본 글이 제기하고자 하는 문제는 활성화 개념의 정책적 도입이 사회보호와 관련된 패러다임에 어떤 변화를 가져오고 있는가이다. 주지하다시피, 활성화 정책은 빈곤 및 사회적 배제 극복의 수단, 사회보호정책과 여타 분야 정책 간 연계의 필요성, 그리고 전통적 근로 연계 복지 개념에 대한 비판 의식에서 도입되었다. 하지만, 활성화 개념의 정책적 도입은 그 자체로 머무르는 것이 아니라 활성화 개념이 핵심으로 자리 잡고 있는 사회보호체계의 패러다임 변화에도 영향을 주고 있을 것이라는 것이 본 글의 기본 가정이다. 왜냐하면 역사적으로 보더라도, 정책에 새로운 개념의 도입은 동시대 지배적인 패러다임의 반영임과 동시에 이에 영향을 미치기 때문이다.[1] 따라서 본 글은 활성화의 정책적 분석보다는 사회 보호체계 재편 과정에서 나타나는 경향 및 과정

그리고 패러다임적 성격 변화에 더 주목하고자 한다. 구체적으로 유럽 국가에서의 활성화 개념의 도입이 사회보호체계의 재편 과정 및 경향 그리고 패러다임 변화에 어떠한 영향을 미치고 있는지 분석하는 것이 본 글의 연구 목적이다. 이와 관련, 제기되는 연구 질문은 다음과 같다.

첫째, 인식론적, 규범적 차원에서 활성화 개념은 근로 연계 복지 개념과 어떤 유사점과 차이점이 존재하는가.

둘째, 사회보호체계와 관련된 패러다임의 구성 요소는 무엇인가.

셋째, 활성화 개념은 구성 요소의 재정의를 통해 사회보호 패러다임에 어떤 변화를 가져오고 있는가.

넷째, 이러한 변화는 활성화 개념의 본래 취지와 양립되는 것인가.

이에 본 글은 기본적으로 문헌 연구에 바탕을 두고 있다. 첫째, 활성화 개념과 관련되는 기존의 문헌 연구 고찰을 바탕으로 인식론적, 규범적 관점에서 근로 연계 복지와의 비교를 시도할 것이다. 둘째, 활성화 개념 도입이 사회보호체계 패러다임에 미친 영향을 분석하고 있는 문헌(국가 법령, 유럽 연합 공문서 등) 고찰을 통해 그 특징을 살펴볼 것이다. 셋째, 구체적인 정책 평가가 본 글의 목적은 아님에도 불구하고 논거 제시가 필요한 경우 특정 국가의 활성화 전략이 개인의 취업가능성 제고 및 체계의 활성화에 미친 성과를 제시할 것이다.

한편, 본 글은 담론 분석 성격을 띠고 있다. 주지하다시피, 담론은 특정의 사회변동 상황에서 "무엇을 알 수 있고, 말할 수 있으며, 할 수 있는가를 주도해 가는 사회적 규칙, 실천, 지식 형태들"을 총칭한다. 특히 정책의 이야기 방식은 정상화와 규범화를 목적으로 하는 대표적인 하나의 담론 형태이다. 예컨대, 활성화 성격을 내포하고 있는 국가 법령이나 유럽 연합 규정들은 적용 대상이 되는 구성원들에게 어떻게 해

---

1) 예컨대, 영국에서 1832년에 제정된 신구빈법은 당시의 지배적인 사상이었던 자유주의를 반영한 것이며, 신구빈법의 제정은 한동안 빈곤 문제에 대한 자유주의적 시각을 강화시키는 결과를 초래했다.

야 하는가에 대한 규범을 제시하며 공적으로 수용될 수 있는 행동 방식의 정향(orientation) 혹은 이에 대한 인식 혹은 규범을 내포하고 있는 것이다. 이는 궁극적으로는 사회 현상에 대한 패러다임 변화를 가져오는 결과를 초래할 수도 있을 것이다.

이상의 점을 고려한 본 글의 순서는 다음과 같다. 먼저, 비교 관점에서 본 활성화 개념의 특징이다. 이를 위해 활성화 개념의 특징을 간략히 살펴보고, 이어서 어떤 측면에서 활성화 개념이 근로 연계 복지와 공통점과 차이점이 있는지 살펴볼 것이다. 이를 바탕으로 본 글의 핵심 부분인 세 번째 부분은 활성화 개념이 사회보호 패러다임에 미치고 있는 영향을 살펴볼 것이다. 이를 위해서 먼저 사회보호 패러다임의 구성 요소를 먼저 제시하고 이러한 구성 요소가 활성화 개념의 도입으로 인해 어떤 변화를 가져오고 있는지 살펴보고자 한다, 본 글에서 살펴보고자 하는 사회보호 패러다임 구성 요소로는 실업의 의미, 복지국가 인식, 시민권 개념이다. 여기서는 해석학적인 관점에서 기존 연구를 바탕으로 변화 양상 및 그 의미를 살펴볼 것이다.[2] 이상의 논의를 바탕으로 본 글의 결론에서는 활성화 개념의 유용성을 평가할 것이다.

---

2) 해석학적 접근방법(hermeneutics approach)는 자연주의(naturalism)와 반대로 사회세계는 주관적, 관념적이라는 전제에서 출발한다. 진리는 해석의 문제이며, 해석은 실행, 담론, 언어를 통해 일상 표현에 내재되어 있는 것으로 보고 있다. 사회 과학 철학의 인식론적 접근방법(자연주의, 해석주의)와 존재론적 접근방법(구조주의, 개인주의)의 특징 및 분류에 대해서는 J. Dixon, 2005를 참조.

II. 활성화 개념의 특징과 근로 복지 개념과의 비교

1. 활성화 개념의 특징

한 연구자가 지적하는 바와 같이 활성화 개념은 극히 부정확하면서도 모호한 개념이다(W. Eichhorst et al., 2008: 4). 활성화가 무엇인가에 대해서는 학자나 국제기구에 따라 그 정의가 다른 것이 사실이다. 이는 활성화의 법적 규정이 없는 상황과도 밀접하게 관련되어 있다. 활성화 개념의 다양성의 특징을 몇 가지 측면에서 간략히 살펴보면 다음과 같다.

첫째, 활성화 개념의 정의 규정이다. 먼저, 활성화에 대한 협의적 정의로서는 '주류 개방 노동 시장에의 증진을 위한 특정 정책 및 조치'를 들 수 있다. 이의 목표는 노동 통합 또는 재통합이며 개별지도, 상담, 구직을 위한 체계적인 능력제고, 취업 중개, 교육 및 직업 훈련, 일자리 알선 및 관련 재정 지원을 들 수 있다(B. Hvinden, 1999). 한편, 광의의 관점에서 활성화는 노동시장 통합뿐만 아니라 사회적으로 가치 있는 활동에의 참여 촉진을 위한 제(諸)노력으로 이해되기도 한다. 여기서의 목표는 숙련도 개선, 이론적 지식 획득, 기술 및 자신감 회복, 사회적 능력, 일상 근로 생활과 참여를 통한 사회화 등이다. 광의의 입장에서 활성화를 정의하는 연구자들은 활성화 자체보다는 이를 통한 사회적 포용(social inclusion), 사회에의 참여 실현에 더 많은 관심을 가지고 있다(R. v. Berkel and I. H. Møller, 2002).

광의의 관점은 다시 네 가지로 구분될 수 있다(J.-C. Barbier et al., 2006 : 14-28). 첫째, 서구 국가에서 나타나는 사회보호체계 재구조화(재편)의 일반적 경향 및 과정으로 활성화를 이해하는 경우이다. 예컨대, 복지국가의 소극적 성격에서 적극적 성격으로의 이행을 의미하는 능동적 사회 국가 개념이 바로 여기에 속한다. 활성화에 대한 두 번째 광의의 관점은 행동 프로그램 혹은 정책으로서 활성화를 보는 경우이다. 여기서는 활성화를 개인과 체계의 활성화를 목적으로 하는 제 조치 및 규정을 의미한다. 활성화 정책 영역으로서는 개인의 활성화와 직결되는 적극적 노동시장정책, 개인과 체계의 활성화와 관련되는 근로 장려 세제, 사회분담금 하락, 한계 세율 하락 등의 조세정책을 들 수 있다. 셋째, 규범적, 인지적 차원에서 새로운 패러다임의 출현, 변화에 대한 새로운 해석의 틀로서 활성화를 인식하기도 한다. 여기서의 핵심 사안은 제도 및 정책 간의 연계성이다. 즉 사회보호정책, 노동시장정책 그리고 조세정책 간의 긴밀한 연계가 주요 관심 대상이다. 이는 경제, 사회에 대한 패러다임의 변화와 직결되어 있는 것으로서, 구체적으로 실업 문제의 관심 부활은 새로운 경제정책 패러다임의 등장을 요구하고 있으며, 필요한 노동력 공급의 미진 현상은 고용주 및 생산 가능 연령 인구의 노동시장 유인 구조 개편을 필요로 하고 있다. 여기서 노동 비용의 감소와 실업자 및 비경활인구의 노동 시장 포용을 위한 사회보호체계 및 조세 체계 개편의 필요성이 대두되는 것이다. 네 번째 연구 관점은 활성화를 사회 시민권의 새로운 개념으로서 간주하고 있다. 권리와 의무 사이의 균형 변화로 인한 새로운 시민 윤리의 등장, 지위로서의 시민권 대신 계약의 성격 강화 등을 지적하고 있다. 한편, 본 글은 광의의 관점에서 활성화를 소극적 조치와 적극적 조치의 연계 특징을 보이면서, 사회적 취약 계층(실업자, 저소득 임금 근로자, 비경제활동인구)의 사회 통합을 목적으로 실시되는 제 정책 및 노력으로 정의하고자 한다.

둘째, 활성화 개념의 적용 분야에 관한 것이다. 좁게는 활성화 개념의 성격이 강하게 특정 정책 혹은 프로그램에 초점을 맞추는 경우가 있다(A. Moreira, 2008). 즉 조건부적 수급 제도의 도입을 통해 실업 보험과 사회부조 수급자의 노동시장 통합을 촉진하는 프로그램 등이 바로 그것이다. 이러한 정의는 북유럽 국가 등 특정 국가에서 실시되고 있는 특정 프로그램 (예; 실업보험 혹은 사회부조제도)의 활성화 정도를 파악하는 데 용이한 반면, 현대 복지국가 재편의 의미 혹은 그 방향을 파악하기에는 불가능한 근본적인 한계를 보이고 있다. 이러한 입장은 소수로서 대부분의 활성화 연구자들은 활성화 적용 대상을 광범위하게 설정하고 있다. 아래 〈표 1〉은 광의의 입장에서 본 활성화 개념의 적용 분야(제도)를 정리한 것이다.

〈표 1〉 활성화 개념의 적용 분야 (제도)

대구분	관련 제도	성격
근로 연계형 복지 패키지	실업급여	사회안전망(사회보호정책)과 고용 안전망(노동시장정책)의 연계
	실업부조	
	공적부조	
	장애급여	
	훈련 및 교육 프로그램	
	일자리 창출	
근로 유인형 복지 패키지	EITC (근로장려세제)	사회보호정책과 조세정책의 연계
	취업촉진수당	

출처: 황덕순 · 노대명 · 김재진(2010 : 18)의 〈그림 1-3〉에서 발췌

위의 〈표 1〉에서 활성화 개념의 적용 분야는 성격상 근로 연계 복지(workfare)정책 패키지와 근로 유인형(work-incentive)정책 패키지로 구분될 수 있다. 먼저 근로 연계 복지 패키지는 사회보호 수급자에게 근로 관련 활동에 대한 참여를 조건부 혹은 의무화하는 정책들을 가리킨다. 따라서 이의 적용 대상은 실업자 혹은 사회부조 수급자이며 국가에 따라서는 청년 집단도 포함된다. 사회보호와 노동시장정책 및 관련 제도가 그 대상이다. 이의 구체적인 사회보호 제도로서는 실업보험 및 실업 부조, 공적 부조, 장애 급여 등을 들 수 있으며, 적극적 노동시장정책으로서는 일자리 창출 및 훈련 및 교육 프로그램 등이 있다.

근로 연계 복지 패키지가 사회보호정책과 노동시장정책 간의 연계 성격을 띠고 있다면, 두 번째 대범주인 근로 유인형 정책 패키지는 사

회보호정책과 조세정책 연계의 성격이 강하다. 근로 유인형 패키지에는 미취업자가 취업할 때 더 나은 금전적 보상을 받도록 함으로써 취업을 선택하도록 유도하는 근로 보상정책(make work pay)과 이러한 성격을 갖는 제도들이 모두 포함된 것이다. 대표적인 제도가 취업 조건부 급여(in-work benefit)로, 여기에는 근로 장려 세제의 이름으로 한국에서도 실시 중인 EITC제도와 미취업자가 취업할 때 지급하는 취업보너스(취업촉진수당)가 포함된다. 따라서 이의 실질적 적용 대상은 저임금 근로자이다.

이상에서 본 바와 같이 활성화 개념은 정의 혹은 적용 영역에 있어서 매우 다양한 모습을 보이고 있다. 이러한 다양성에도 불구하고 활성화 개념에서 도출되는 공통된 특징을 정리하면 아래와 같다.

첫째, 활성화 개념은 적용 대상의 포괄성을 많이 강조하고 있다. 즉, 실업자뿐만 아니라 저임금 근로자, 비경제활동인구 일부 집단까지 포함하고 있는 것이 활성화 개념이다. 예컨대, 덴마크에서는 사회부조 수급자 대상자 중 장애인을 위한 활성화 조치가 실시되고 있다(심창학, 2010: 16). 이는 선별적 적용 대상을 지향하는 근로 복지 개념에 비해 한 국가의 복지 체계에 대한 광범위한 이해를 가능하게 한다.

둘째, 활성화 개념은 소득 보장 위주의 소극적 조치와 적극적 조치의 긴밀한 상호 연계성을 강조하고 있다. 이 흐름은 양분적 시각을 비판하면서 소득 보장에 초점을 두고 있는 소극적 사회정책과 사회에의 개인 참여 촉진을 목적으로 하고 있는 적극적 사회정책을 상호 구분하는 것은 불가능하다는 시각이다. 대신 양자가 어떻게 상호 관련성을 지닌 채 유지 혹은 변화하는가에 초점을 맞추는 것이 필요하다는 것이다. 소극적 사회정책과 적극적 사회정책 간의 상호 관련성에 대해 베르겔과 멜러(Berkel & Møller)는 두 가지 유형을 제시하고 있다(R. v. Berkel and I. H. Møller, 2002: 48-51). 첫 번째 유형은 적극적 사회정책과 관계없이 소득보장 체계를 개혁하는 경우이다. 대표적 조치로서 수급 요건의 강화 혹은 수급기간의 축소를 들 수 있다. 예컨대 덴마크 실업 보험의 최대 수급기간은 1989년의 10년에서, 1994년에는 7년, 1996년에는 5년으로 축소되었으며 이는 1999년부터는 다시 4년으로 바뀌었다. 이는 소득 보장 체계가 이미 많이 발달된 국가에서 볼 수 있는 것으로, 이들 국가에서는 새로운 형태의 적극적 사회정책의 도입 대신 기존의 소극적 사회정책의 개혁에 관심을 두고 있는 것이다 두 번째 유형은 사회정책 분야에 적극적 사회정책의 도입을 적극적으로 추진하는 경우이다. 이는 다시 소극적 사회정책과 적극적 사회정책 간의 관계를 기준으로 세 가지 하위 유형으로 나누어진다. 첫 번째 유형은 상호 보완적 관계이다. 소극적 보장정책의 보완 차원에서 적극적 보장정책의 도입이 이루어지는 것으로 여기서는 기존의 소득 보장 수준에서의 변화가 없는 상태에서 수급자가 유급 노동 혹은 다른 형태의 노동에 참여가 허용되는 차원에서 적극적 조치가 이루어지는 것이다. 예컨대, 프랑스에서 최저소득보장급여(RMI 급여) 수급자에 대해서 월 기준 750시간 근로에 해당되는 근로 임금과 RMI 급여의 동시 수급을 인정하는 경우이다. 두 번째 유형은 대체 관계이다. 이 경우는 소극적 사회 정책의 대체 제도로 적극적 사회 정책의 도입이 이루어지는 것이다. 다시 말하면, 급여와 근로의 연계가 아니라 급여 제공 대신 근로 제공을 의미한다. 즉, 급여 제공 대신 개인의 취업 가능성 제고의 목적으로 유급 일자리가 직접적으로 제공되는 것이다. 1990년대, 네덜란드에서 사회 부조 수급권이 국가 제공의 보조 일자리 참여권으로 대체되었던 적이 있었는데 이 사례가 여기에 속한다고 할 수 있다. 세 번째 유형은 종속적 혹은 조건부적 관계이다. 이는 활성화 프로그램에의 참여를 조건으로 수급권이 인정되는 것이다. 이러한 요구를 이행하지 못하는 경우 수급자는 급여의 전부 혹은 일부를 일시적 혹은 영구적으로 받지 못한다. 현재 미국을 비롯한 많은 국가에서 볼 수 있는 관계 형태이다.

물론, 특정 국가가 위의 형태 중 한가지만을 보여주고 있는 것은 물론 아니다. 한 국가는 시기에 따라서 또는 제도에 따라서 복수의 형태를 동시에 지니고 있을 수도 있다. 그리고 이상의 논의는 개념적 수준의 논의라는 한계를 지니고 있다. 그럼에도 불구하고, 위의 논의가 보여주고 있는 시사점은 적지 않다고 할 수 있다. 우선 성격상 소극적 정책과 적극적 정책으로 구분된다 할지라도 특정 정책이 가지고 있는 의미 파악을 위해서는 양 정책에 대한 동시 분석이 이루어져야 한다는 점을 보여주고 있다. 그러지 못한 경우 정책이 지니고 있는 특성의 한 부분만을 부각시키는 오류를 범할 수 있을 것이다. 둘째, 적극적 조치의 도입이 반드시 소득 보장 공적 급여가 대표적인 소극적 조치의 후퇴를 의미하는 것은 아니라는 것이다. 근로 연계 복지 개념은 적극적 조치의 도입과 소극적 조치의 후퇴 사이에 선택적 친화성이 있음을 내재하고 있다. 하지만 이는 덴마크 등 복지 수준이 높은 일부 국가에서만 나타나는 현상일 뿐 보편적인 현상은 아님을 활성화 개념은 보여주고 있다. 활성화 개념이 강조하고 있는 바는 적극적 조치의 도입에도 불구하고 사회 구성원의 생존권은 반드시 보장되어야 한다는 것이다. 다시 말하면, 활성화 개념은 소극적 조치와 적극적 조치는 상쇄 관계가 아니며, 상쇄 관계가 되어서도 안 된다는 점을 내재하고 있다. 셋째, 소극적 정책과 적극적 정책 관계에 있어서 여러 가지 형태가 있음을 보여주고 있다. 일반적으로 근로연계복지의 관점은 조건부적 관계에 초점을 맞추고 있다. 하지만 활성화 관점에서는 이보다 더 다양한 관계 파악이 가능하며 이를 통해 정책의 시기별 변화와 의미에 대한 포괄적 분석이 가능할 것으로 판단된다. 〈표 2〉는 소극적 조치와 적극적 조치의 관계에 대한 활성화 관점을 정리한 것이다.

셋째, 일반적으로 활성화 개념은 특정 프로그램에 대한 분석보다는 정책들 간의 연계에 주목하고 있다. 예컨대, 소득 보장 위주의 전통적인 사회보호정책과 여타 분야의 정책(노동시장정책, 조세정책) 간의 연계를 들 수 있다. 현대 복지국가의 개편과 관련된 쟁점 중의 하나는 노동시장의 유연화에 대응할 수 있는 사회보호체계의 개편이다. 이의 연장선상에서 활성화 개념은 사회적 취약 계층의 소득 보장 유지와 노동시장에의 참여를 동시에 보장할 수 있는 정책의 개발 등을 강조하고 있

〈표 2〉 활성화 관점하에서 소극적 조치와 적극적 조치의 양태

구분	하위구분	내용	사례	비고
적극적 조치와 무관하게 소극적 조치 개혁		· 수급요건강화, 수급기간 축소	덴마크의 실업 보험 개혁	
적극적 조치와 소극적 조치의 연계	상호보완적	· 적극적 조치 강화 · 소극적 조치 변화 없음	프랑스의 RMI 급여와 시장 임금 동시 수급 허용	
	대체	· 급여 대신 일자리 제공	네덜란드의 사회부조개혁 (1990년대)	
	조건부	· 노동 시장 프로그램에 참여를 조건으로 급여 제공	미국 등 대부분의 국가	근로연계복지

출처: R. v. Berkel and I. H. Møller (2002: 48-51)의 내용을 바탕으로 정리

다. 이렇게 볼 때, 한 국가의 사회보호정책이 여타 분야의 정책과 어떻게 연계되어 있는가를 살펴보는 것 역시 활성화 관점에서 중요한 사안 중 하나이다.

넷째, 최근 사회적 취약 계층의 노동 시장에의 참여와 관련, 개인의 취업 가능성의 제고에 많은 관심이 모이고 있다. 하지만 활성화 개념은 이러한 개인의 활성화 못지않게 체계 자체의 활성화를 강조하고 있다. 즉, 개인의 취업 가능성 재고로 대표되는 개인 활성화가 교육 수준의 재고, 기술 숙련도의 재고 등 개인적 측면을 많이 강조하고 있다면, 활성화 개념은 개인의 활성화가 가능할 수 있도록 체계 자체가 어느 정도 활성화되어 있는가에 주목하고 있다. 이와 관련하여 중요한 것이 개인의 활성화와 일자리 창출에 있어서 국가 역할이다. 즉 개인의 활성화를 위해 국가가 어느 정도 교육 및 훈련 프로그램을 제공하고 있으며 이에 대한 참여자의 만족도, 효과성은 어떠한가 하는 것이 분석의 첫 번째 측면이다. 동시에 일자리 창출의 마지막 원동력(the last resort)으로서

국가가 어느 정도 일자리 창출에 개입하고 있는가 역시 체계 자체 활성
화의 중요한 측면이 되고 있다. 이상의 활성화 두 가지 측면에 대해 한
연구자는 요구 강화 측면과 능력 강화 측면의 두 가지로 구분하고 있
다. 여기서 요구 강화 측면은 수급자의 취업 가능성 재고와 관련된 반면,
능력 강화 측면은 체계의 활성화와 직결되어 있다. 이의 구체적 내용은
아래 〈표 3〉과 같다.

〈표 3〉에서처럼, 수급자의 요구 강화 측면은 활성화 정책의 규제ㆍ
징벌적 요소늘을 상조하는 것으로 급여 수준의 하락과 수급 기간 단축,
근로 의무 강화 및 제재적 요소, 구직 활동에 대한 개별적 모니터링 업
무 강화 등을 포함하고 있다. 이는 상대적으로 미국, 영국 등의 앵글로
색슨계 국가들에서 많이 보이는 활성화 조치이다. 한편, 능력 강화 측
면은 개인의 활성화에 필요한 국가적 지원 요소 등을 많이 담고 있다.

〈표 3〉 활성화의 두 가지 측면

수급자에 대한 요구 강화(demanding)	수급자의 능력 강화(enabling)
1. 급여 기간과 수준 · 사회보험 혹은 사회 부조 급여 하락 · 최장 수급 기간의 단축 2. 엄격한 수급 요건과 제재 조항 강화 · 적절한 일자리 제의의 엄격한 정의 · 비순응에 대한 징벌적 제재 조치 강화	1. 전통적인 적극적 노동시장 정책 · 구직활동지원과 상담 · 직업관련 훈련 체계 · 창업지원보조금 · 고용보조금 · 이주보조금
3. 개별 활동 요건 강화 · 통합 계약 · 개별 구직 노력의 감시 강화 · 적극적 노동 시장 정책 틀에의 참여 의무화(workfare)	2. 금전적 유인강화/근로 유인정책 (make work pay) · 소득 공제 확대 · 저임금 일자리에 대한 임금 보조 ("in-work-benefits") 3. 사회 서비스 · 사례관리, 개별화된 지지 · 심리적, 사회적 지지 · 아동 보육 지원 등

출처: W. Eichhorst et al., (2008: 6)의 〈table 1〉

구체적으로, 전통적인 적극적 노동시장정책의 강화, 근로 유인정책의
도입 및 실시를 통해 취업자를 가능한 노동시장에 머무르게 하는 조치,
사례 관리, 아동 보육 지원 등 사회 서비스 강화 조치가 이의 대표적이
라 할 수 있다. 이러한 능력 강화 측면은 주로 북구형 국가들에게서 강
하게 나타난다(김종일, 2010: 256). 한편, 국가별 활성화 접근방법은 요
구 강화 혹은 능력 강화 측면의 정책 중 어디에 비중을 두느냐에 따라
달라진다. 또한 양 측면 간의 균형 정도 역시 개인뿐만 아니라 특정 국
가의 정책 결정 맥락에서 다양할 수 있다고 있다고 아이히호어스트(W.
Eichhorst)는 강조한다(W. Eichhorst et al., 2008: 6). 하지만 분명한 사
실은 개인의 취업 가능성을 상대적으로 강조하고 있는 근로 연계 복지
개념과는 달리 활성화 개념은 체계의 활성화에도 많은 관심을 보이고
있다는 점이다.

2. 근로 복지 개념과의 비교

유럽에서 활성화 개념이 관심을 모으고 있는 이유 중의 하나는 영·
미식의 근로 연계 복지 개념의 대안 개념으로 인식되고 있기 때문이다.
여기서 제기되는 문제는 어떤 측면에서 그러한가 하는 것이다. 이를 위
해 본 글에서는 근로 연계 복지 개념과 활성화 개념을 상호 비교한 후,
이의 타당성에 대한 필자의 관점을 제시하기로 한다.

양자 개념 간의 비교를 위해서는 우선 근로 연계 복지 개념에 대한
본 글의 입장을 먼저 정리하는 것이 타당할 것이다. 왜냐하면 근로 연
계 복지 개념 역시 학자에 따라 협의의 관점에서 광의의 관점까지 다양
한 편차를 보이고 있기 때문이다.[3] 본 글에서는 근로 연계 복지를 '국

---

3) 예컨대, 협의의 관점에서 근로 연계 복지는 근로 관련 활동에 참여하지 않을 경
   우 제재를 강하게 가하는 징벌적인 정책만을 지칭하기도 하고, 분야별로는 공공

가가 제공하는 경제활동 프로그램의 참여를 전제로 이루어지는 사회부조 프로그램 및 전략'으로 정의하고자 한다. 이렇게 볼 때 근로 연계 복지는 다음과 같은 특징을 지니고 있다(I. Lødemel, 2004: 202-203).

첫째, 강제성을 띠고 있다. 이는 근로 참여에의 요구를 이행하지 않는 경우, 제재 자체가 자동적이지는 않더라도 급여 중단 혹은 급여 삭감의 위험에 노출되어 있음을 의미한다. 강제성 도입의 기본 전제는 정책 결정자들의 입장에서는 수급자를 노동시장에 통합시키는 데 가장 효과적이라는 깃이다. 일반적으로 근로 연계 복지가 지니고 있는 이러한 강제성에 대한 평가는 양가적이다. 중요성을 강조하는 학자들은 이것이 수급자 권리에 중요한 영향을 미칠 수 있는 점, 무노동(worklessness) 문제가 단순히 정당한 일자리 부족의 문제가 아니라는 점에 의미를 두고 있다. 반면, 급여의 무조건적인 제공이 시민권 존중의 중요한 원칙임을 고려할 때 강제성을 동반한 조건부적 급여 제공은 시민권의 훼손을 가져올 수 있다는 점이 강제성에 대한 비판 근거로 제기될 수 있다. 다른 한 가지 비판의 근거는 이용자의 피드백(반응)이 무시된 채, 질적으로 열악한 프로그램이라 하더라도 이를 거절할 수 없다는 점에서 강제성은 반생산적(counter-productive)이라는 것이다. 사실, 노동 통합의 관점에서 유급 노동에 비해 자원 봉사 프로그램이 훨씬 더 동기 부여가 강하며 더 나은 결과를 낳는다는 연구결과도 있다. 더 나아가서 강제성과 질적으로 열악한 프로그램의 결합은 수급자에게 저항의 문화만 형성되게 되는 결과를 초래할 것이라고 강제적 성격에 대한

부조 급여 수급의 대가로 근로하는 것만을 지칭하기도 한다. 반대로 광의의 관점에서 근로 연계 복지는 폭넓은 일종의 사회제도를 통칭하는 방식으로 사용되는 경우도 있는데 이의 대표적인 학자가 제숍(Jessop)이다. 조절이론가인 제숍은 workfare를 단순히 공공 부조 제도에 새로 도입된 원리가 아니라 사회노동정책의 새로운 이념과 기능을 대표하는 것으로 이해하고 있다(황덕순 · 노대명 · 김재진, 2010 : 10). 이로부터 등장한 것이 Keynesian Welfare National State(케인즈주의 일국 복지국가, KWNS)를 대신하는 Schumpeterian Workfare Postnational State(슘페터주의 탈일국 근로복지국가, SWPR)라는 개념이다.

비판론자들은 지적한다.

둘째, 근로 우선주의(primacy of work)이다. 근로 연계 복지에서 말하는 근로 우선주의는 훈련 혹은 다른 형태의 프로그램에 비해 노동시장 취업을 더 선호하고 있음을 의미한다. 이는 근로와 다른 형태의 활동이 공히 근로 연계 복지 프로그램 내에서 작동되고 있음에도 불구하고 취업을 통한 근로 행위를 정책 실행자가 결과로서 기대할 수 있는 최상의 요소라는 점을 전제로 하고 있는 것이다. 물론, 근로와 다른 형태의 활동(예: 현장 훈련) 간의 구분은 모호한 점이 있는 것도 사실이다. 하지만 미국이나 영국에서 실시되고 있는 근로 연계 복지 프로그램의 구체적 내용을 살펴보면 근로 우선적 성격이 분명히 나타나는 것 또한 사실이다. 예컨대, 미국의 TANF(Temporary Assistance for Needy Families)의 경우, 수급자는 노동 적응 활동에 순응해야 할 뿐만 아니라 1997년의 법 개정에 의해 주당 30시간 이상 근로 활동을 수행했음을 입증해야 한다.[4] 그 결과, 상당수의 수급자들이 요식업, 숙박업, 대인 원조 서비스 등 경제불황 시 사라질 가능성이 가장 높은 직업을 택하는 결과를 초래하고 있다. 영국의 뉴딜(New Deal) 프로그램 역시 근로 우선적 성격이 강하다. NDYP(New Deal Young People)만 하더라도, 18~24세의 청년 중 실업 급여 수혜 경력이 6개월이 지나면 무조건 일자리에 종사해야 한다. 구체적으로 초기 6개월 동안은 초기 면접 및 상담가와의 자문을 통해 직업 계획 작성이 이루어지는데, 4개월이 지난 후에도 수급자에게 아무런 효과가 없는 경우 다섯 가지 대안 중 하나를 반드시 선택해야 한다. 문제는 5가지 대안 중 적어도 세 가지 대안은 근로 우선 성격을 지니고 있다는 것이다.[5] 그 결과, 2004년 기준, 수급자의 40%는 비임금보조 일자리에 취업하면서 긍정적인 효과를 보였지

---

4) 최근에는 30시간에서 40시간으로 더 엄격해졌음.
5) 다섯 가지 대안은 다음과 같다. 민간 기업 임금 보조 일자리(최대 6개월), 자원봉사 성격의 일자리 제공, 공공건물 유지, 철도, 공원 관리와 관련된 자원봉사 일자리, 직업훈련(최대 1년간), 기업 창출 보조.

만, 나머지 60%는 부정적인 결과를 보였다. 구체적으로 수급자의 11%
는 성인 장애인 급여 등 다른 급여의 수급자로 이행되었고, 20%는 실업
급여의 재수급자가 되었으며, 나머지 29%는 확인되지 않는 이유로 관
련 조치의 틀에서 이탈한 것으로 나타났다(Anne Daguerre, 2005: 4-5).
〈표 4〉는 이상의 근로 연계 복지 개념 특징을 정리한 것이다.

〈표 4〉근로 연계 복지 개념의 특징

특징	내용	전제	프로그램 사례	사례의 구체적 내용
강제성	· 경제활동프로그램에의 의무적 참여 · 불이행 시 급여 중단 혹은 삭감	노동시장 통합에의 가장 효과적 방법	· 미국의 TANF · 영국의 NDYP	
근로 우선	여타 형태의 프로그램보다 취업을 통한 근로 활동 강조	정책실행자의 입장에서 가장 명확한 결과 대변	미국의 TANF	· 노동 적응활동 순응 · 주 30~40시간 이상 근로 활동 입증
			영국의 NDYP	· 수급 4개월 후 다섯 가지 대안 중 의무적 선택(세 가지 대안은 근로 우선 성격 강함) · 수급 6개월 후 취업 의무화

활성화 입장에서 이상의 근로 연계 복지 개념에 대한 비판은 다음과
같다.

첫째, 근로 연계 복지에 대한 유럽에서의 논의가 이데올로기적 측면
의 고려 없이 현대 복지국가의 최근 변화를 설명하는 도구로 무분별하
게 사용되고 있다는 점이다. 예컨대 Lødemel과 Trickey는 근로연계복
지를 사회 부조 수급자들에게 수급 요건의 하나로서 근로를 요구하고
있는 프로그램 혹은 체계로 정의하면서 이와는 실질적으로 무관한 내
용을 보이고 있는 프랑스의 최저소득보장제도(RMI) 및 적극적 노동 시

장 프로그램인 청년 취업 프로그램(Emploi-jeunes)을 프랑스의 대표적인 근로연계복지 프로그램으로 소개하는 우를 범하고 있는 것이다(I. Lødelmel and H. Trickey, 2001). 실질적으로 프랑스의 RMI 제도에서는 수급자의 경제활동 참여를 일방적 의무사항이 아니라 국가와 개인 간의 계약 행위의 하나로 보고 있다.

둘째, 근로 연계 복지 개념은 복지정책과 조세정책, 사회정책 및 노동시장 프로그램 간의 전통적인 경계가 모호한 성격을 지니고 있는 최근의 복지국가 전략을 충분히 고려하지 못하는 근본적인 한계를 지니고 있다. 사실, 근로 연계 복지 개념은 특정 프로그램의 강제적·징벌적 성격 변화에 초점을 두고 있을 뿐, 최근 복지국가 재편 현상을 포괄적으로 이해하는데 한계를 보여준다.

셋째, 근로 연계 복지 개념이 지니고 있는 이데올로기적 편향성과 이에 기인한 수급자의 권리 존중에 대한 상대적 경시를 활성화 개념 지지자들은 지적하고 있다. 본래 활성화 개념은 개인과 국가 간의 권리 및 의무의 상호 존중을 바탕으로 하고 있다. 후술하겠지만, 이는 당위론적 차원의 논의에 그치는 것이 아니라 유럽 일부 국가에서는 제도적으로 정착되어 있는 부분이기도 하다. 반면, 근로 연계 복지 개념은 보수주의 이데올로기에 바탕을 두면서, 국가의 의무 보다는 개인의 의무가 과도하게 강조되고 있을 뿐 아니라 조건부적 급여 제공의 강제적·징벌적 성격 강화를 통해 수급자의 권리는 상대적으로 무시되고 있다는 것이 활성화 개념 지지자들의 공통된 견해이다(A. Serrano Pascual and L. Magnusson (eds.), 2007).

이와 같이, 활성화 개념의 지지자들은 근로 연계 복지 개념이 최근의 복지국가 재편 현상을 설명하기에는 역부족이라는 점, 보수주의 이데올로기에 경도되어 수급자의 권리보다는 의무를 지나치게 많이 강조하는 점, 경제활동 프로그램 중 근로 우선에 대한 강한 선호도가 결과적으로는 개인의 고용 가능성 제고에 도움을 주지 못하고 있는 점 등에서 근본적인 한계를 보이고 있다고 생각한다. 이러한 한계 극복의 차원에서 제시되는 것이 바로 활성화 개념이다.

그럼에도 불구하고 활성화 개념과 근로 연계 복지 개념이 완전히 분리되는 것은 아님에 주목할 필요가 있다. 오히려 이미 언급한 바와 같이, 근로 연계 복지 개념의 편협성에서부터 활성화 개념에 대한 관심이 비롯되었으며, 포함관계를 고려한다면 근로 연계 복지 개념은 활성화 개념의 하위 개념임과 동시에 구성 요소 중의 하나라는 것이다. 이렇게 볼 때, 활성화 개념은 엄밀한 의미에서 근로 연계 복지의 대안이라기보다는 현대 복지국가의 재편 과정을 포괄적으로 설명할 수 있는 외연 확장의 측면에서 그 의의를 찾을 수 있을 것이다.

〈표 5〉는 활성화 개념과 근로 연계 복지 개념의 상호 비교에 관한 필자의 지금까지의 견해를 정리한 것이다.

〈표 5〉 근로 연계 복지와 활성화 개념의 상호 비교

	근로 연계 복지	활성화 (이상형)
이데올로기적 기반	보수주의	초이념적 (혹은 다양한 이념 포함)
관심 영역	특정 프로그램 위주	제도 혹은 정책 간의 연계
성격	· 징벌적 · 강제적 성격 · 노동시장에의 즉각적 통합(취업) 강조	· 프로그램의 다양화를 통한 노동시장 통합
초점	개인의 취업 가능성	· 개인의 취업 가능성 · 제도의 활성화
개인과 국가의 권리 의무 관계	· 개인에 대한 국가의 일방적 관계 · 노동활동 참여와 관련된 개인 의무의 상대적 강조	· 권리 및 의무의 상호 존중 · 노동시장 프로그램 및 일자리 창출의 국가 의무에도 관심

III. 활성화 개념과 사회보호 패러다임의 변화

본 글에서 말하는 사회보호 패러다임은 '사회보호체계를 지배하는 사고·관념·가치관 등이 결합된 총체적인 틀 혹은 개념의 집합체'를 지칭한다. 의식 혹은 무의식적으로, 사회보호체계 패러다임과 특정 정책 개념은 상호 작용하고 있다. 이러한 관점에서 활성화 개념 역시 최근 사회보호 패러다임과의 상호 작용 속에 정책적 도입이 이루어지고 있다고 할 수 있다. 특히 이미 본 바와 같이, 활성화 개념이 적용되는 제도 및 정책은 매우 다양하다.[6] 이렇게 볼 때, 활성화 개념이 현재의 사회보호체계 패러다임에 미치는 영향은 상당히 클 것으로 판단된다. 본 글에서는 사회보호체계 패러다임 변화와 활성화의 관계의 측면을 기존 문헌 연구 및 담론 분석에 근거하여 정리하고자 한다. 본 글에서는 패러다임의 구성 요소를 기존 연구를 바탕으로 실업의 의미, 복지국가에 대한 인식, 시민권의 의미로 나누어 분석하고자 한다(A. Serrano-Pascual, 2003, 2004a, 2004b, 2007; J.-M. Bonvin, 2004; I, Darmon, 2004).

1. 실업의 의미

주지하다시피 실업문제는 전통적으로 중요한 사회문제의 하나이다. 활성화 개념의 등장 역시 〈표 6〉에서처럼, 1990년대 나타난 유럽 국가의 고실업문제와 직결되어 있다.

---

6) 활성화 정책의 국가별 다양성에 대해서는 본 글의 부록 〈표〉를 참조하시오. 국가별 정책의 구체적 내용에 대해서는 A. Serrano-Pascual, 2007; R. von Berkel and I. H. Møller, 2002; J.-C. Barbier, 2004; 심창학, 2008a; SHIM C.-H., 2008b를 참조하시오.

〈표 6〉 1980~90년대의 유럽 주요 국가의 실업률과 실업자수

(단위: %, 백만 명)

	실업률(%)			실업인구(백만 명)		
	'83-'93 평균	1995	1997	'83-'93 평균	1995	1997
영국	9.2	8.2	7.5	2.5	2.3	2.1
프랑스	9.9	11.6	12.2	2.4	3.0	3.1
독일	7.5	9.4	10.4	2.4	3.6	4.0
이탈리아	9.3	12.0	12.0	2.1	2.7	2.7
스페인	19.3	22.9	22.7	2.7	3.6	3.6
덴마크	9.7	10.0	9.2	0.3	0.3	0.3
스웨덴	3.2	7.7	7.2	0.1	0.3	0.3
EU 평균	9.5	11.2	11.3			
OECD 평균	7.3	7.6	7.6			

주: 독일의 경우 1991년 이전은 서독의 자료임
출처: OECD, 『OECD Economic Outlook』(1998) ; 유길상 (2010) , 〈표2-1〉에서 발췌

특히 당시 유럽 사회를 곤경에 빠지게 한 것은 장기 실업자의 증가 현상이다. 6개월 이상 실업자의 비율이 60%를 넘는 국가들이 대부분이 었으며, 특히 1년 이상의 장기 실업자 차지하는 비율이 40%를 넘는 국 가도 많았다. 특히 이탈리아의 장기 실업자 비율은 62.9%에 달할 만큼 심각한 상황이었다(유길상, 2010: 4-5).

그런데 흥미로운 현상 중의 하나는 활성화 개념의 정책적 도입의 필 요성을 강조하는 문헌을 살펴보면 실업문제의 원인에 대한 근본적인 인식의 변화가 있음을 알 수 있다는 점이다. 이와 관련, 한 연구는 실업 의 의미에 대한 담론 분석은 경제적 상황 정의와 실업의 원인으로 구 분될 수 있다고 보고 있다. 전통적인 실업 담론은 전자와 관련하여 시 장 통제를 위한 국가 개입의 필요성을 강조함과 동시에 실업의 원인으 로서 일자리 부족에 초점을 두고 있었다. 하지만 활성화 개념의 도입과 더불어 이의 근본적인 변화가 발생했는데, 구체적으로 시장은 자연적

인 것이라는 인식과 함께 개인의 고용 가능성의 결핍이 실업의 원인이
라는 인식이 확대되었다는 것이다(A. Serrano Pascual, 2004a : 512).

먼저 경제적 상황의 정의와 관련하여, 유럽연합 집행위원회
(European Commission)의 다음과 같은 공식 문건 내용을 살펴보자.

> 평생 교육의 제공은 …… 중요하면서도 특별한 기술을 가진 생산적
> 인적 자원의 토대를 구축한다. 그리고 이는 사회 및 경제적 변화에의 적
> 극적인 적응을 가능하게 한다. 취업가능한 노동력의 발달은 지식 기반
> 사회에 접근할 수 있는 능력 제공을 포함하고 있다(EC, 2001a: 12).

여기서 강조하고 있는 것은 사회·경제적 상황 변화가 아니라 이러
한 변화에 순응할 수 있는 개인의 욕구에 관한 것이다. 즉 지식 기반 사
회의 등장은 경제적 변화 및 세계화에 대한 자연적인 대응으로서 이에
대한 개인의 적극적인 적응을 강조하고 있는 것이다.

이의 연장선상에서 목격되는 담론 변화는 다음 몇 가지로 정리될 수
있다.

첫째, 실업문제의 개별화 현상이다(J.-M. Bonvin, 2004: 103). 기존의
실업문제에 대한 담론은 수요 측면, 즉 일자리 부족에 초점을 두는 경
향이 강했다. 이는 케인즈 주의에 바탕을 둔 것으로, 거시경제 전략을
중시하는 것과 맥락을 같이 하고 있다. 예컨대, 재취업의 목적 역시 예
산, 통화, 투자 정책의 관점에서 국가 전체의 수요를 지지하는 거시 경
제 전략의 맥락에서 추구되었다. 일자리 부족으로 인한 실업문제의 발
생 역시 이러한 맥락에서 제기되었던 것이다. 하지만, 구조적 측면, 일
자리 부족에 초점을 맞추었던 실업문제에 대한 기존 담론은 활성화 개
념의 등장과 함께 실업자의 개인적 측면, 더 나아가서 사회적 배제의
도덕적 특징에 대한 강조로 이행되고 있는 것이다. 노동시장 상황은 자
연적이면서도 당연한 것으로 인식되는 반면 실업자의 개인적 측면을
문제화 하는 방향으로 상황 전개가 이루어진 것이다. 이를 세라노 파스

쿠얼(P. Serrano Pascual)은 당연성(natural)과 문제 소재(problematic)의 전치 현상의 전형으로 강하게 비판하고 있다(A. Serrano-Pascual, 2004a: 508).

둘째, 개인의 취업 가능성에 대한 강조를 들 수 있다. 이 역시 노동시장의 수요 측면보다 공급 측면을 강조하는 경향과 밀접하게 연결되어 있다. 이미 언급한 바와 같이 활성화 개념은 개인뿐만 아니라 체계 자체의 활성화를 강조하고 있다. 그럼에도 불구하고 실업의 원인으로 자주 강조되고 있는 것이 바로 개인의 취업 가능성 결여이다. 취업 가능성의 결여는 실업자의 특정 기술 혹은 보편 기술의 결여, 사회적 능력의 결여, 그리고 도덕적 품성의 결여 등 세 가지 영역에서의 결핍으로 구분된다(A. Serrano-Pascual, 2003: 92). 이상의 구분에도 불구하고 이는 두 가지 특징을 공유하고 있는데, 문제의 초점을 개인에 두고 있으며 또한 이의 연장선상에서 실업은 개인의 결함에 의해 탄생된다는 것이다. 따라서 노동시장 프로그램에의 참여를 강조하는 활성화 전략은 자기 충분성 증진의 수단, 즉 취업 가능성 제고의 수단으로 인식된다.

셋째, 시민에 대한 이분법적 구분 현상이다. 이에 대해 한 연구는 사회적 포용과 배제에 대한 협의의 개념화가 이러한 현상을 초래했다고 보고 있다. 구체적으로 적극적 시민(active citizen)은 정규 유급 노동에 종사함과 동시에 사회 급여로부터 독립적이며 설령 수급자라 하더라도 노동 시장 참여 및 급여 독립을 지향하는 프로그램에 등록되어 있는 사람을 의미한다. 반면, 활성화 프로그램에 등록되어 있지 않는 사회 복지 급여 신청자는 유급 노동시장 외의 활동 유무에 관계없이 소극적인 시민(passive citizen)으로 간주된다(R, v. Berkel and I. H. Møller, 2002: 47-48). 이러한 시민에 대한 이분적 시각은 빈민을 가치 있는 빈민과 가치 없는 빈민으로 구분했던 구빈법 시대로의 회귀를 의미한다고 비판받기도 한다(I. Darmon, 2004 : 373).

이와 같이, 활성화 개념의 정책적 도입은 실업의 의미에 대한 담론 변화와 함께 실업문제의 해결과 관련된 강조점의 이행을 가져오고 있다. 기존의 실업 원인에 대한 구조적 분석보다는 개인적 측면을 많이 강조하고 있으며(실업문제의 개별화), 사회 경제 상황의 변화에 대한 문제 제기보다는 변화에 대한 개인의 적극적인 대응(취업가능성)을 많이 강조하고 있다. 한편, 이러한 변화는 실업문제와 관련하여 시민에 대한 양분법적 시각도 나타나고 있다.

2. 복지국가의 인식

복지국가에 대한 인식은 사회보호체계 패러다임을 구성하는 중요한 구성 요소 중의 하나로서 실업문제의 인식과 긴밀히 연결되어 있다(A. Serrano-Pascual, 2004a:513). 즉, 실업문제 원인의 강조점에 따라 복지국가에 대한 인식도 달라질 수 있다는 것이다. 본 글에서는 활성화 개념의 정책적 도입이 복지국가에 대한 인식 변화에 어떤 영향을 미쳤는지를 복지 개입·보장의 의미 및 사회보장의 역할 인식으로 나누어 살펴보고자 한다.

1) 복지를 통한 국가 개입의 목표 변화

활성화 연구자들에 따르면 복지 공여를 통한 기존의 국가 개입 목표는 부와 성과물의 균등한 배분이었다. 이는 사회 평등 혹은 불평등 문제에 대한 최우선적 관심의 반영이다. 특히 분배문제에 대한 관심은 신자유주의자들도 공히 강조하고 있는 근대 복지국가의 특징이다(M. Lavalette and A. Pratt, 2006: 19).

하지만, 활성화 개념의 정책적 도입은 복지국가로 하여금 기회의 균등 배분에 더 많은 관심을 가지도록 했다는 것이 활성화 연구자들의 주장이다. 개인의 취업 가능성 제고를 위한 의무 이행, 그리고 취업 가능성 제고에 필요한 프로그램 제공의 국가 책임 강조도 바로 이러한 맥락에서 이해될 수 있을 것이다.

그와 동시에 기존의 불평등에 대한 관심 역시 새로운 지형으로 이동되었는데, 사회적 포용(혹은 배제)이 바로 그것이다. 주지하다시피 사회적 배제는 구성원이 사회에서 정상적인 삶을 영위하는 데 필요한 제반 권리(정치적, 경제적, 사회적, 문화적 권리 등)가 박탈당하면서 사회의 주류(mainstream) 질서로부터 유리되는 역동적 과정으로 정의될 수 있을 것이다(심창학, 2004). 사회적 배제의 측면 중 활성화 개념이 특히 강조하는 부분이 바로 경제적 배제이며, 이를 극복하기 위해 노동시장으로의 포용이 강조되고 있다. 이와 관련 활성화 개념은 두 가지 유형으로 구분될 수 있는데, 첫째, 노동시장 편입 전략(Labour Market attachment, ALM)을 들 수 있다. 이는 영미식의 근로 연계 복지 개념에 가까운 것으로 경제활동 참여의 주요 장애요인으로 급여 의존(benefit dependency)에 초점을 두고 있다. 따라서 수급 요건의 엄격성과 제재조치의 사용을 통한 급여 의존 현상의 예방을 목적으로 한다. 두 번째 유형은 인적 자본 개발(Human Resource Development, HRD)전략이다. 이는 상대적으로 노동 참여 부족의 구조적 이해에 관심을 보이고 있다. 따라서 노동시장으로의 즉각적 참여보다는 교육 및 훈련 프로그램의 제공 및 참여를 통한 인적 자본의 개발과 기회 제공에 초점을 두고 있다(I. Lødemel, 2004: 209-210).[7] 이상의 전략적 차이에도 불구하고 공통점은 사회적(구체적으로는 경제적)으로 배제된 자의 노동시장 참여를 통한 배제 문제의 해결에 관심을 보이고 있다는 점이다. 여기서 복지 제공을 통한 국가 개입의 주요 이유였던 불평등 문제는 관심 영역에서 멀어지고 있음을 알 수 있다.

---

7) 7개 국가 비교 분석을 통해, 레더멜(Lødemel)은 덴마크, 네덜란드 등은 인적 자원 개발 전략 유형의 국가인 반면, 노르웨이와 미국은 노동시장 편입전략의 성격이 강한 것으로 보고 있다. 한편, 영국, 독일, 프랑스는 양자 성격을 비슷하게 공유하고 있다(I. Lødemel, 2004: 204-211).

2) 보장 의미 및 사회보장의 역할에 대한 인식 변화

사회보장은 생애 주기별로 발생할 수 있는 사회적 위험(social risks)의 대처 차원에서 등장한 제도이다. 사회보장의 이러한 기능이 기본적으로 유지됨에도 불구하고 활성화 개념의 정책적 도입은 새로운 기능 수행을 강조하고 있는데, 사회 경제 변화에 대한 적응 능력을 고취시키는 기능이 바로 그것이다. 이는 보장(security)이 '위험에 대한 보호'에서 '변화 적응 능력'으로 그 의미가 바뀌고 있다는 것을 의미한다(A. Serrano-Pascual, 2004b: 224). 활성화 개념이 강조하고 있는 수급자의 욕구에 부응할 수 있는 적절한 경제활동 프로그램의 제공, 적절한 일자리 제공 등은 바로 이러한 맥락에서 이행될 수 있다. 또한 이는 아래 인용문에서처럼 사회정책에 대한 유럽의 인식 변화와도 연결된다.

사회정책은 단순히 양호한 경제성장 수행의 결과가 아니라 투입 및 틀(framework)이다. 이러한 맥락에서 사회모델의 현대화는 급변하는 경제 및 사회, 그리고 경제정책과의 적극적 상호 지지 역할 보증에 대한 고려하에 발전하고 적응하는 것을 의미한다(EC, 2001b: 5).

한편, 기존의 사회보장의 특징에 대해 본빈(Bonvin)은 탈상품화, 수요 측면의 강조, 표준화 접근 방법 등 세 가지로 요약하고 있다(J.-M. Bonvin, 2004). 이러한 성격은 활성화 개념의 정책적 도입과 함께 재상품화, 공급 측면의 강조, 맞춤형 접근 방법으로 전환되고 있는 것으로 파악하고 있다. 구체적으로 탈상품화의 성격이 소멸된 것은 아니지만 상당히 약화되면서 일정 부분 재상품화의 모습을 보이고 있다. 왜냐하면, 기존의 사회보장 급여가 지위로서의 시민권에 바탕을 두고 있다면 활성화 개념과 관련된 급여의 대부분은 개인과 국가 간의 관계에 바탕을 두고 있기 때문이다. 특히 노동시장 편입 전략을 취하고 있는 국가의 경우 수급자를 가능한 빨리 노동시장에 통합시키는 조치를 취하고 있으며, 이는 결국 근로 빈민의 양산, 이중 노동시장의 강화라는 결과

를 초래하고 있다.[8] 결국 활성화의 이름하에 수급자의 삶을 시장 기능
에 종속되게 하는 재상품화의 경향이 보이고 있는 점을 지적하고 있는
것이다. 이러한 변화의 모습은 보장 용어의 의미 변화를 수반하면서 사
회보장에 대해 새로운 기능 수행을 요구하고 있다.

3. 시민 자격 및 시민권의 개념 변화

사회보호체계 패러다임의 구성 요소 중 가장 많은 논쟁거리가 되는
부분이 시민권의 개념 변화와 관련된 것이다. 시민권의 가장 고전적인
업적으로서 마샬(T.H. Marshall)의 시민권 개념 및 구성 요소를 들 수
있다. 시민권을 추상적이고 철학적인 영역에서 구체적인 사회과학 영
역으로 이전시켰다는 평가를 받고 있는 마샬은 시민권을 갖고 있는 모
든 사람들은 그 지위에 따르는 권리와 의무에 대해 동일한 자격을 갖고
있다고 주장한다(T.H. Marshall and T. Bottomore, 1992; 안치민, 2003:
13). 주지하다시피 마샬은 지난 3세기 동안 출현한 시민권의 3가지 양
식을 구분하고 있는데 각 새로운 형태는 앞에서 언급한 지위와 관련된
권리를 바탕으로 하고 있다. 이는 다음 〈표 7〉과 같다.

활성화 개념의 영향과 관련하여 마샬의 시민권 개념이 가지고 있는
의미는 다음과 같다.

첫째, 시민권을 지위(status)로 정의하고 있다. 즉 시민권은 지위의
상이성에 따라 자격이 다를 뿐 당연히 모든 국민에게 주어지는 당연한
권리라는 것이다. 따라서 같은 지위에 있는 사람은 동일한 권리와 의

---

8) 예컨대, 미국의 TANF 수급자의 대부분은 요식업, 숙박업, 대인 원조 서비스 등
경제 불황 시 가장 타격이 심한 직종에 종사하고 있음. 영국 역시 2005년 기준,
NDYP 수급자 중 40%만이 13주 이상 근로가 보장되는 일자리에 취업한 반면, 나
머지는 성인 장애인 급여 수급자로 이동되었거나, 실업 급여 재수급 혹은 수급
중단을 경험한 것으로 나타난다(A. Daguerre, 2005).

<표 7> 마샬의 시민권 범주와 구성 내용

시민권 범주	등장 시기	구성내용	관련제도
공민권	18세기	개인적 자유에 필요한 권리(사상, 표현, 신념의 자유, 재산권, 계약권, 공정한 재판, 법 집행에 관한 권리)	법률 제도 및 사법체계
정치권	19세기	정치적 권력의 행사에 참여하는 권리(선거권, 피선거권)	의회제도
사회권	20세기	적정수준의 경제적 복지와 보장권리로부터 사회적 유산 공유 및 사회의 보편적 기준에 따라 문화적 생활을 영위하는 권리	교육제도 및 사회서비스

출처: 안치민, (2003: 14)의 〈표 2〉

무를 지니게 되는 것이다. 즉 시민권은 사회 성원으로서 시민의 자격 (citizenship)에 부여되는 권리로서, 18세기~19세기에는 공민권과 정치 권만을 의미했으나 20세기에 이르러 사회권을 포괄하는 개념으로 발전 되었다.

둘째, 시민권의 구성 요소로서 사회권의 중요성이다. 사회권은 가 장 나중에 등장했음에도 불구하고 공민권, 정치권 등 다른 시민권 권리 의 실현을 위해서 필수적이라는 것이다. 이와 관련, 플랜트(Plant)는 사 람들이 독립적인 시민이 되도록 하게 하는 사회적 · 경제적 자원을 가 지고 있지 않다면, 시민적 권리와 정치적 권리에 의해 보장되는 자유 와 면책은 전적으로 추상적이라고 주장한다. 이러한 차원에서 사회권 의 확립은 단순히 사회보장 급여에 머무르는 것이 아니라 완결된 형태 로서의 시민권과 사회통합을 지향하는 것이다. 뿐만 아니라 사회권은 시민권의 토대가 되는 지위 평등화의 보증이기도 하다(안치민, 2006: 383-384).

셋째, 지위에 의해 정의되는 시민권은 시장활동 참여와는 무관하다 는 점에서 비경제적 개념이며, 경제활동에 대한 기여에 부착되는 상대 적 가치로부터의 독립성을 의미한다. 이는 다른 말로 시민권의 요소 들이 비조건적이라는 것을 의미하는 것으로, 에스핑-앤데르센(Esping-

Andersen)이 제시한 탈상품화 개념과도 연결되어 있다(안치민, 2003: 20).[9]

본 글을 통해 확인하고자 하는 것은 이상의 시민권 개념이 활성화 개념의 정책적 도입으로 인해 어떠한 변화를 겪고 있는가 하는 것이다. 여기서는 시민권의 요소로서 시민 자격(citizenship) 대신 계약 성격의 강화, 경제적 활동 강조 및 근로 의미의 변화 등으로 나누어 살펴보고자 한다.

1) 계약 성격의 강화

활성화 성격 중의 중요한 요소로서 권리 및 의무의 상호 존중에 바탕을 둔 개인과 국가의 계약 형태의 도입을 들 수 있다. 문제는 이러한 성격의 도입이 활성화 전략에 머무르는 것이 아니라 시민권 개념의 변화까지 초래하고 있다는 점이다. 물론 활성화 조치의 적용 대상은 국가에 따라 상이하며, 사회 구성원 전체가 포함되는 것은 아니다. 하지만 계약 제도의 도입을 통한 활성화 전략의 실시는 시민권 개념이 기존의 지위 중심에서 계약 중심으로의 이동을 의미하고 있는 것으로 보고 있다(J. F. Hanler, 2003). 동시에 시민 자격(citizenship) 역시 자연적인 시민 권리 부여의 요소에서 행위의 책임 이행 여부에 달려 있는 조건부적 성격으로 이행되고 있는 것으로 시민권 개념의 변화에 관심을 가지고 있는 학자들은 지적하고 있다(A. Serrano-Pascual, 2007: 14). 여기서 등장하는 용어가 '가치 있음(deserving)'이다. 즉, 수급자는 국가와 체결한 계약의 내용을 제대로 이행했을 때 시민으로 인정받게 되는 것이다. 이렇게 볼 때 '가치 있음' 용어는 시민 자격 자체의 정당성을 지지하는 주요 원칙의 하나인 것이다. 활성화 개념과 시민권 개념의 변화에 관심을 가지고 있는 학자들이 위와 같이 생각하는 이유는 다음과 같다.

---

9) 급여의 종류, 수급 요건의 국가별 상이성에도 불구하고 빈곤 집단의 생활 보장을 목적으로 실시되고 있는 최저 소득 보장 (National Minimum Income)제도는 이를 반영한 것이다.

첫째, 계약 제도의 도입보다 시민권 개념의 변화에 영향을 미치는 계약 쌍방 간의 불평등 관계이다(계약의 형식). 시민법 사상에서 등장한 계약은 계약 당사자 간의 평등 관계를 전제로 하고 있다. 하지만 활성화 조치와 관련되어 개인과 국가 간의 계약제도를 도입하고 있는 대부분의 국가는 개인에 대한 국가의 일방적인 우위를 전제로 하고 있다. 다시 말하면, 국가에 대한 개인(수급자)의 의무가 상대적으로 많이 강조되고 있을 뿐, 개인에 대한 국가의 의무에 소홀하다는 점이다. 대표적으로 행동 계획(action plan)을 들 수 있다(OECD, 2007). 이는 실업급여 혹은 사회 부조 수급자와 국가 간에 이루어지는 취업 혹은 재취업 계획의 총칭이다.[10] 여기에는 초기 면담을 통해 확인된 수급자의 욕구 및 문제, 심층 면담을 통해 결정된 수급자에게 제공되는 프로그램의 유형 등이 적시되어 있으며, 이에 대한 수급자의 의무 이행을 규정하고 있다. 반면 수급자의 욕구에 부응하는 프로그램 제공에 대한 국가의 의무에 대해서 상대적으로 관심이 덜함에 유의할 필요가 있다(OECD, 2007). 다시 말하면 노동시장 프로그램에 대한 개인의 참여를 일방적으로 강요하고 있는 것이다. 이러한 점을 고려할 때 상호 호혜 정신하에 개인과 국가의 권리 의무를 법으로 분명하게 명시하고 있는 덴마크 사례는 국제적으로 많은 관심을 받고 있다. 〈표 8〉은 활성화의 권리와 의무에 관하여 사민주의 복지 레짐 국가가 포함되어 있는 노르딕 4개 국가의 상황을 비교한 것이다.

〈표 8〉은 덴마크가 인근 국가에 비해 어느 정도 권리 의무의 상호 존중 원칙을 중요하게 고려하고 있는지 보여주고 있다. 예컨대, 노르웨이, 스웨덴의 경우는 활성화에 대한 수급자와 국가 간의 권리 및 의무 상호성이 법에서 조차 불분명하다. 반면 덴마크는 핀란드와 함께 권리

---

10) 이의 국가별 용어는 매우 다양하다. 고용 계획, 지도 계획, 개별 평가 및 서비스 계획, 구직 계획 혹은 협약, 활동 협약 등을 들 수 있다.

<표 8> 노르딕 국가의 활성화 권리 의무 규정 비교

	덴마크	핀란드	노르웨이	스웨덴
관련법	Act on Active Social Policy(1998)	The Rehabilitative Work Experience Act (2001)	Social Services Act(1991)	Social Services Act (1998, 2001)
개인 활성화 의무	있음, 활성화 제의에 따라야 함 - 3개월 내(30세 이하), 12개월 내 (30세 이상)	있음, 활성화 제의에 따라야 함, 법에 분명히 명시	있음, 활성화 제의에 따라야 함, 상세한 법적 규정은 없음	있음, 활성화 제의에 따라야 함, 25세 이하에 대해서는 명확함
개인 활성화 권리	있음	있음	없음	없음
활성화 제공 공공 의무	있음	있음(단, 재원이 있다면)	없음	없음

출처: H. Johansson and B. Hvinden, (2007: 342)의 〈table 1〉에서 관련 내용 발췌

의무의 상호성이 분명하게 나타나는 국가 중의 하나이다.[11] 이렇게 볼 때, 일부 국가를 제외한 대부분의 국가에서 나타나는 활성화 조치는 개인과 국가 사이의 불평등 관계에 바탕을 둔 것으로, 이는 한 연구자의 지적과 같이 활성화 개념 도입의 기본 취지와는 달리 활성화 개념의 정책적 도입은 수급자를 활성화 시민(activating citizen)이 아니라 적응시민(adaptive citizen)으로 변질시키고 있는 것이다(A. Serrano-Pascual, 2003: 94).

둘째, 계약의 내용에 관한 것으로, 다시 말하면 국가가 제공하고 있는 노동시장 프로그램이 어느 정도 수급자의 욕구를 제대로 반영하고 있는가의 문제이다. 이는 앞에서 언급했던 개인의 취업 가능성 제고의

11) 자료의 한계상 본 연구의 복지 레짐별 비교 분석 대상 국가의 관련 상황을 모두 확인하지는 못했다. 단, 조합주의 복지 레짐 국가인 프랑스 역시 권리 및 의무의 상호성은 부재한 국가 중의 하나로서 (심창학, 2007: 84), 활성화 조치에의 참여는 의무가 아니라 독일에서처럼 하나의 능력으로 간주되고 있다(J.-C. Barbier, 2006 et al: 206).

핵심에 자리 잡고 있다. 이에 대한 연구 결과를 종합해 보면, 활성화 전략의 두 가지 유형 중 인적 자본 개발 유형보다 노동 시장 편입 유형의 국가에서 부정적인 결과가 많이 도출되고 있다. 예컨대, 활성화 조치가 개인의 발달 권리를 어느 정도 존중하고 있는가를 비교 분석한 연구를 살펴보면, 덴마크(0.77), 네덜란드(0.77)는 높은 반면, 영국(0.41), 프랑스(0.36)등 노동시장 편입 유형에 속하거나 중간 유형의 국가는 낮게 나타난다(A. Moreira, 2008: 81).[12]

셋째, 수급자의 활성화 프로그램 참여를 의무화하기 위해 국가가 실시하고 있는 중요한 수단으로서의 제재 조치가 지적되어야 할 것이다. 이른바 조건부 수급 제도로서, 국가가 제공하고 있는 프로그램에의 참여를 불이행 혹은 거부하는 경우 급여 제공의 중단, 중지를 예고하고 있다. 제재 조치의 유형 역시 여러 가지가 있을 수 있으나[13] 공통점은 이러한 제재 수단의 사용은 수급자에게 중요한 위협적 요소로 작용할 수 있다는 점이다.

이상의 특징을 지닌 계약 제도의 도입은 시민권 개념의 인식에도 영향을 주고 있다는 것이 이들의 판단이다. 즉 '가치있음(deserving)' 용어의 도입을 통해 계약 내용을 충실히 이행하는 수급자는 가치 있는 시민으로 인정받을 수 있으나, 반대의 경우는 낙인 부여(stigmatization)와 함께 의무 불이행에 대한 권리 박탈을 감수할 수밖에 없는 '허구의 시민'으로 전락되는 것이다(J.-M. Bonvin and N. Farvaque, 2007: 58). 이는 결국 지위에 바탕을 둔, 무조건적인 권리로 간주되었던 시민권에 대한 중요한 인식 변화를 가져올 수 있을 것이다. 여기서 문제는 계약의 이면에 내재하고 있는 계약 자체의 불평등 관계, 계약 내용의 적절성 여부는 문제 제기의 대상에서 빠져 있을 뿐만 아니라 이러한 상황 자체

---

12) 예컨대, 영국의 NDYP가 제공하고 있는 경제활동 프로그램 다섯 가지 대안 중 세 가지가 노동시장에의 즉각적 취업에 관한 것임.
13) 예컨대, 개인 행동에 대한 즉각적 처벌보다는 의무 이행을 유도하는 회복적 제재와 즉각적 처벌을 가하는 억압적 제재로 구분할 수 있음(A. Moreira, 2008).

가 자연적인(당연한) 것으로 간주되고 있다는 점이다.

2) 경제적 활동 강조 및 근로의 의미 변화

시민으로서 인간의 사회활동은 여러 가지가 있을 수 있다. 유급 노동
뿐만 아니라 자원봉사활동 등의 비직업 활동 역시 인간의 사회활동의
중요한 요소임에 분명하다.[14] 한편, 앞서 언급한 바와 같이 활성화는
사회적 취약 계층의 노동시장으로의 통합을 통한 사회적 포용을 목적
으로 하고 있다. 여기서 제기되는 문제는 활성화 개념의 정책적 도입이
시민으로서 인간의 사회활동의 정향(orientation)에 미치는 영향은 무
엇인가 하는 것이다.

첫째, 여타 사회활동에 대한 유급 노동(고용, paid work)의 상대적 강
조를 들 수 있다. 이는 정도의 차이에도 불구하고 노동시장 편입 전략
유형과 인적 자본 개발 유형에서 공통적으로 나타나는 현상이다. 고용
이 시민권 획득의 유일한 경로인가에 대한 논쟁에도 불구하고 고용 중
시 활성화 전략은 하나의 대세로 자리 잡고 있다. 이에 네덜란드, 프랑
스 같은 국가에서는 취업에의 디딤돌임과 동시에 사회, 정치적 참여 증
진의 수단으로 인식되었던 자원 봉사 근로 혹은 임금 보조 일자리를 축
소시키는 경향이 나타나고 있다(A, Serrano-Pascual, 2007: 19). 또한, 조
기 퇴직 제도의 축소 및 폐지와 동시에 나타나고 있는 퇴직 연령의 연
장도 이러한 맥락과 연결되어 있다. 물론, 퇴직 연령의 연장은 연금 재
정 악화가 직접적인 원인이다. 하지만 이에 내재되어 있는 흐름은 유급
근로를 가장 바람직한 사회 활동으로 보고 있는 것으로, 결국 여러 형
태의 사회 네트워크의 역할을 제한시킬 가능성이 크다.

---

14) 한편, 베르켈(Berkel) 등은 근로 유형을 재가 근로 등의 자가 공급적(self-
provisioning) 근로, 친족 근로, 자원봉사활동 등의 지역사회근로(community
work), 비공식시장과 관련되는 유급 비공식 교환(paid informal exchange)근
로, 마지막으로 제1차 노동시장과 2차 노동시장으로 구분되는 공식 고용(formal
employment) 등으로 구분하고 있다(R. v. Berkel et al., 2002: 37).

둘째, 육아 혹은 노동 능력의 결여 등의 이유로 비경제활동인구에 포함되었던 집단 역시 경제활동 참여에 대한 관심을 보이게 되었다. 예컨대, 한부모, 장애인, 노인 집단을 들 수 있다. 또한 활성화 조치의 적용 대상은 현재 확대 추세에 있다. 예컨대, 영국의 뉴딜(New Deal)정책의 적용 대상에는 청년 집단, 장기 실업자 등 노동 가능 집단뿐만 아니라 장애인, 50세 이상 중고령자, 한부모 집단도 포함되어 있다. 물론 후자의 경우에는 노동시장 프로그램에의 참여가 의무적인 것은 아니지만 참여하는 경우 인센티브(예: 재취업 특별 수당)제도의 도입을 통해 이를 권장하고 있다(C. Lindsay, 2007: 39-40). 덴마크 역시 사회적 활성화 조치의 도입을 통해 전이적 조치(재활 혹은 예비 재활 프로그램) 혹은 재활 자체가 어려운 집단에 대해서는 유연한 일자리 혹은 노동 강도가 약한 일자리가 제공되고 있다(심창학, 2010: 16). 여기서 기존의 비경제활동 인구 일부 집단의 경제적 활동에의 관심이 자발성에 기인한 것인지 아니면 국가의 관련 조치의 도입에 의한 것인지는 중요한 문제임에도 불구하고 본 글의 주된 관심은 아니다. 여기서 제기하고자 하는 것은 이상의 활성화 개념의 정책적 도입이 의도 여부와는 무관하게 시민 자격의 구성 요소로서 경제적 활동에 대한 관심을 불러일으키고 있다는 점이다. 다시 말하면 기존의 시민권 개념이 정치적·사회적 차원의 것이었다면, 활성화 조치의 도입은 시민권 개념의 경제적 측면에 대한 상대적 강조를 초래하고 있다는 점이 지적되어야 할 것이다. 더 나아가서 비경제활동인구의 경제적 활동에의 관심이 국가의 강요, 혹은 적극적 권유에 의한 불가피한 선택의 차원이라면 시민권 개념의 왜곡 현상 또한 지적되어야 할 것이다.

한편, 이의 연장선상에서 근로의 의미 역시 변화 추세에 있다. 구체적으로 사회적 권리 인식보다는 시민 자격의 필수요소로서, 시민이라면 마땅히 수행해야 할 도덕적 의무로서 근로를 인식하는 경향이 나타나기 시작했다는 것이다. 이는 결국 경제적 시민의 강조로 귀결되며, 경제적 시민은 시장 요구에 적응할 수 있어야 할 뿐만 아니라 그렇게 할 준비가 되어 있어야 할 것이다.

이상에서 본 바와 같이 활성화 개념의 정책적 도입은 시민권 개념의 변화에 영향을 주고 있다. 즉 기존의 시민권 개념이 지위에 바탕을 둔, 무조건적인 권리의 성격이었다면 최근에는 계약 성격의 강화를 통해 개인의 책임 이행을 강조하는 방향으로 변화되고 있다. 동시에 기존의 정치적, 사회적 시민에서 경제적 시민에 대한 관심이 많아졌으며, 근로의 의미 또한 권리보다는 도덕적 의무의 하나로서 보는 경향이 강해지고 있다.[15]

활성화 개념의 정책적 도입이 사회보호 패러다임의 어떤 변화를 주고 있는지에 관한 지금까지의 논의를 〈표 9〉로 정리하면 다음과 같다.

〈표 9〉 사회보호 패러다임 변화

대구분	소구분	전통적 사회보호 패러다임	새로운 사회보호 패러다임의 특징
실업의 의미	경제적 상황 인식	시장 통제를 위한 국가 개입의 필요성 강조	시장 기능은 자연적인 것임
	실업의 원인	일자리 부족	취업 가능성의 결여
복지국가 인식	국가개입 목표(대상)	평등/불평등 문제	사회적 포용/배제
	보장(security)의 의미	위험으로부터의 보호	변화 적응 능력 강화
	사회보장의 역할(특징)	탈상품화, 수요측면강조, 표준화접근방법	재상품화, 공급측면강조, 맞춤형 접근방법
시민권개념	시민자격	지위의 평등성	계약 및 개인의 책임 이행
	성격	정치적 · 사회적 시민	경제적 시민
	근로의 의미	사회적 권리	시민의 도덕적 의무

15) 국가별 경제 활동 지표 중 가장 중시되고 있는 것이 경제활동 참가율과 취업률이다. 이는 생산 가능 연령 인구를 기준으로 한 것으로 취업인구와 경제활동인구의 극대화를 목표로 하고 있음을 보여주고 있다.

IV. 맺음말

지금까지 유럽 활성화 개념의 정책적 도입이 기존 사회보호 패러다임의 구성 요소의 성격에 어떠한 변화를 가져오고 있는지 살펴보았다. 연구 결과 나타난 발견점은 다음과 같다.

첫째, 근로 연계 복지 개념과의 비교 관점에서 활성화 개념은 이의 대안이라기보다는 의미 및 외연 확장의 성격이 더 강하다. 특정 프로그램의 강조, 강제성, 근로 우선 주의를 지향하는 근로 연계 복지 개념과는 달리 활성화 개념은 정책 및 제도 간의 연계성, 개인의 취업 가능성 및 체계 자체의 역할, 개인 및 국가의 권리 의무의 상호 존중을 바탕으로 하고 있다. 그럼에도 불구하고 활성화 개념의 다양성은 근로 연계 복지 개념까지 포함하고 있음에 유의할 필요가 있다. 다시 말하면 활성화 개념 스펙트럼의 한 지점에 근로 연계 복지 개념이 위치하고 있는 것이다. 이렇게 볼 때 활성화 개념은 근로 연계 복지 개념보다 훨씬 더 현대 복지국가의 재편 방향을 파악하는 데 도움을 주고 있다.

둘째, 활성화 개념의 정책적 도입과 사회보호 패러다임 변화와의 관계에 관한 것이다. 의도와는 관계없이 활성화 전략은 일정 부분 기존 사회보호 패러다임의 변화를 가져오고 있는 것으로 판단된다. 먼저, 실업의 의미와 관련하여, 기존 패러다임과는 달리 경제 사회적 상황에 대한 문제 제기보다는 개인의 취업 가능성 결여를 실업의 원인으로 파악하는 경향이 상대적으로 강하다. 이는 실업문제의 개별화 현상으로 연결된다. 다음으로 복지국가 인식 역시, 활성화 개념의 정책적 도입은 평등/불평등 문제에서 사회적 포용/배제로 국가 개입의 목표를 이동시키는 결과를 낳고 있다. 보장의 의미 또한 변화 적응 능력 강화로 받아들여지고 있으며, 사회보장도 기존의 탈상품화, 수요 측면 강조, 표준화 접근 방법에서 재상품화로의 회귀, 공급 측면 강조, 맞춤형 접근 방법으로 강조점이 이동되고 있다. 한편, 활성화 전략의 영향과 관련하여 가장 이슈가 되고 있는 부분은 시민권 개념의 변화에 관한 것이다. 기존의 사회보호 패러다임에서의 시민 자격이 지위에 기초한, 지위의 평등성에 바탕을 두고 있다면, 활성화 전략의 도입은 시민 자격의 새로운, 중요한 조건으로서 계약 및 이에 대한 개인의 책임 이행이 강조되는 결과를 초래했다. 이의 연장선상에서 기존의 정치적·사회적 시민 보다는 경제적 시민이 강조되고 있으며, 근로를 사회적 권리보다는 시민의 도덕적 의무라는 인식이 확대되고 있다.

이렇게 볼 때 취업 가능성 제고 및 체계의 활성화를 통한 사회 통합 및 참여 증진이라는 활성화 개념의 기본 성격에도 불구하고 이의 정책적 도입은 실업의 의미, 복지국가의 인식, 시민권 개념으로 대변되는 사회보호 패러다임 변화에 일정한 영향을 주고 있다. 전통적 패러다임을 강조하는 입장에서 보면 일정 정도 변질 혹은 후퇴의 모습을 띠고 있는 것이다.

여기서 마지막으로 제기되는 질문은 활성화 개념의 유용성에 관한 것이다. 즉, 활성화 개념이 과연 필요한 것인가에 대한 것이다. 이에 대한 답은 정책적 측면과 학문적 측면으로 구분될 수 있다. 먼저, 정책적 측면에서는 국가별로 활성화 개념의 본래 취지를 제대로 반영하고 있는 국가 사례는 보기 드물다는 점에 유의할 필요가 있다. 이는 활성화 개념 자체가 아니라 이를 제대로 반영하지 못하는 점이 문제라는 것을 의미한다.[16] 오히려 활성화 개념은 정책 혹은 제도 간의 연계성, 취업 가능성 제고를 위한 국가의 의무 강조, 이의 연장선상에서 강조되는 개인의 권리 등 기존의 정책 개념에서는 보기 힘든 중요한 요소를 담고 있다. 따라서 현 시점에서 필요한 것은 활성화 개념의 무시 혹은 폐기가 아니라 어떻게 하면 기존 정책의 개선 혹은 새로운 정책의 도입을

---

16) 이와 관련, 한 연구자는 활성화 레짐(activation regime)의 관점에서 보편주의적 활성화 레짐이 자유주의적 활성화 레짐에 비해 활성화 개념에 더 충실한 유형으로 보고 있다. 전자의 대표적 국가로서는 덴마크를 들 수 있다(J.-C. Barbier, 2004: 58-59).

통해 활성화 개념을 제대로 반영할 수 있는가에 초점이 모아져야 할 것이다.

학문적 차원에서 활성화 개념은 여타 개념에 비해 현대 복지국가의 재편 방향 및 그 의미를 파악하는데 도움을 주고 있다. 최근 복지국가는 많은 변화를 보이고 있다. 하지만, 변화의 다양성에도 불구하고 나타나는 공통점 중의 하나는 가능한 많은 사회 구성원을 노동시장에 진입 혹은 유지를 위해 노력을 경주하고 있는 점이다. 이러한 변화의 핵심에 놓여 있는 것이 바로 활성화 개념이다. 이렇게 볼 때, 활성화 개념의 특징은 특정 국가 혹은 국가 간 비교를 가능하게 분석틀로도 사용될 수 있을 것이다.

이와 동시에 활성화 개념의 정교화 작업도 병행되어야 할 것이다. 개념 및 영역의 다양성에서 나타나는 모호성의 극복뿐만 아니라 개인의 권리 및 이를 보장할 수 있는 환경적 요인을 상대적으로 많이 강조하는 방향으로의 논의가 필요하다. 이러한 관점에서 취업 가능성 개념의 대안으로 부상하고 있는 센(Sen)의 능력 접근 방법,[17] 근로 지상주의에 대한 비판적 인식에서 다양한 사회활동을 강조함과 동시에 협상을 통한 개인과 국가 간 상호 권리 의무의 정의, 보상 및 귀속적 욕구에 바탕을 둔 참여와 소득 연계 방식의 다양화(조건부 혹은 무조건적)를 강조하고 있는 베르켈과 멜러(Berkel & Møller, 2004)의 성찰적 사회정책(reflexive social policy)에 관심이 필요한 것도 바로 이러한 이유에서이다.

---

17) 센(Sen)에 따르면, 사회보호 적용 대상자 현재의 평가 능력에 따라 어떤 것을 할 수 있는가가 아니라, 그의 능력을 최대화시키기 위하여 어떤 것에 대한 자격이 있는가로 질문이 제시되어야 한다고 주장하고 있다. 다시 말하면 질문은 이제 더 이상 지원을 제한하고 조건부로 한다거나 혹은 빈민, 실업자로부터 어떤 행위 및 행동을 기대하는 방향이 아니라, 능력을 복원하고 발전시키기 위하여 그들이 필요로 하는 것을 제공할 수 있는 방향으로 제시되어야 한다는 것이다(Sen, 1993).

참고문헌

김종일. 2010. "대륙복지국가의 활성화 정책 추이에 관한 퍼지 집합 이념형 분석, 2000-2007." 『사회보장연구』 제26권 제2호 : 253-284.

안치민. 2003. "복지권의 구성과 성격." 『한국사회복지학』 통권 55: 5-26.

_____. 2006. "사회권의 성격과 사회권 보장." 『한국사회복지학』 제58권 제4호 : 371-392.

유길상. 2010. "1990년대 이래의 OECD와 EU의 고용 정책." 『한국노총 중앙연구원 고용 포럼 발표 자료집』.

심창학. 2004. "사회적 배제와 사회복지 정책적 접근." 『상황과 복지』 제19호: 13-54.

_____. 2007. "프랑스 사회적 미니멈의 구조 및 급여 체계 : 유럽 공공 부조 제도의 한 연구." 한국사회복지학』 제59권 제3호 : 75-97.

_____. 2008a. "활성화(activation), 활성화 레짐(activation regime) 그리고 한국 사회보호체계." 『한국사회복지조사연구』Vol. 18 : 91-116.

_____. 2008b. "Y a-t-il 《〈activation〉》 des politiques sociales en Cor?e du Sud ? Enjeux et perspectives." Travail et emploi. No. 116 : 7-18.

_____. 2010. "활성화와 사회보호: 덴마크의 실업급여 및 사회부조 제도를 중심으로." 『사회복지정책』 제37권 제1호 : 1-30.

황덕순·노대명·김재진. 2010. 『근로 유인형 복지 제도의 국제 비교와 한국의 근로 유인형 복지 제도 발전방안 연구』. 한국노동연구원.

Barbier, J.-C. 2004. "Activation policies: a comparative perspective." In A. Serrano Pascual (ed). *Are activation models converging in Europe? The European Employment Strategy for young people*. Brussel: ETUI : 47-83.

Barbier, J.-C. et al. 2006. *Analyse comparative de l'activation de la protection sociale en France, Grande-Bretagne, Allemagne et Danemark*. CEE, Paris.

Bonvin, J.-M. and N. Farvaque. 2007. "A capability approach to individualised and tailor-made activation." In R. van Berkel and B. Valkenbourg, *Making it personal, Individualising activation services in the EU*,.Bristol: The Policy Press : 45-66.

Bonvin, J.-M. 2004, "The rhetoric of activation and its effects on the definition of the target groups of social integration policies." In A. Serrano Pascual (ed). *Are activation models converging in Europe? The European Employment Strategy for young people*. Brussel: ETUI : 101-128.

Daguerre, A. 2005. "Emploi forçés pour les bénéficiaires de l'aide sociale." *Le Monde diplomatique* : 4-5.

Darmon, I. 2004. "Activation strategies of the labour market imperative. An outline for a comparison of contemporary rationales and practices of social engineering in the UK, Sweden, France and Spain." In A. Serrano Pascual (ed). *Are activation models converging in Europe? The European Employment Strategy for young people*. Brussel: ETUI : 373-414.

Dixon, J. et al. 2005. "On investigation the 'Underclass': Contending Philosophical Perspectives." *Social Policy & Society* 4 (1) : 21-30.

EC. 2001a. *Proposal for council decision on guidelines for members states' employment policies for the year 2002*. Brussels: 12 september, COM (2001) 511 final.

EC. 2001b. *Communication from the Commission to the Council, the European Parliament, the Economic and Social Committee and the Committee of the Regions*. 20, June.

Eichhorst, W. et al. 2008. "Bringing the Jobless into Work ? An Introduction to Activation Policies." In W. Eichhorts et al. (eds.). *Bringing the Jobless into Work ? Experiences with Activation Schemes in Europe and the US*. Berlin Heidelberg: Springer: 1-16.

Handler, J. F. 2003. "Social citizenships and Workfare in the US and Western Europe : From Status to Contract." *Journal of European Social Policy*. 13(3): 229-243.

Hvinden, B. 1999, "Acitvation : a Nordic perspective." In European foundation for the improvement of living and working conditions (eds.). *Linking Welfare and Work*. Luxembourg : 27-42.

Lavalette, M. and Pratt, A. 2006. *Social policy, Theories, concepts and Issues*. Sage.

Larsen, F. and Mailand, M. 2007, "Danish Activation Policy : The Role of the Normative Foundation, the Institutional Set-up and Other Drives." In A. Serrano Pascual and L. Magnussen (eds.). *Reshaping Welfare States and*

Activation Regimes in Europe, Brussel: P.I.E.-Peter Lang S.A.. : 99-125.

Lindsay, C. 2007. "The United Kingdom's 'work first' welfare state and Activation Regimes in Europe." In A.M. Pascual and L. Magnusson (eds.), *Reshaping Welfare States and Activation Regimes in Europe*. P.I.E. Peter Lang : 35-70.

Lødemel, I. and Trickey, H. 2001. "A new contract of social assistance." In I. Lødemel, I., and H. Trickey (eds.). *'An offer you can't refuse': workfare in international perspective*. Bristol: The policy Press :1-39.

Lødemel, I. 2004. "The development of Workfare within Social Activation Policies." In D. Gallie (ed.). *Resisting Marginalization, Unemployment Experience and Social Policy in the European Union*. Oxford University Press : 197-242.

Marshall, T.H. and Bottomore, T. 1992. *Citizenship and Social Class*. Pluto Press.

Moreira, A. 2008. *The Activation Dilemma : Reconciling the fairness and effectiveness of minimum income schemes in Europe*. Bristol: The Policy Press.

OECD. 2007. "Activating the Unemployed : What Countries Do (chapter 5)." In *OECD Employment Outlook*, Paris: OECD.

Sen, A.K. 1993. "Capability and well-being." In M. Nussbaum and A. Sen (eds.), *The Quality of life*. Oxford Univ. Press : 30-66.

Serrano Pascual, A. 2003. "The European strategy for youth employment ; a discursive analysis." In A. Lōpez Blasco, W. McNeish and A. Walther (eds.). *Young People and Contradictions of Inclusion : Toward Integrated Transition Policies in Europe*. University of Bristol, Policy Press : 85-105.

Serrano Pascual, A. 2004a. "Are European Activation Policies Converging?" in J. Lind, H. Knudsen & H. Jørgensen (eds.). *Labour and Employment Regulation in Europe*. Brussel: P.I.E.-Peter Lang S.A. : 211-231.

Serrano Pascual, A. 2004b. "Conclusion : towards convergence of European activation policies?" In A. Serrano Pascual (ed). *Are Activation Models Converging in Europe? The European Employment Strategy for Young People*. Brussel: ETUI : 497-518.

_____. 2007. "Reshaping Welfare States : Activation Regimes in Europe." In A. Serrano Pascual and L. Magnusson (eds.). *Reshaping Welfare States and Activation Regimes in Europe*. P.I.E. Peter Lang : 11-34.

Serrano Pascual, A. and Magnusson, L. (eds.). 2007. *Reshaping Welfare States and*

Activation Regimes in Europe. P.I.E. Peter Lang.

Van Berkel, R. and Møller, I. H. 2002. "The Concept of Activation." In Rik van Berkel and Iver Hornemann Møller (eds.). *Active Social Policies in the EU : inclusion through participation ?*. Bristol: Policy Press : 45-71.

_____. 2004. "The Experience of Activation Policies." In D. Gallie (ed.). *Resisting Marginalization, Unemployment Experience and Social Policy in the European Union*. Oxford University Press : 223-242.

|제4장|

한국의 복지혼합과 사회정책:
복지시장과 제3섹터를 중심으로

김진욱

I. 서론

역사적으로, 그리고 현실적으로 사회복지 공급 주체는 항상 혼합적
이었다. 국가를 비롯한 공공부문이 주된 복지공급 주체로 자리를 잡
고 이른바 '복지국가'의 시대를 연 것은 2차 세계대전 이후의 일이다.
복지국가의 확장기에도 제3섹터, 직역복지, 시장, 가족의 복지공급 등
다양한 민간 주체의 중요성이 훼손된 것은 결코 아니었다. 특히, 국가
복지의 낙후성이 주로 거론되어 왔던 한국의 상황에서(홍경준, 1999,
2005; 박병현, 2005; 김종건, 2004), 전반적인 복지공급에서 차지하는
민간부문의 비중은 결코 무시할 수 없는 부분이다. 즉, 기업복지의 중
요성이 1980년대 후반 이후 크게 증대되었고, 노후소득보장 및 의료분
야에서 시장의 역할이 확대되었으며, 사회복지서비스의 실질적 제공
책임은 민간비영리부문에 전가되어 왔고, 사적이전 및 보살핌 노동의

측면에서 가족의 복지제공 책임은 여전히 중요하다는 점들을 감안하면 한국 복지국가의 성격을 국가복지에 대한 논의에만 국한시킬 수는 없다.

실제로, 김대중 정부 출범 이후 본격화된 국가복지의 확장 국면을 어떻게 이해할 것인가를 두고 벌어졌던 '복지국가 성격 논쟁'도 다양한 민간부문의 역할을 어떻게 평가할 것인가 하는 것은 중요한 논점이었다. 예컨대, 조영훈(2003, 2004, 2009)은 민영보험의 발달을 비롯한 복지시장의 성장을 한국이 신지유주의적 성격으로 규정될 수 있는 증거라고 일관되게 주장해 왔으며, 남찬섭(2003)은 높은 수준의 가족주의 등을 근거로, 김진욱(2005)은 전반적인 복지혼합 지출구조 속에서 보수주의형에 가깝다는 주장을 펼친 바 있다.

복지혼합(welfare mix)이란 일차적으로 복지재화 및 서비스를 제공하는 공급주체의 다원성을 지칭하는 분석적이고 경험적인 개념으로서, 한 사회의 복지욕구가 충족되는데 있어 국가외의 다양한 기능적 등가물이 존재한다는 인식에 기반하고 있다(Gough and Kim, 2000). 즉, 한 사회의 전반적인 복지수준은 사회복지에 대한 국가의 개입수준만으로 평가될 수는 없으며, 시장, 비영리부문, 가족 등 다양한 비국가영역의 역할 역시 함께 고려되어야 한다는 것이다. 특히, 국가의 재정부담을 최소화하는 사회보험 운영, 재정 및 규제 수단을 통한 제3섹터 등 민간부문 주도의 사회서비스 공급, 공공부조 및 법정사회복지서비스에 나타나는 강한 가족책임주의 등은 한국 사회복지제도 전반을 이해하는 국가의 개입방식이자, 한국 복지혼합의 주요 특성으로 인지될 수 있는 것이다(Kim, 2004). 즉, 국가에 의한 다양한 사회정책 수단들이 국가복지 뿐만 아니라, 민간부문의 복지공급 기능과 깊은 관련이 있음을 볼 수 있다.

이 글은 복지혼합을 구성하는 민간 부문 가운데 최근의 급속한 복지시장의 성장과 사회서비스 부문에서 근본적인 중요성을 가진 제3섹터의 현황에 논의를 집중하고자 한다. 다른 영역도 근본적으로 다르지는 않지만, 특히 시장과 제3섹터는 국가의 사회정책적 개입과 불가분의 관계를 맺고 있기 때문이다. 최근의 급속한 복지시장의 성장은 국가에 의한 시장의 형성과 간접적 재정지원을 매개로 가능한 것이었고, 사회서비스 부문에서의 제3섹터와 국가와의 관계는 사회서비스 공급의 확대에도 불구하고 거의 변화되지 않았다. 민간 부문의 핵심 영역인 시장과 제3섹터를 분석하는 것은 한국 복지혼합의 전반적인 현황을 점검하는 한편 한국 복지국가가 지향해야 할 공사혼합의 바람직한 방향을 모색하는 단초가 될 것이다. 이 글의 구성은 먼저 2절에서 복지혼합에 대한 다양한 논의를 살펴 본 후, 3절에서 복지혼합의 영역을 정의하고 복지혼합과 관련된 지출연구의 동향을 정리한다. 4절은 복지시장의 급속한 성장을 분석하고, 5절에서는 제3섹터의 현황을 살펴본다. 마지막 결론에서는 한국 복지혼합에 차지하는 이 두 영역의 중요성을 포괄적으로 논의하고, 향후 한국 복지국가가 지향해야 할 복지혼합의 방향을 가늠하게 될 것이다.

II. 복지혼합에 관한 논의

1. 복지혼합론의 논의 배경

복지혼합에 대한 본격적인 논의는 복지다원주의(welfare pluralism) 또는 복지혼합경제(mixed economy of welfare)라는 개념의 등장으로 대두되기 시작하였다고 볼 수 있다. 주지하다시피, 완전고용, 높은 경제성장, 포괄적인 복지국가 프로그램이라는 세 축으로 정립(鼎立)된 전후의 복지자본주의에 대한 합의는 1970년대 들어서면서 크게 위축되었고, 전통적 복지국가 모델에 대한 다양한 이념적 · 실증적 비판이 제

기되었다. 경직된 관료제, 클라이언트의 욕구에 대한 반응과 유연성의
부족, 클라이언트의 자유 침해, 자원과 권력에 대한 중앙집권화된 통제
체제, 의사결정과정에서의 민주주의와 참여의 부재, 과도한 전문가주
의, 복지국가 프로그램의 비효과성과 비효율성 등이 복지다원주의자들
이 제기한 주요 문제점이었다(Wolfenden Committee, 1978; Hadley and
Hatch, 1981; Beresford and Croft, 1984; Johnson, 1987; Mayo, 1994).

이러한 전통적 복지국가의 문제에 대한 대안으로서, 복지다원주의
들은 특히 사회서비스 분야에서의 탈중앙화(de-centralisation)와 참
여(participation)의 가치를 강조하면서, 비영리부문과 비공식부문
(informal sector)의 확대를 중심으로 복지공급체계가 개편되어야 함을
주장하였다. 그러나, 초창기의 복지다원주의자들은 사회서비스 부문
의 민간영역 확대가 사회복지 영역 전체에서 차지하는 국가의 역할을
궁극적으로 대체할 수 있다고 보지는 않았고, 또한 영리성의 원칙이 확
대되는 것을 바라지도 않았다. 무엇보다도, 국가는 여전히 서비스의 질
을 규제하고 소요 재정의 대부분을 담당하는 역할을 수행하여야 한다
고 생각하였기 때문이다(Johnson, 1987: chapter 3).

그러나, 그들의 다소 '순진했던' 복지국가 비판은 신우파의 집권과
함께 새로운 국면을 맞이하게 되었다. 비록 복지다원주의 그 자체가 국
가 역할의 축소를 의미하는 것은 아니었지만, 신우파의 민영화 프로젝
트의 중요한 논리적 근거가 되었다. 신우파들에게 복지다원주의는 복
지급여의 민영화(privatisation) 또는 상업화(commercialisation)와 동의
어로 취급되었고, 1980년대 초반 미국의 레이건 행정부와 영국의 보수
당 정부는 경제 · 사회적 영역에서의 국가 역할을 축소하고 사회복지
부문에서 시장의 원칙을 재생하는 논리적 기반의 원천이었다. 비록 복
지국가를 축소하려는 신우파의 노력이 보편주의 프로그램에서 성공
적이지 못하였지만 공공부조제도가 실질적으로 후퇴되었고, 사회서
비스 분야에서는 대규모의 민영화가 이루어졌으며, 민간시장은 급격
히 성장하였다[1](Pierson, 1991; Pierson, 1994). 비용효과성, 경쟁, 소비

자의 선택 등과 같은 시장원리들이 공공사회복지서비스 분야에 적용
되었는데, 미국에서 사회복지서비스 공급의 상당부분이 민간공급자
의 외주(contracting-out)로 충당되고 있으며, 영국의 보건 및 지역사회
복지서비스 분야에서 유사시장(quasi-market)과 강제적 경쟁입찰제도
(Compulsory Competitive Tendering: CCT)가 도입된 것 등이 대표적인
사례이다(Gilbert and Gilbert, 1989; Glennerster and Le Grand, 1995; Le
Grand and Bartlett (eds.), 1993). 이러한 경쟁시스템은 서비스 공급과
전달체계의 시장화를 촉진하는 대신, 국가의 역할을 재정 및 규제 영역
으로 전환하는 경향이 확대되고 있음을 의미한다.

한편, 높은 수준의 사회보험 현금이전급여와 상대적으로 저발달된
사회서비스를 그 특징으로 하였던 유럽대륙의 복지국가들에서도 1980
년대 말과 1990년대 초 사이에 사회복지 부문의 공사혼합 논의가 활발
히 개진되기 시작하였다. 이러한 논의 이면에는 서유럽의 거의 모든 국
가들이 공통적으로 겪어야 했던 근본적인 환경의 변화가 있었다. 저출
산 노령화로 요약되는 인구학적 변화는 전반적인 복지욕구, 특히 사회
서비스와 관련된 수요를 팽창시켰지만, 폭증하는 사회서비스 욕구를
공공부문이 흡수할 여력은 많지 않았다. 과도한 현금급여 위주의 사회
보장제도는 경제적 · 재정적 측면에서 복지국가의 지속가능성에 이미
엄청난 부담을 안겨주고 있었기 때문이었다. 여기에 더하여 기존의 공
적 서비스제도의 관료제적 경직성은 급변하는 사회적 욕구에 사회서비
스 시스템이 적절히 대응하지 못하고 있다는 구조적 위기감을 심화시
키고 있었다(Ranci, 2002).

---

1) 민간 시장의 확장과 공공서비스의 시장화 경향은 경제적 효율성에 대한 사회적
관심이 높아진 것을 반영하기도 하지만, 동시에 신우파의 정치적 고려와 이데올
로기적 선호가 상당부분 반영되었다는 점을 부인할 수 없다. 이러한 측면에서 볼
때, 신우파 정권하에서의 복지다원주의(혹은 복지혼합경제)가 국가의 책임을 민
간영역으로 전가시키는 것에 불과하다는 주장(Walker, 1993)은 상당한 설득력이
있다고 볼 수 있다.

   그럼에도 불구하고, 유럽국가들의 사회서비스 공급체계 개편 방향이 국가개입의 철회나 축소와 같은 영미식의 신자유주의적 처방으로 향하지는 않았다. 오히려, 영국의 초기 복지다원주의자들의 주장처럼 국가가 재정 및 규제의 측면에서 결정적인 역할을 수행하되, 과도한 공공의 비용부담 없이 사회서비스 공급을 확대하고 동시에 서비스의 질을 향상시킬 수 있는 점진적 개혁 방안으로서 사회서비스 부문에서의 공사혼합 시스템이 가동되기 시작하였다.

   이러한 공사혼합 방향은 첫째, 국가의 직접 서비스와 급여의 비중을 축소하는 대신, 민간 및 비영리 부문의 역할을 점진적으로 증가시키는 것이었다. 둘째는 민간 또는 비영리 영역의 확장으로 인한 불가피한 결과는 바로 제3섹터가 사회서비스의 주 제공자가 됨을 의미하며, 이는 제3섹터에 대한 공공의 재정지원 증가(public funding of outside providers) 및 사회서비스의 책임성의 상당 부분이 국가에서 제3섹터로 이전되는 결과를 가져왔다.[2] 그렇지만, 셋째로, 서비스의 수혜자와 공급자의 관계를 규제하기 위한 시장기제의 부분적 도입이 이루어졌다. 즉, 각 국가가 처한 상황에 따라 다소 차이가 있으나 민간, 공공, 비영리 조직 간의 점진적 경쟁체제, 곧 사회서비스 공급체계의 시장화(marketization) 전략이 일종의 트랜드로 자리잡게 된 것이다.

   서구복지국가에서 복지혼합 논의는 1990년대 중반이후 현실 정치영역에서 두각을 나타내었던 제3의 길(The Third Way)에 의해 다시 한 번 강조된 바 있다. 제3의 길은 신자유주의의 시장근본주의를 비판하고 정부개입의 확장 필요성에 원칙적으로 동의하지만, 국가의 개입과 규

---

2) 영국을 제외한 유럽에서, 제3섹터 및 영리영역의 확대가 공공부문의 사회적 급여를 축소하거나 복지재정의 감소를 야기하지는 않았다. 오히려, 수혜대상의 측면에서 사회서비스의 범위가 확장되었고, 공공부문의 개입(commitment)도 증가한 것으로 평가되고 있다. 예를 들어 독일의 경우 장기요양에 대한 보편적 원칙의 도입이 사회서비스 제공에 대한 공적 책임성이 확대되어 더 많은 계층을 포괄하게 되었고, 나아가 보편주의적 사회보험 프로그램으로 까지 발전되었다(Ascoli and Ranci, 2002).

제가 시장의 역동성과 시민사회의 자율성을 침해해서는 안 된다는 점을 동시에 강조한다. 이러한 측면에서 제3의 길은 과거 신자유주의 정부가 추진해 온 시장화와 탈중앙화 전략의 필요성을 인정하고, 동시에 사회서비스분야에서 민관 협력체계를 강화하고 서비스의 질을 높이기 위한 구조적 개혁을 표방한다(Blair, 1998: 15-17). 무엇보다 제3의 길은 복지급여에 있어 비영리조직을 비롯한 비영리부문의 참여를 독려함으로써 시민사회의 기능을 강화하겠다는 분명한 목표를 명시하고 있으며, 보건 및 사회서비스 영역에서 민간부문의 중요성을 강조하면서도, 국가가 규제 및 재정의 측면에서 가장 중요한 행위자로 남아 있어야 함을 주장하고 있다.

2. 실패이론과 복지혼합

사회복지 부문에서 복지혼합이 논의되는 배경에는 국가, 시장, 제3섹터 등 사회복지 공급을 담당한 각 영역들이 나름대로의 한계점을 가지고 있으므로, 어느 한 주체에 의한 독점적 공급체계가 바람직하지 않다는 인식에 기초한다. 즉, 시장의 실패로 인하여 국가를 비롯한 공공부문이 복지제공의 주요 주체로 등장하였으나, 정부의 실패로 인한 민간부문의 필요성이 끊임없이 제기되어 왔고, 시장과 정부의 대안으로 등장한 비영리 부문 역시 근원적인 한계가 있다는 것이다. 결국, 국가(정부), 비영리 부문은 각자 다른 영역이 가지고 있지 못한 장점을 가지고 있지만, 그 이면에 '실패(failure)'의 측면을 모두 가지고 있다는 점이 기억될 필요가 있다.

첫째, 시장의 실패(market failure). 시장은 공급자 간의 경쟁을 촉진하여 소비자에게 선택권의 확장을 제공하고 비용 효과적인 서비스 공급이 가능할 것으로 기대되고 있다. 그러나, 시장은 구매력을 가진 개인에게는 적절한 공급량을 제공할 수 있지만, 그렇지 못한 소수의 소외계층을 위한 서비스 공급은 위축될 수밖에 없다. 결국, 저소득 및 소외계층에 대한 사회서비스는 공공재적 성격을 가진다. 또, 소비자들이 제공되는 서비스에 대한 완전한 정보를 가질 수는 없다는 정보의 비대칭성 역시 시장의 실패를 가져오는 근본적인 원인이 된다(Hansmann, 1987: 28-32).

둘째, 정부의 실패(government failure). 시장의 실패는 국가에 의한 사회서비스 제공을 정당화하는 근거가 된다. 즉, 정부나 공공부문이 제공하는 사회서비스는 규모의 경제를 달성할 수 있고 소외계층에 대한 적절한 서비스의 공급이 가능하다는 장점이 있다. 그러나, 더글라스(Douglas, 1987: 46-50)는 공공부문의 사회서비스 역시 심각한 한계를 가지고 있으며, 이것이 정부의 실패와 연관된다고 지적하고 있다. 첫째, 민주주의 정부에서 대다수의 사람들이 불필요하거나 바람직하다고 생각하지 않는 서비스를 공급하기 쉽지 않고, 둘째, 공공 사회서비스의 획일성(uniformity)은 다원주의 가치를 침해하는 요소를 가지며, 셋째, 공공부문의 규모의 경제는 실험(experimentation) 혹은 혁신(innovation)의 한계를 의미하는 것이고, 넷째, 공공서비스의 거대한 관료제는 변화하는 욕구에 대한 반응성의 제약, 수혜자의 수동성, 참여의 부족 등 비효율성과 비효과성을 가져오기 쉽다는 것이다.

셋째, 자원부문(비영리)의 실패(voluntary failure). 자원부문은 시장의 실패와 정부의 실패를 극복할 수 있는 대안으로 간주되어 왔다. 소비자들은 정보의 비대칭성(information asymmetry) 상황에서 이윤을 추구하지 않는 비영리기관이 상대적으로 높은 질의 서비스를 제공할 것이라고 기대하며(Salamon, 1987: 109), 선택의 확대, 다양한 가치관의 발현, 선도적 · 실험적 서비스, 참여의 기회 확대 등에서 장점을 가진다(Krammer, 1981; Johnson, 1987; Salamon, 1987). 그럼에도 불구하고, 살라몬(1987: 111-113)은 비영리 혹은 제3섹터의 본질에 내재된 성격으로 인한 네 가지 한계점이 존재함을 지적하고 있다. 첫째, 자원부문의 가장 큰 단점은 공공재를 생산하는데 필요한 충분한 자원을 동원하는데 내재적 한계가 존재한다는 불충분성의 차원(Philanthropic Insuffciency), 둘째, 종교 · 인종 · 이념 등 비영리기관이 가지는 특수주의 성격이 보편적 사회서비스의 걸림돌이 될 수 있다는 특수주의의 차원(Philanthropic Parcitularism), 셋째, 공동체 전체의 가치보다는 소수의 영향력 있는 기부자의 선호가 비영리기관의 활동에 불가피하게 영향을 미치는 후견주의 혹은 온정주의적 측면(Philanthropic Paternalism), 넷째, 자원봉사를 장려하는 전통과 불충분한 재정적 여건이 불가피하게 비전문적 자원봉사자에 대한 의존을 심화시켜 비영리조직의 활동의 전문성이 저하되는 아마추어리즘의 차원(Philanthropic Amateurism) 등이다. 바로 이러한 자원부문의 실패는 재정과 규제 측면에서 공공부문의 지원 또는 관여를 필요로 함을 보여주고 있다.

이와 같이, 사회복지 공급의 주요 주체인 시장, 정부, 비영리부문 모두 고유한 장단점을 동시에 가지고 있으므로, 어느 한 영역에만 의존하는 독점적 공급체계를 구축하는 것은 바람직하지 않다. 또한, 실패이론에서는 다루지 않고 있으나, 복지혼합의 영역으로 볼 수 있는 기업과 가족(공동체) 역시 시장에서의 생존과 가족 기능의 유지가 각각 전제되어야 복지공급 기능을 수행할 수 있기 때문에, 근본적인 한계를 갖고 있다. 결국, 개별영역의 독점적 공급구조에 내재된 한계와 불확실성을 극복하기 위한 대안이 민관파트너십(public-private partnership)과 이에 근거한 적정수준의 복지혼합 구조를 구축하는 것이라 할 수 있다.

III. 복지혼합의 영역과 지출구조

1. 복지혼합의 하위 영역

복지혼합에 관한 모형을 다루는 대부분의 연구들은 '국가 - 시장 - 가족(공동체)'와 함께, 다양한 원리가 중첩된 제3섹터(자원부문, 비영리부문)까지 포함한 4개 영역으로 구분하는 것이 일반적인 추세이다 (Evers, 1993; Pestoff, 1998). 그런데, 필자를 비롯한 한국의 상당수 연구자들은 복지혼합을 국가, 기업, 시장, 제3섹터, 가족(공동체) 등 다섯 개의 하위 영역으로 분류되어야 함을 주장해 왔다(홍경준, 1999; 김진욱, 2005; 김교성, 2006). 이러한 논의의 핵심에는 한국의 기업복지는 시장영역과 독립된 하위영역으로서 간주되어야 한다는 인식이 자리잡고 있다. 즉, 고용주에 의해 제공되는 기업복지는 급여의 결정이 고용지위에 의존하는 것으로서, 수요와 공급에 의한 화폐적 교환 즉, 구매력을 급여의 원리로 하는 시장영역과는 근본적으로 상이하기 때문이다.

〈표 1〉은 복지혼합 하위영역의 주요 특징과 원리를 잘 요약해주고 있다. 우선, 공/사, 공식/비공식, 영리/비영리의 세 범주는 상대적으로 명확하다. 국가복지를 제외한 나머지 하위영역은 사적부문으로 정의

〈표 1〉 복지혼합의 하위영역: 특징과 원리

하위영역	공/사구분	공식/비공식	영리/비영리	화폐교환	고용관련성	급여 원리
국가	공공 부문	공식적	비영리	없음	없음/있음	권리, 시민권
시장	사적 영역	공식적	영리	있음	없음	구매력
기업	사적 영역	공식적	간접적	없음	있음	고용관계
제3섹터	사적 영역	공식적	비영리	없음	없음	맴버쉽. 연대성
가족	사적 영역	비공식적	비영리	없음	없음	의무.애정

출처: 김진욱 (2004: 14)

되고, 가족을 제외한 나머지 공급주체는 공식부문으로 분류될 수 있다. 시장은 복지재화의 공급목적이 원리적으로는 영리추구이며, 국가ㆍ제3섹터ㆍ가족은 기본적으로 비영리적 목적을 가진다. 다만, 기업복지의 경우, 영리/비영리 범주가 기업복지의 급여원리를 전적으로 설명하지 못한다는 것을 짚고 넘어갈 필요가 있다. 물론 기업은 시장의 가장 중요한 행위자로서 영리 추구를 기본 목적으로 한다. 그러나, 기업복지의 수혜여부는 근로자의 구매력이 아니라 고용여부와 고용상의 지위[3](예를 들어 상용/임시/일용)에 따라 결정되는 것이 대부분이다. 기업은 노사관계를 안정시키고 생산성을 향상시키며 과도한 임금인상을 억제할 목적으로 기업복지를 제공하는데, 이것은 기본적으로 기업의 이윤을 높이기 위한 노력의 일환으로 이해할 수 있다. 따라서 기업복지는 간접적인 영리성을 지닌 것으로 정의될 수 있다.

한편, 급여가 제공되는 원리적 측면을 살펴보면, 우선 국가복지는 보편주의와 사회권에 기반하고 있지만, 시장의 복지공급은 개인과 가구의 구매력에 대부분 의존하고 있다. 기업복지의 경우 앞서 언급한대로, 고용여부와 고용상의 지위가 급여결정의 주요한 요인이다. 제3섹터의 급여 원리는 좀더 복잡하여 한 두 단어로 요약되기 힘들지만, 대체적으로 두 가지로 분리해 볼 수 있다. 하나는 해당 집단이나 조직에 소속된 사람들에게만 급여를 제공하는 멤버십의 원리이고, 다른 하나는 좀더 넓은 사회연대의 원칙이 그것이다. 가족과 가구의 비공식적 복지제공은 좀 더 개별화된 동기(애정)나 문화적 규범(가족으로서의 의무)에 기반하고 있다.

물론, 이러한 특징들은 이상적인 원리(ideal rationales)들을 제시할 뿐, 실제로는 각 영역과 원리가 혼재된 다양한 형태가 존재한다. 특히,

---

3) 일반적 형태의 국가복지급여가 고용상의 지위와는 무관하다고 여겨지나, 국가는 한 사회의 가장 큰 고용주로서 공무원 및 기타 공공부문 종사자에 대한 고용관련 급여를 제공하기도 한다. 이러한 측면에서 〈표 1〉의 경우 국가복지의 고용관련성 여부에 '없음/있음'이 모두 표기되었다.

복지혼합의 차원을 복지제공(provision), 재원, 규제의 구조까지 확장하면, 이러한 공급측면의 영역구분은 순수한 형태를 나타내지 않는다. 특히, 민간영역의 경우 다양한 공적재원이 직접적 보조금이나 구매계약의 형태로 제공되기도 하고, 그렇지 않더라도 간접적인 세제지원의 형태로 혼합되어 있는 경우가 많다. 제3섹터의 사회서비스 제공에 대한 공공의 재정적 지원은 일반적인 형태로 정착되어 왔으며, 이에 대한 반대급부로서 공공의 규제와 개입은 상당부분 정당화된다. 시장의 영역에서도 이러한 측면은 예외가 아니어서, 개인연금을 비롯한 민간보험의 납부액에 대한 세제지원과 보험시장의 규제를 통해 공공부문이 혼합되어 있는 특성을 가지는 경우가 많다. 기업복지나 가족의 복지제공 역시 국가가 직간접적으로 개입하거나(예컨대 법정급여의 형태), 복지제공에 대한 간접적 세제지원도 다양한 형태로 이루어지고 있다.

2. 한국의 복지혼합지출과 민간영역

그렇다면, 전체적인 사회복지의 모습을 복지혼합의 측면에서 조망할 때 어떠한 구체적 결과를 얻을 수 있을까. 복지혼합을 분석하는 통상적인 접근은 영역별로 급여의 종류, 재원의 구성, 규제의 형태 등을 살펴보는 것으로서, 복지혼합에 대한 선구적 논의를 진행하였던 존슨의 저작들이 대표적이라 할 수 있으며(Johnson, 1987; 1999), 홍경준(1999)의 한국 사회복지체제 연구도 이러한 방식으로 연복지, 기업복지, 국가복지 등을 분석한 것으로 이해된다. 이러한 영역별 접근은 각 영역의 특수성을 잘 반영할 수 있다는 장점이 있으나, 영역 간의 상대적 중요성을 분석하거나 전반적인 복지혼합의 구성을 논의하는 데에는 적절치 못하다. 이것이 '재원 및 규제의 복잡한 구조를 파악하는 데 한계가 있음에도 불구하고, 복지공급 측면을 강조하여 '사회복지지출'의 구조를 분석하는 이유이다.

공공부문의 사회복지지출을 주로 파악하였던 국제기구의 통계생산은 1990년대 중후반 OECD가 자발적 민간부문의 지출을 포함하고 다양한 조세구조를 반영한 '순사회복지지출'을 추계하면서 다변화되었다고 볼 수 있다. 한국 복지혼합의 지출구조는 한국보건사회연구원의 고경환 박사를 중심으로 한 OECD 기준 추계연구를 통해 지속적으로 논의되고 있다(고경환 외, 2003; 2009). 그러나, OECD 기준의 연구는 '사회적 목적'과 '재분배적 특성'이라는 명확치 못한 기준으로 인하여 한국의 다양한 민간부문을 포괄하지 못하는 문제를 안고 있다. 이에 따라, 시장, 가족, 공동체 등 다양한 민간영역을 포괄하는 복지혼합지출구조(김진욱 2005) 혹은 사회복지총량 모형(김교성 외 2006)에 대한 실증분석이 수행되기도 하였다. 여기에서는 이 세 연구의 결과를 간략히 비교해 보도록 한다.

대체로, 공공 부문과 기업 부문에 대한 추계 방법은 OECD 기준에 의한 총사회복지추계와 김진욱(2005)의 복지혼합지출구조, 그리고 김교성 외(2006)의 사회복지자원 총량조사의 추계방법이 거의 동일하다. 이것은 기본적으로 이 영역들에 있어서는 김진욱(2005)과 김교성 외(2006)의 추계방법이 OECD의 추계방법을 대부분 수용하고 있기 때문이다. 그러나, 시장, 제3섹터, 가족(공동체)의 어떤 항목들을 사회복지지출 추계에 포함할 것인지에 대해서는 상당한 차이가 존재한다. OECD 기준은 사회적 목적과 재분배적 성격을 함께 가지고 있어야 사회복지지출로 간주하고 있다. 기본적으로 민간보험의 보험금은 개별적인 시장가격에 기초한 계약이라고 보고 제외하고 있으며, 자원봉사와 사적이전 등도 사회복지지출에 포함시키지 않는다. 구체적인 항목을 살펴보면 추계방법에 상당한 차이가 있는 것이 사실이나, 김진욱(2005)과 김교성 외(2006)는 공통적으로 생명보험과 손해보험의 보장성 보험금 지출을 시장영역의 복지지출로 파악하고 있으며, 사적이전의 지출역시 공식적인 기관에 의해 집행되고 있는 것은 아니지만 가족(공동체)

〈표 2〉 민간 사회복지자원의 영역과 구성 항목

영역	구분		세부항목	OECD 분류[1]	김진욱 (2005)[2]	김교성 (2006)[2]
기업	기업 복지	법정	법정퇴직금, 사회보험 고용주 기여, 산전후휴가급여, 유급질병휴가급여	◎	○	○
		비법정	기업의 고용연계급여, 사내복지비	○	○	○
	사회공헌		사회복지목적성 기부금	○	×	○
	공공요금감면		공공요금에 대한 삼면 (공기업 포함)	◎	○	○
시장	사보험 보험금		생명보험과 손해보험에서 만기환급 및 해약을 제외한 보장성 보험금	×	○	○
	개인연금		세제적격 개인연금의 연금급여	×	×	×
제3섹터	지출	종교기관	종교기관의 사회복지목적성 지출	○	○	○
		복지시설	생활, 이용, 미신고시설의 총지출	○	○	○
		시민단체	시민단체의 사회복지목적성 지출	○	○	○
	모금	모금기관	법정 및 민간모금기관의 모금	○	×	○
		협회·협의체	사회복지관련 협회·협의체 자체 모금	○	×	○
	자원봉사		자원봉사의 현금가치	×	×	○
공동체	공제급여		공제회의 공제급여	○	×	○
	사적 이전	법정	이혼시 자녀양육비	×	×	×
		비법정	노인가구의 현금이전	×	○	○
	보살핌 노동		가족에 대한 보살핌 노동의 경제적 가치	×	○	×

주: 1. ◎ 법정민간지출, ○ 자발적 민간지출, × 순수민간급여로 간주하여 미포함
　 2. ○ 추계에 포함, × 미포함

의 복지공급 기능으로 간주하여 사회복지지출에 포함시키고 있다. 그러나, 김진욱(2005)이 포함시키고 있는 가계의 의료비 지출, 보육비 지출, 보살핌 노동에 대한 경제적 가치, 김교성 외(2006)가 포함하고 있는 자원봉사활동의 경제적 가치 등의 항목을 민간의 사회복지지출로 간주할 수 있는지의 문제는 아직 합의되지 않은 사항으로, 지속적인 논의를 요구한다고 볼 수 있다. 결국, 다양한 민간영역의 복지제공기능과 지출을 어떠한 기준으로 어느 선까지 포함시킬 것인가 하는 것이 복지혼합 구조를 논의함에 있어 핵심적인 논점임을 보여준다. 〈표 2〉는 주요 선행연구들이 어떠한 항목을 지출추계에 포함시키고 있는지를 보여주고 있으며, 〈표 3〉은 이렇게 상이한 기준에 의하여 추계가 이루어 질 때, 비슷한 시기의 한국 복지혼합의 지출구조도 상당히 상이해 질 수 있음을 보여준다.

〈표 3〉 사회복지지출 총량에서의 공사분담구조: 주요 연구결과의 요약 · 비교

	고경환 외 (2003)			김진욱 (2005)			김교성 외 (2006)		
대상연도	2001			2000			2004		
	영 역	십 억	GDP비율	영 역	십 억	GDP비율	영 역	십 억	GDP비율
세부 영역별	공공부문	33,774	7.1	국 가	31,863	6.1	국 가	52,956	6.8
	법정민간	14,221	3.0	기 업	28,855	5.5	기 업	44,386	5.7
	자발민간	10,232	2.2	시 장	18,034	3.5	시 장	54,969	7.1
				제3섹터	1,815	0.3	제3섹터	3,036	0.4
				가 족	48,227	9.2	공동체	8,033	1.0
공공 vs. 민간	공공부문	33,774	7.1	공공부문	31,863	6.1	공공부문	52,956	6.8
	민간부문	24,453	5.2	민간부문	96,931	18.6	민간부문	95,249	12.2
합계	총량	58,227	12.3	총량	128,794	24.7	총량	148,205	19.0

출처: 김진욱(2007: 188)에서 재인용

IV. 한국 복지시장의 성장

시장의 복지공급에서 나타나는 주요한 특성으로는 최근의 민간보험 시장 성장, 전통적으로 높은 민간의료비, 복지서비스에 대한 시장공급 자의 진출 등으로 요약될 수 있다. 첫째, 민간보험시장의 성장. 국가복 지가 낙후된 상황에서 많은 수의 국민들은 사회적 위험의 상당부분을 가족의 지원이나 시장을 통한 보험 및 저축으로 대응해 왔다. 특히, 한 국은 1980년대 보험시장의 규모가 비약적으로 성장하여, 1990년대 초 반 이후 세계적인 규모의 보험시장을 유지해 왔다.[4] 그러나, 한국 생명 보험 지급 금액의 대부분은 사망 · 질병 · 계약만료 등과 같은 정상적인 보험금 청구에서 비롯된 것이 아니라 해약을 비롯한 환불의 형태이다. 특히, 1990년대 생명보험의 중도해약 비중이 60% 이상이었고, 외환위 기로 인한 경제침체기에는 그 비율이 70%선을 넘기도 하였다. 이것은, 민간보험의 경우 개인의 경제적 사정이 여의치 않을 경우 해약이 빈발 하여, 위험보장의 효과가 크게 감소할 수 있음을 보여주는 것이다.

1980년대의 민간보험시장의 성장은 경제성장과 국민소득의 증가에 따른 자연스러운 결과로 이해될 수 있는 부분도 존재하나, 무엇보다 일 반 국민을 대상으로 한 국가복지가 거의 존재하지 않았다는 것에서 그 원인을 찾을 수 있을 것이다. 국민연금은 1988년에서야 시행되었고, 본 격적인 연금지급은 20년 후 부터였다. 1989년까지 의료보험이 개보험 화되었으나, 전체 의료비에서 개인이 부담해야 하는 진료비 수준은 매 우 높았다. 고용보험이 도입된 것은 1995년의 일이었다. 자녀 교육비의

---

4) 1980년 수입보험료를 기준으로 한국의 보험시장 규모는 GDP의 2.6%에 불과하 였으나, 1990년 생명보험과 손해보험을 합쳐 GDP의 11%에 달하였다. 이미 1990 년 당시 한국의 보험시장규모는 GDP 대비 수입보험료를 기준으로 세계 9위에 달하였고, 최근까지 10위권을 유지하고 있다. 자세한 수치는 보험개발원 [보험통 계연보] (각 연도 자료) 참조.

부담은 더욱 커져갔고, 주택구매를 통한 주거안정이 무엇보다 중요한 한국사회였다. 따라서, 교육 · 의료 · 주택구입 · 노후준비 등을 다른 가족에게 의존하거나 아니면 스스로 준비하여야 했으므로, 생명보험시장의 성장은 어쩌면 불가피한 선택의 결과일지 모른다.

1990년대부터는 국가복지의 확대가 본격화되었지만, 동시에 복지'시장'의 팽창도 수반되었다. 1994년 시행된 세제적격 개인연금으로 개인연금 시장이 본격적으로 형성 · 팽창하기 시작하였고, 암보험과 실손의료보험을 중심으로 민간의료보험 시장이 보장성이 낮은 의료(건강)보험을 보충하는 구조로 민간의료보험시장 역시 확대되었다. 특히, 정부가 한국의 복지모형을 발표할 때마다 다양한 민간기관의 참여를 표방하면서, 시장부문의 사회서비스 분야 진출이 본격화되었다. 1990년 이후 보육서비스의 확장은 주로 영리목적의 개인이나 법인의 공급확대에 의한 것이었고, 1993년과 1997년의 노인복지법 개정으로 유료노인복지시설이 설치되고 급격히 확대되었다. 여기서 중요한 것은 이러한 복지시장의 형성 및 확대과정이 정부의 관련 입법 및 세제지원 등에 의해 실질적으로 가능했다는 점이다. 이제 다음 절에서는 1990년대 이후 복지시장의 형성 및 확대를 주도해온 세 분야의 현황을 집중적으로 조명하게 될 것이다. 그 세 분야는 개인연금을 비롯한 민간연금, 민간의료보험과 의료비 지출구조, 그리고 보육과 노인생활시설서비스를 주축으로 한 사회서비스 영역이다.

첫째, 1994년 세제적격 개인연금저축이라는 명칭으로 개인연금제도가 도입된 이래, 개인연금을 비롯한 민간연금시장은 크게 확대되었다. 사실, 개인연금은 1993년 8월에 김영삼 정부가 전격 단행한 금융실명제의 후속조처의 하나였다. 정경유착의 고리를 끊고 각종 비리와 부패를 척결하기 위해서는 투명한 금융거래를 제도화하여야 한다는 명분이 있었지만, 금융실명제의 전격 실시는 제도금융권으로 부터의 급격한 자금이탈 및 지하경제로의 유입 가능성에 대한 강한 우려를 낳게 되었다. 당시 보험사들을 비롯한 금융자본은 개인연금으로 위축된 금융시장을 활성화하려 하였고, 그 시기는 국민연금이 전 국민에게 확대되기 전이어야 한다고 판단하여, 세제적격 개인연금의 도입을 강력히 주장 하였다. 정부의 경제관련 부처를 중심으로 개인연금제도의 도입이 논 의되었고, 정부는 국민연금의 적용범위 확대 대신 개인연금의 가입을 적극 장려하였다. 1999년 국민연금이 보편화되었지만, 개인연금은 연 금저축으로 그 명칭이 변경되었고, 소득공제의 범위가 연간 240만 원 으로 확대된 대신 연금수령 시 연금소득세(5%)를 납부하도록 제도가 변경되었나. 2006년에는 소득공제 금액 한도가 연간 300만 원으로 다 시 확대되었고, 2011년부터는 퇴직연금과 합산하여 400만 원까지 소득 공제를 받을 수 있게 되어 있다.

이와 같은 정부의 세제혜택을 비롯한 적극적 시장형성정책과 금융산 업 내의 치열한 경쟁에 힘입어, 개인연금시장은 급속히 팽창하였다. 특 히, 1994년에서 1996년 사이의 개인연금 시행초기에는 가위 폭발적인 성장세를 보이고 있었다. 1994년 개인연금제도가 도입된 해에만 2조 5 천억 원의 자금이 유입되었고, 1995년에는 적립금 규모가 6조 원을 넘 었으며, 그 이듬해인 1996년에는 10조 원을 돌파하였다. 제도 시행 3년 이 채 안된 시점이었지만, 1996년 말을 기준으로 개인연금의 적립금 규 모는, 근로자에 대한 강제저축을 기반으로 한 국민연금 적립금의 절반 수준에 달하였다. 그러나, 1998년과 1999년에는 적립금 증가 추세가 크 게 둔화되었는데, 이것은 외환위기로 인한 개인연금계약의 해약 때문 이었다. 그 이후 개인연금에 대한 소득공제 혜택이 확대되면서 개인연 금 적립금은 꾸준히 성장하여, 2001년에는 적립금이 20조 원을 돌파하 였고, 2004년에는 30조 원, 2007년에는 40조 원을 넘어섰다. 특히, 세제 비적격 개인연금까지 포함시킬 경우 전체 개인연금 적립금 규모는 두 배 이상인 것으로 추정된다. 2007년 말 현재, 두 유형의 개인연금을 모 두 합한 적립금 규모는 93조 5천억 원 정도로서, 국민연금 기금 219조 원의 42.6%에 달하는 규모를 보이고 있다.

더욱이, 2005년 12월 오랜 논의 끝에 퇴직연금제도가 도입됨으로써

〈표 4〉개인연금 적립금 현황: 1994~2008

(단위: 억 원)

연도	세제 적격 연금					세제 비적격 연금	개인연금 전체 (국민연금 기금 대비 비율)	국민 연금 (증가율)	퇴직 연금
	생보	손보	은행	자산 운용	소계 (증가율)				
1994	6,336	2,503	10,967	5,675	25,481	-	25,481 (22.2%)	114,952	-
1995	17,863	6,991	21,433	15,446	61,733 (142%)	-	61,733 (38.3%)	161,173 (40%)	-
1996	39,518	13,086	33,764	20,764	107,132 (74%)		107,132 (49.0%)	218,507 (36%)	
1997	56,111	17,511	45,490	14,614	133,726 (25%)		133,726 (46.9%)	284,916 (30%)	
1998	67,095	20,447	50,240	12,031	149,813 (12%)		149,813 (39.7%)	377,023 (32%)	
1999	69,895	21,520	54,580	13,386	159,381 (6%)		159,381 (33.7%)	472,396 (25%)	
2000	92,660	27,785	65,282	10,198	195,925 (23%)	-	195,925 (31.8%)	615,876 (30%)	
2001	109,921	32,719	75,398	10,814	228,852 (17%)	246,540	475,392 (60.9%)	780,564 (27%)	-
2002	127,627	37,629	84,064	10,943	260,262 (14%)	286,291 (16%)	546,553 (56.7%)	963,396 (23%)	
2003	140,501	42,387	92,382	10,706	285,977 (10%)	343,767 (20%)	629,744 (54.1%)	1,166,945 (21%)	
2004	153,041	46,157	99,952	10,903	310,053 (8%)	400,996 (17%)	711,049 (50.4%)	1,410,080 (21%)	
2005	169,428	50,907	106,044	11,817	338,196 (9%)	443,473 (11%)	781,669 (47.7%)	1,639,234 (16%)	163
2006	187,856	55,961	100,779	13,135	357,731 (6%)	496,022 (12%)	853,754 (45.0%)	1,895,812 (16%)	7,568
2007	212,525	62,966	109,770	18,433	403,695 (13%)	531,389 (7%)	935,084 (42.6%)	2,196,234 (16%)	27,550

주 1) 보험은 책임준비금, 은행은 수탁잔액, 자산운용은 설정잔액 기준임
주 2) 권역별로 결산일이 상이(은행: 12월 말, 보험, 자산운용: 3월 말)하므로 합계금액을 맞추기 위하여 다음 연도 3월 말 기준으로 작성)
주 3) 자산운용상품의 경우 현재 판매중인 상품을 기준으로 작성하였으므로 실제와 차이가 있을 수 있음
주 4) 세제비적격연금은 일반연금 포함(단, 변액연금보험 제외)
주 5) 세제비적격연금의 경우 ISIS상 자료 미비로 인하여 2001년부터 산출
출처: 이순재·김헌수(2009: 259)

한국의 민간연금 시장은 더욱 팽창하고 있다. 기존의 일시금 형식의 퇴직금 제도는 기업이 도산할 경우 이를 지급받지 못하는 경우가 많고, 이로 인해 노동자들이 퇴직금을 중간 정산할 때에 기업은 경영상의 어려움을 겪게 되며, 퇴직금을 일시금으로 수령한 경우에도 주택구입이나 자녀 결혼자금 등에 사용되는 등 노후소득을 준비하는 것으로는 적절치 않다는 지적이 꾸준히 제기되어 왔다. 2005년 말 도입된 퇴직연금 제도는 노사합의로 확정급여 또는 확정기여 연금, 개인퇴직계좌의 형식으로 금융회사에 적립하도록 하였다. 물론, 기존의 퇴직금 제도를 유지할 수도 있었다. 퇴직연금의 경우 그 비용에 대한 손비처리가 가능하였고, 금융산업의 경우 새로운 시장을 창출할 수 있었으며, 기존의 국

〈표 5〉 퇴직연금 가입자수 및 적립금 현황

(천 명, %, 십 억, %)

	확정급여형	확정기여형	개인퇴직계좌(IRA)		합계
			기업형	개인형	
1. 가입자수					
2005.12	2(24.7)	2(37.7)	1(19.6)	-(0.0)	5
2006.12	83(39.1)	93(43.5)	37(17.2)	0(0.2)	213
2007.12	275(51.1)	206(38.2)	54(10.0)	4(0.7)	538
2008.12	706(63.1)	346(30.9)	63(5.6)	5(0.4)	1,120
2009.12	1,900(76.6)	502(20.2)	69(2.8)	10(0.4)	2,482
2. 적립금					
2005.12	6(39.1)	6(37.2)	4(23.7)	-(0.0)	16
2006.12	502(66.3)	201(26.5)	51(6.7)	3(0.4)	757
2007.12	1,828(66.3)	703(25.5)	131(4.8)	93(3.4)	2,755
2008.12	4,852(69.3)	1,614(24.4)	269(4.1)	147(2.2)	6,612
2009.12	10,052(71.7)	2,983(21.3)	376(2.7)	613(4.4)	14,025

출처: 금융감독원, 『퇴직연금통계』, 각 연도

민연금과 함께 노후소득보장에 대한 다층체계를 구축할 수 있다는 점에서 각광받았다(김성숙 외, 2007; 이순재·김헌수, 2009). 제도 도입 4년 만인 2009년 말 기준으로 퇴직연금 가입자 수는 240만 명을, 적립금은 14조 원을 넘어섰다. 특히, 2007년 이후의 성장세는 더욱 두드러지고 있어서, 개인연금과 퇴직연금을 합한 민간연금시장 규모는 더욱 확대될 것으로 예측된다.

〈표 6〉 민간의료보험 보험료 수입규모

	정액형 보험		실손형 보험		전체	
	보험료(억원)	증가율	보험료(억원)	증가율	보험료(억원)	증가율
2003	55,102	100.0	8,351	100.0	63,453	100.0
2005	72,648	131.8	12,317	147.5	84,965	133.9
2007	90,146	163.6	21,732	260.2	111,878	176.3
2008	95,000	172.4	25,000	299.4	120,000	189.1

출처: 이용갑 (2009: 19)

둘째, 높은 민간 의료비 구조이다. 우리나라 사회보험 중 가장 먼저 개보험화 된 것이 바로 건강(의료)보험이지만, 적용범위가 아닌 국민의료비 지출구조를 살펴보면 공공의료라는 단어가 무색해지는 것이 사실이다. 가장 최근의 OECD 계정 국민의료비 지출추계에 의하면, 2007년 한국의 국민의료비 규모는 국내총생산의 6.8%에 해당하는 약 61조 9천억 원으로, OECD 평균인 8.9%에 비해 낮은 수준을 보이고 있다. 또한, 전체 국민의료비에서 차지하는 공공부문 재원의 비중은 2007년 현재 54.9%로 OECD 국가 평균인 72.8%에 훨씬 못미치는 수준으로 미국과 멕시코(45% 수준)에 이어 가장 낮은 수준을 보이고 있다. 이러한 낮은 보장성은 민영의료보험시장의 성장을 이끌었다. 〈표 6〉은 최근 한국의 민간의료보험시장이 크게 확대되고 있음을 보여준다. 2003년 6조 3천억 원이던 수입 보험료는 2008년 12조 원 정도로 증가되어 5년만에

약 두 배 규모로 성장하였다. 특히, 2000년대 중반 이후, 보험사들이 실손의료보험 상품의 판매를 확대함에 따라 실손의료보험 시장은 5년 만에 약 세 배가량 성장하였다. 공공부문의 저급여와 높은 수준의 본인부담은 민간의료보험시장이 꾸준히 확대되어온 배경이 되었다. 무엇보다 의료부문에서의 시장지향성이 본인이 직접 진료비를 납부하는 것에서 민간의료보험 구매로 이동하고 있다는 것은 매우 유의미한 변화이다.

셋째, 복지시장의 성장은 사회서비스 분야의 시장화 현상에서도 관찰될 수 있다. 정부의 복지개혁이나 한국형 복지모델에 빠지지 않고 등장하는 것이 바로 복지다원주의인데, 여기서 복지다원주의는 사회서비스 공급체계에 시장의 원리를 도입하는 것을 의미한다. 노무현 정부 이후 상대적으로 저발달된 사회서비스 부문의 확대가 이루어지고 있지만, 이것은 급격한 시장화를 동반하고 있는 것이 사실이다. 이러한 시장화가 두드러진 영역은 우선 보육과 노인생활시설서비스 분야이다. 1991년 영유아보육법 제정 이후, 보육시설과 보육아동수는 지속적으로 증가하고 있지만, 국공립보육비율은 이와 정 반대로 하락하고 있어서, 보육 공급측면의 국가책임성은 오히려 후퇴하였고 민간시장부문의 역할이 확대되었다고 볼 수 있다. 영유아보육법(1991)이 제정되기 직전인 1990년 보육시설은 1900여개소에 약 4만 8천 명의 유아가 있었고, 보육아동수를 기준으로 약 절반 이상이 국공립보육시설의 서비스를 제공받았다. 법 시행 이후 실질적인 시장공급자인 개인과 법인의 진입이 허용되면서 보육시설수와 보육아동수는 급격히 증가되었고, 전반적인 보육서비스 공급은 시장부문에 의존되었다. 2008년 말 현재, 33,499개소의 보육시설에서 약 113만여 명의 아동에게 서비스를 제공하고 있는데, 이중 영리사업자의 비중(민간 및 가정보육시설)은 시설수를 기준으로 85%를 상회하고 있으며, 보육아동수로도 전체의 73%에 달하고 있었다.

노인복지시설분야에서도 영리부문의 직접적 공급 및 시장논리의 확대가 진행되고 있다. 〈표 7〉은 1997년에서 2007년 사이 노인주거 및 의

료시설의 비중을 무료·실비·유료로 구분하여 보여주고 있다.[5] 1997
년 173개 생활시설 중 무료시설이 82%를 차지하였고, 9500여 명의 거
주 노인 중 88%가 무료시설 거주자였다. 그러나, 무료시설의 비중은 시
설 수와 생활자 수 모두에서 급격히 감소하여 2007년에는 각각 41.5%
와 58% 수준으로 크게 감소하였다. 그 대신 유료와 실비시설은 크게 증
가하였다. 이것은 노인주거복지 분야에서 무료양로시설의 비중이 감
소하는 대신, 유료양로시설 및 유료노인주택 등이 크게 증가하였고, 요
양서비스 부문에서는 노인장기요양보험 시행과 함께 급속히 확충되고

〈표 7〉 유형별 노인생활시설 추이

(개소, %, 명, %)

	양로/요양/전문요양 시설수				생활자 수			
	계	무료	실비	유료	계	무료	실비	유료
1997	173 (100)	142 (82.1)	15 (8.7)	16 (9.2)	9,539 (100)	8,428 (88.4)	650 (6.8)	461 (4.8)
2000	247 (100)	195 (79.0)	17 (6.9)	35 (14.2)	13,558 (100)	11,669 (86.1)	831 (6.1)	1,058 (7.8)
2001	284 (100)	223 (78.5)	18 (6.4)	33 (11.6)	16,261 (100)	13,373 (82.2)	1,006 (6.2)	1,882 (11.6)
2002	240 (100)	1858 (77.1)	17 (7.1)	38 (15.8)	14,627 (100)	11,812 (80.1)	810 (5.5)	2,005 (13.7)
2003	351 (100)	266 (75.8)	24 (6.8)	61 (17.4)	19,641 (100)	16,127 (82.1)	996 (5.1)	2,518 (12.8)
2004	488 (100)	317 (65.0)	55 (11.3)	116 (23.8)	24,094 (100)	18,742 (77.8)	1,828 (7.6)	3,524 (14.6)
2005	813 (100)	425 (52.2)	192 (23.5)	158 (19.3)	32,228 (100)	22,649 (70.2)	4,869 (15.0)	4,831 (14.8)
2006	1,166 (100)	503 (53.2)	416 (35.6)	247 (21.2)	41,143 (100)	25,963 (63.0)	9,428 (23.0)	5,752 (14.0)
2007	1,498 (100)	622 (41.5)	570 (38.1)	306 (20.4)	50,032 (100)	29,006 (58.0)	14,075 (28.1)	6,951 (13.9)

출처: 보건복지가족부, 『보건복지가족통계연보』, 각 연도

---

5) 2007년의 노인복지법 개정으로 무료·실비·유료라는 구분 자체가 없어져, 그
  이후의 자료는 유효하지 않은 상황이다.

있는 요양시설이 대부분 유료시설·실비시설·노인전문병원의 증가를 통해 이루어졌기 때문이다. 이에 따라, 실비시설은 1997년 15개소에 불과하였으나, 10년 후인 2007년 570개소로 크게 증가하였고, 생활자수 비중도 6.8%에서 28.1%로 네 배 이상 증가하였다. 유료시설의 경우에도 같은 기간 동안 16개소에서 306개소로, 생활자수 비중은 4.8%에서 13.9%로 증가하였다.

V. 한국 제3섹터의 현황

제3섹터의 현황을 파악하는 것은 매우 어려운 작업이다. 각 국가마다 고유한 역사문화적 배경에 따라 다양한 형태의 조직들이 존재하기 때문에, 국가간 비교연구 역시 공통적인 분석틀 개발의 어려움으로 인하여 상당한 한계를 보여온 것 역시 사실이다. 그러나 최근 미국의 존스홉킨스 대학을 중심으로 제3섹터(비영리부문)에 대한 표준화된 분석틀이 개발되고 이를 통하여 제3섹터에 관한 국제비교연구가 활발히 수행되고 있다. 즉, 제3섹터를 소득과 활동영역을 중심으로 파악하고, 구체적인 기능을 중심으로 분류해내는 것이 그 대략적인 방향인 것이다. 살라몬과 안하이어는 비영리부문의 국제비교연구를 위해 제3섹터를 총 12개 분야로 분류하는 ICNPO를 개발하였으며(노대명 외, 2008: 22), 이를 기준으로 제3섹터의 고용 및 재정구조를 분석한 선행연구의 결과를 요약하여 한국의 제3섹터, 특히 사회복지부문의 제3섹터 현황을 파악하게 될 것이다.

먼저, 〈표 8〉은 국제비교의 차원에서 주요 국가유형별 고용규모, 인력구성, 수입구조 등을 비교해주고 있다. 전일제 근로자로 환산된 제3섹터의 고용규모는 영미권이 전체 고용의 8.2%, 독일 등 유럽대륙이

〈표 8〉 국가유형별 제3섹터의 특징

	전체평균	영미권	북유럽	유럽대륙	아시아	한국
고용규모(FTE방식1)						
- 유급노동	2.8	5.2	2.3	5.4	2.5	1.9
- 자원봉사	1.6	3.0	4.1	2.3	0.8	0.6
- 전체	4.4	8.2	6.5	7.8	3.3	2.4
인력의 구성						
- 서비스(Services)	63.3	69.2	33.6	72.7	78.4	81.9
- 대의(Expressive)	32.4	27.4	63.6	24.5	14.9	18.1
- 기타	4.3	3.4	2.9	2.9	6.7	0.0
현금수입						
- 이용료	53.4	54.6	59.4	35.4	61.8	71.4
- 정부	34.9	36.1	33.3	57.6	34.8	24.3
- 기부금	11.7	9.3	7.3	7.0	3.5	4.4
전체 지원						
- 이용료	42.4	44.4	35.0	27.7	55.7	63.5
- 정부	27.2	29.2	19.9	45.7	31.6	21.6
- 기부금	30.4	26.4	45.0	26.6	12.8	14.9

주 1) 전체 근로시간을 기준으로 전일제 근로자 수로 환산하는 방식이다. 즉, 유급노동의 경우 유급 근로자의 전체 근로시간을 전일제 근로자 수로, 자원봉사의 경우 자원봉사자의 전체 봉사시간을 전일제 근로자 수로 환산하는 것이다
출처: Salamon et al(2003); 노대명 외(2008: 60)에서 재인용

7.8%로 매우 높은 수준을 보이고 있었고, 북유럽의 경우 사회서비스에 있어 공공부문 고용이 확대되어 있으므로 제3섹터의 유급노동 비중은 크지 않았으나, 자원봉사를 중심으로 시민사회영역이 크게 확대되어 있음을 볼 수 있다. 이러한 경향은 수입구조에서도 확인되는데, 유급노동의 비중이 큰 영미권의 경우 이용료 수입이 가장 큰 비중을 차지하고 있는 반면, 유럽대륙은 보족성 원리에 의해 제3섹터에 대한 정부의 지원이 매우 높은 수준임을 알 수 있다. 북유럽의 경우 영미권과 수입구조 자체는 비슷하지만, 이것은 앞서 언급한 것처럼 사회서비스 전달에서 차지하는 제3섹터의 비중이 낮기 때문에 나타나는 현상으로 이해될 수 있다(노대명 외, 59). 반면, 한국의 경우 전형적으로 복지국가의 저

발전 혹은 정부의 제3섹터 지원이 취약한 모습을 보인다. 또, 제3섹터에 고용된 유급노동의 비중도 전체 고용의 1.9%에 불과하고, 자원봉사 환산인력도 다른 국가에 비해 매우 낮은 수준임을 알 수 있어, 전반적인 제3섹터의 크기가 크지 않음을 알 수 있다.

한편 〈표 9〉는 2007년 한국노동연구원이 실시한 비영리기관 사업체 실태조사를 기반으로 제3섹터의 각 부문별 고용규모를 추계한 연구결과를 인용한 것이다. 2007년을 기준으로 제3섹터에 고용된 유급근로자는 44만 8천 명으로 비농 취업자 2170만 천 명의 2.1%였고, 자원봉사자는 약 328만 명 수준이었다. 이를 전일제 근로로 환산하면 유급근로자는 약 41만 명, 무급근로자는 약 107만 명으로 약 148만 명의 고용규모를 갖는 것으로 추측된다. 보건복지부문은 제3섹터 전체 유급근로자의 53%를 고용하고 있었고, 그 대부분은 사회복지부문에 종사하고 있었

〈표 9〉 제3섹터의 고용규모 (2007)

(단위: 명)

	비환산 고용규모		전일제 환산모형(FTE)		
	유급근로자	자원봉사자	유급근로자	무급근로자	합계
제3섹터 전체	448,083	3,278,259	410,501	1,070,407	1,480,908
기타부문	208,816	2,453,281	188,210	904,194	1,092,405
보건복지부문	239,267	824,978	222,291	166,213	388,504
- 보건의료부문	10,628	6,851	10,052	1,031	11,083
- 사회복지부문	228,639	818,127	212,239	165,182	377,421
〈사회복지부문〉					
장애인복지	49,972	133,945	46,550	22,318	68,868
노인복지	53,823	90,731	41,984	16,263	58,247
아동보육	48,749	22,170	50,488	3,897	54,385
지역복지/자원봉사	33,081	173,986	32,033	31,453	63,486
자활/일자리사업	31,432	2,686	29,028	686	29,714
여성복지	6,292	5,220	6,026	1,104	7,130
노숙자/배제계층지원	2,215	335,791	1,923	79,121	81,044
기타복지	5,075	53,598	4,207	10,340	14,547

출처: 노대명 외(2008: 95, 123)에서 재구성

〈표 10〉 ICNPO 구분에 따른 지출점유율 구조와 총지출 중 인건비 비중

	기능별 분류에 따른 하위 영역별 점유율			총지출 중 인건비 비중
	총지출	목적사업지출	인건비	
전체	100.00	100.00	100.00	39.94
문화·레저·교육	22.75	18.69	21.32	36.87
보건·복지서비스	38.60	38.40	39.02	39.77
환경·법률지원	2.19	1.52	1.93	34.70
개발·고용·주택	3.38	3.99	3.32	38.69
박애·국제·종교	26.01	29.67	28.36	42.90
단체노조	7.07	7.74	6.04	33.62

출처: 노대명 외(2008: 88)

다. 한편, 제3섹터의 재정구조를 보면, 전체 지출 중 인건비의 비중이 40%에 육박하여 주로 서비스를 제공하는 이 영역의 특성상, 인건비의 비중이 매우 높음을 알 수 있다(〈표 10〉 참조). 수입구조의 측면에서는 보건복지서비스를 제공하는 제3섹터의 경우 정부지원이 전체 수입의 49.05%, 민간기부가 19.42%, 서비스 이용료가 5.09%를 차지하고 있었다. 이러한 정부지원 수준은, 문화·레저·교육 부문과 함께 수입에서 차지하는 비중이 높은 유형에 속하는 것이었다. 한편, 조직형태별로 살펴보면 사회복지서비스를 주로 제공하는 사회복지법인의 수입구조에서 정부의 지원금이 차지하는 비중이 가장 높았고(55.94%), 민간기부의 중요성(19.19%)도 다른 어떤 유형에서보다 더 컸음을 알 수 있다(〈표 11〉 참조).

이러한 제3섹터의 고용과 재정구조의 분석은, 아직까지 한국에서 제3섹터의 규모가 아직 크지 않음을 보여주는 것 같다. 그러나, 제3섹터의 규모의 추정은 어떠한 자료와 어떠한 방법을 적용하는가에 따라 매우 상이한 결과를 가져올 수 있음을 유념할 필요가 있다. 김혜원(2009)은 2007년의 사업체근로실태조사 자료를 이용해 제3섹터 취업자 수를 추정한 결과 약 82만 명, 2006년도 자료를 활용하면 108만 명에 달하는

〈표 11〉 제3섹터 총수입의 항목별 구성비: 기능별 및 조직형태별 분류

	총수입	회원회비	모법인지원	민간기부	서비스이용료	정부지원	그외수입	기타
전체	100.00	7.21	7.48	12.86	19.91	37.48	5.35	9.76
기능별 구분								
- 문화 · 레저 · 교육	100.00	6.35	17.62	7.59	3.11	53.56	3.43	8.36
- 보건 · 복지서비스	100.00	4.04	5.40	19.42	5.39	49.05	4.96	12.00
- 환경 · 법률지원	100.00	15.53	11.51	31.52	0.23	11.65	18.46	11.09
- 개발 · 고용 · 주택	100.00	22.18	4.33	6.88	1.89	46.61	2.89	15.22
- 박애 · 국제 · 종교	100.00	8.19	1.95	5.99	65.05	7.59	4.73	6.50
- 단체노조	100.00	13.78	1.62	21.15	1.94	34.24	13.84	12.66
조직형태별 구분								
- 재단법인	100.00	4.69	2.61	16.01	3.29	56.25	4.50	12.77
- 사단법인	100.00	8.49	3.45	8.52	48.75	15.75	5.67	9.36
- 비법인등록민간단체	100.00	5.37	4.63	17.95	2.47	53.83	6.98	8.57
- 비법인미등록민간단체	100.00	57.12	0.02	7.95	15.51	16.79	0.01	2.61
- 사회복지법인	100.00	4.18	4.27	19.19	7.75	55.94	2.15	8.34

출처: 노대명 외(2008: 89-90)에서 재구성

것으로 계산되었고, 비농취업자대비 비율을 구하면 약 3.8~5.1% 정도에 달할 것으로 추정되었다.

특히, 제3섹터 조직이 최근 빠르게 증가하고 있다는 점에서, 또 참여정부 이후 사회서비스를 통한 일자리 창출을 추진하면서, 제3섹터에 의한 고용창출 가능성이 주목을 받고 있다. 최근의 한 조사에 의하면, 1990년대 후반 이후에 설립된 제3섹터 기관이 전체의 66.5%를 차지하며, 그 이후에도 지속적으로 그 숫자가 늘어나고 있음을 지적하고 있다(황덕순, 2009). 특히, 전체 제3섹터 기관 중 가장 큰 비중을 차지하는 사회서비스 기관의 성장속도가 가장 빠르다는 점에서, 최근 일자리 창출정책에서 가장 주목 받아온 사회서비스 영역이 상당한 고용창출 효과를 가져왔다고 분석한다. 이제, 제3섹터의 사회서비스 기능은 서비

스의 전달에 그치지 않으며 고용효과 경제적 파급효과까지 고려될 필
요가 있다.

　그렇다면, 이러한 제3섹터가 한국 사회서비스 공급체계에서 차지하
는 비중은 어떠한가. 우선, 공식적 사회복지서비스 영역이 크지는 않으
나, 대부분 비영리 민간부문에 의해 서비스가 공급되고 있다는 점은 매
우 중요한 의미를 갖는다. 전통적으로 한국의 비영리 민간조직들은 국
가로부터 사회복지서비스의 제공을 위탁받는 대신, 국가의 재정지원과
규제를 받아왔다. 따라서, 비영리 민간부문은 국가의 사회복지서비스
제공 책임을 대행하는 역할에 그쳐 왔으며, 민간의 자발적이고 다양한
가치를 사회복지영역에서 발현시키기보다는 정부에 대한 종속성을 그
특징으로 하였다. 바로 이러한 특성으로 인하여, 사회서비스 전달체계
와 제3섹터는 불가분의 관계를 갖고 있다.[6] 사회서비스와 관련된 통상
적인 분류는 생활시설 및 이용서비스로 구분하는 것인데, 제3섹터 조
직들이 사회서비스 전달의 대부분을 담당하고 있다는 것에는 큰 차이
가 없다.[7]

　이러한 비영리 민간부문의 특성은 외환위기 이후 복지개혁의 과정에
서도 크게 변화되지 않았다. 사회보험과 공적부조가 확장되었지만, 사
회복지서비스 영역의 확장은 미미하며, 또 여전히 절대 다수의 사회복

---

6) 제3섹터의 사회서비스 제공 기능과 관련하여, 문순영(2001: 62)은 세 가지의 분
　류가 가능하다고 정리하였다. 첫째, 주로 사회복지법인에 의해 운영되고 있는 사
　회복지시설서비스는 정부를 대신하여 법정사회서비스를 제공한다[대행기능]. 둘
　째, 미신고시설은 법정시설서비스 대상에서 배제된 대상자들에게 시설보호서비
　스를 제공한다[보충기능]. 셋째, 시민사회단체 및 조직들은 새롭게 부상하는 사
　회문제에 대응하기 위하여 실험적인 프로그램을 시행하기 시작하였다[보완 및
　선도기능].
7) 2002년을 기준으로 한 김영종(2003)의 연구에 의하면, 아동 · 노인 · 장애인 · 모
　자 · 부랑인에 대한 사회복지서비스를 제공하고 있는 1409개의 신고시설 가운데
　사회복지법인이 81.2%, 종교 및 시민단체를 비롯한 기타 민간부문이 16.3%를 차
　지하고 있는 반면, 지자체 운영시설은 전체의 2.5%인 35개소에 불과하였다. 다만,
　보육서비스의 경우에는 시장(영리부문)의 공급비중이 대부분을 차지하고 있다.

지기관 및 시설이 사회복지법인 및 비영리법인에 의해 운영되고 있다. 1990년대 들어 기존의 생활시설보다는, 사회복지 이용시설이 지역사회 복지관을 중심으로 크게 증가하였으나, 이 역시 비영리 민간조직이 대부분 운영하고 있다. 1990년대 중반 이후 시민사회단체가 사회복지서비스 공급에 참여하여, 노숙자 · 가출청소년 · 성폭력피해여성 등의 분야에서 실험적 · 선도적 서비스를 제공하기 시작하여 새로운 가능성을 열어주고 있으나, 전반적으로 사회복지서비스 분야에서 정부의 비영리 부문 활용도와 징부의 높은 개입수준은 크게 변화되지 않았다.

〈표 12〉는 1985년부터 2009년까지 사회복지생활시설수와 생활인원, 그리고 종사자수에 관한 추이를 보여주고 있다. 1985년 전국의 사회복지 생활시설은 588개소에 총 7만 3천여 명의 요보호대상자에게 서비스를 제공하였다. 생활시설수와 생활인원은 2000년대 초반까지 꾸준

〈표 12〉 사회복지생활시설수, 생활인원 및 종사자수 추이: 1985~2009

(개소, 명)

	생활시설수	생활인원	종사자수
1985	588	73,518	-
1990	664	80,548	-
1995	778	76,860	-
1998	847	78,211	11,528
2000	879	78,625	13,443
2002	941	81,030	20,464
2004	942	79,818	23,813
2005	1459	93,183	29,572
2006	1836	101,587	35,027
2007	2,296	114,047	39,781
2008	2,921	133,576	51,562
2009	3,770	142,254	62,183

출처: 보건복지부, 『보건복지통계연보』, 각 연도

히, 점차적으로 증가하다가, 2005년부터 급격히 그 수가 증가하고 있음
을 알 수 있다. 이것은 노인장기요양보험에 대한 논의가 진행되고 실제
시행을 준비하면서 비롯된 것이었다. 즉, 2001년 288개의 노인시설에
서 16,500명 정도가 생활하고 있었으나, 2007년에는 시설수가 1,498개
로 증가하였고 생활시설거주 노인 역시 5만 명을 넘어 섰다. 노인장기
요양보험이 시행된 이후인 2009년 말 현재, 노인생활시설수는 2,992개
로 2007년에 비해 시설수가 2배 이상 급격히 증가하였고, 시설거주 노
인 역시 5만 명에서 7만 9천여 명으로 크게 증가하였다. 이러한 노인복
지분야의 생활시설의 증가는 거의 대부분 노인장기요양보험의 시행과
확대에 따른 요양시설 및 노인요양공동생활가정의 증가로 인한 것이다.
노인요양시설의 급속한 확충을 위하여, 기존의 사회복지법인을 비롯한
비영리법인 외에도 개인의 시설운영을 허용함으로써, 영리를 추구하는
영세한 개인시설이 크게 증가한 것이 사실이다. 결국, 이러한 현상은
노인생활시설 전체에 있어 급격한 시장화 현상을 반영하는 것이지만,
크게 증가한 노인요양시설의 상당수는 제3섹터 조직에 의해 신설된 것
이기도 하므로, 제3섹터가 생활시설서비스 제공을 주도하고 있는 것에
는 큰 변화가 없다고 볼 수 있다.

　저소득층 및 일반 지역주민이 이용하는 가장 대표적인 이용시설은
지역사회복지관이다. 〈표 13〉에서 볼 수 있듯이, 1985년 전국에 29개소
에 불과하던 지역사회복지관은 1980년대 후반 이후의 이용시설의 확충
경향에 따라 1990년대 초반 급격히 증가하였다. 1990년에서 1995년 사
이, 불과 5년 만에 88개의 지역사회복지관이 297개로 3.5배 가량 증가
하였다. 또, 1995년 이후에도 점진적으로 수가 증가하여 2009년까지 전
국에 419곳의 지역사회복지관이 설립되어 지역주민에게 다양한 서비
스를 제공하였다. 그런데, 여기에서 논의되어야 할 중요한 사항은, 이
용시설서비스의 운영도 제3섹터에 의해 주도되고 있다는 점이다. 2009
년 말 현재, 전국의 400여 사회복지관 중 사회복지법인이 73%, 비영리
법인이 14%, 학교법인이 6%의 운영을 맡고 있으며, 지방자치단체가 운

〈표 13〉 연도별 지역사회복지관의 운영주체 현황 (개소, %)

연도	총계	사회복지법인	비영리법인	학교법인	지방자치단체
1985	29(100.0)	25(86.2)	1(3.4)	1(3.4)	2(6.9)
1990	88(100.0)	76(86.4)	4(4.5)	3(3.4)	5(5.7)
1995	297(100.0)	221(74.4)	58(19.5)	10(3.4)	8(2.7)
2000	345(100.0)	251(72.8)	62(18.0)	18(5.2)	15(4.3)
2002	360(100.0)	260(72.2)	64(17.8)	17(4.7)	19(5.3)
2003	369(100.0)	268(72.6)	65(17.6)	17(4.6)	19(5.1)
2004	379(100.0)	274(72.3)	65(17.2)	18(4.7)	22(5.8)
2005	391(100.0)	289(73.9)	58(14.8)	22(5.6)	22(5.6)
2006	397(100.0)	289(72.8)	62(15.6)	24(6.0)	22(5.5)
2007	408(100.0)	298(73.0)	61(15.0)	26(6.4)	23(5.6)
2008	414(100.0)	298(72.0)	62(15.0)	26(6.2)	28(6.8)
2009	419(100.0)	305(72.8)	60(14.3)	25(6.0)	27(6.4)

출처: 보건복지가족부, 『보건복지가족통계연보』, 각 연도

영하는 비율은 6% 정도에 불과하다. 이것은 정부가 일부의 재정을 지원하는 대신, 실질적인 서비스 제공을 민간이 담당한다는 사회서비스 전달체계의 기본 얼개가 이용시설의 경우에도 그대로 적용되고 있으며, 종합적으로 볼 때 사회서비스 제공에 있어서의 제3섹터 의존성은 여전히 지속되고 있음을 볼 수 있다.

VI. 결론

1990년대 이후 국가복지가 크게 확장되어 온 것은 분명하며, 이제 '한국 복지국가'라는 단어가 그리 낯설지는 않아 보인다. 그러나, 한국 복지국가의 기본적 성격을 어떻게 규정할 수 있는가에 대해서는 많은 논란이 있으며 여러 시각이 경합적으로 존재한다(김연명 편, 2004; 정무권 편, 2009). 그 이유는 복지국가의 성격이라는 것이 국가복지라는 관점에서만 규정될 수 있는 것이 아니라, 다양한 민간의 급여와 국가와의 관계를 포괄한 더 넓은 차원의 분석을 요구하는 것이기 때문이다. 이 글에서는 국가복지의 확대 이면에는, 복지시장이 크게 성장하였으며 또한 여전히 제3섹터를 중심으로 사회서비스가 공급되고 있음을 논의하였다.

먼저, 복지시장의 형성 및 확장이 매우 두드러지게 나타나고 있다. 1980년대 생명보험 시장의 급격한 팽창에 이어, 1990년대에는 정부의 금융실명제 후속대책으로 세제적격 개인연금제도가 도입되어 그 시장규모가 급속도로 확대되었다. 민간의료보험 시장의 규모 역시 큰 폭으로 확대되어 왔으며, 사회서비스 부문에서 보육과 노인시설서비스를 중심으로 그 공급체계에서 차지하는 시장영역의 비중 역시 크게 증가해 왔다. 제3섹터의 경우, 국제비교를 통해 볼 때 전반적인 고용수준이 낮고 재정구조 역시 매우 미흡한 형편이었다. 특히, 제3섹터에 대한 정부의 재정지원이 다른 국가에 비해 크게 낮은 것으로 나타났는데, 이것은 사회서비스의 공급 자체가 크지 않음을 의미하는 것이고, 다시 제3섹터에 의한 고용비율이 다른 국가에 비해 현저히 뒤떨어지는 원인이 되고 있는 것이다. 그럼에도 불구하고, 최근 사회서비스 기관의 성장속도는 이용시설과 노인요양시설을 중심으로 매우 빠르게 증가되어 왔으며, 그 과정에서—노동의 질적 측면은 또 다른 문제가 되겠으나—상당한 고용창출 효과를 가져온 것 역시 사실이다.

이러한 복지시장과 제3섹터의 현황을 살펴보면, 민간복지의 형성과 확대에 국가의 다양한 정책수단이 개입되어 있음을 알 수 있다. 시장의 경우, 개인연금은 정부의 주도로 시장 자체가 형성되었고, 사회서비스의 경우 수혜대상의 확대에 요구되는 공급증가를 민간부문의 참여를 통해 해결하려 하였으며, 민간의료보험, 개인연금, 퇴직연금 등의 활성화가 가능했던 것은 정부의 세제혜택이 뒷받침되었기 때문이었다. 제3섹터의 경우에도, 정부의 사회서비스 제공기능을 민간비영리 부문이 대신하는 위탁형 공급구조는 정형화된 사회서비스 전달체계의 특징이라 할 것이다.

민간부문의 복지공급 자체를 당연한 것으로 받아들이는 입장 역시 경계해야할 부분이다. 무엇보다, 사회복지 부문에서 시장영역이 확대되는 것은 시장이 가지는 구조적 결함과 그것이 초래하는 불평등의 측면에서 매우 우려되는 현상이다. 1998년 경제위기 당시 생명보험·개인연금 등의 대량해약사태가 있었던 것처럼, 시장을 통한 소득보장 기능은 구조적 취약성을 가지고 있다. 퇴직연금의 경우 개별적인 해지는 어렵지만, 급격한 금융시장의 변동에 의해 연금의 가치가 훼손될 수 있어서, 전반적인 다층노후소득보장체계로 접근될 필요가 있다. 민영의료보험시장의 확대는 역으로 공보험인 국민건강보험제도의 보장성 강화의 걸림돌로 작용할 수 있고, 나아가 건강보험 민영화 논의로 이어지지 않을지에 대한 우려가 커지고 있다. 시설서비스의 시장화 현상 역시, 무료이용이 가능한 저소득층도 아니고 충분한 지불능력도 없는 서민과 중간층을 중심으로 사회서비스 영역의 사각지대가 형성되고 있음을 시사해 준다. 결국 계층 간 불평등의 확대는 복지시장의 확대가 초래하는 피할 수 없는 결과임을 다시 한 번 상기시켜 주고 있다.

제3섹터의 경우, 실제적인 서비스 전달뿐 아니라, 다양한 시민사회의 가치를 발현하는 기능들이 더욱 더 부각될 필요가 있다. 즉, 이 글의 분석에서는 제외되었으나, 1987년 민주화 이후 다양한 시민사회조직들이 자생적으로 발생되어, 다양한 시민사회의 가치를 발현하고, 소외된 집단의 이익을 대변하며, 사회 공동의 복지를 위한 정책제안의 기능을 수행해 오기도 하였다. 예컨대, 경실련, 참여연대, 환경운동연합, 여성단체연합 등의 주요 시민사회단체들은 복지개혁의 고비마다 다양한 세력과 연대하여 복지국가 확장을 위한 개혁을 주도하였고, 그 결과 국민연금개혁 · 건강보험통합 · 국민기초생활보장법 제정 등을 성공적으로 이끌 수 있었다. 이러한 복지운동의 측면에서도 한국의 제3섹터는 크게 성장해 왔으며 한국의 역동적인 시민사회를 구성하는 주축이 되고 있다. 향후 복지혼합에 관한 연구에서는 이러한 시민사회운동의 영역도 분석에 포함될 필요가 있다.

참고문헌

고경환 외. 2003.『한국의 사회복지지출 추계: 1990-2001』. 보건복지부, 한국
　　　보건사회연구원.

_____. 2009.『2007년도 사회복지지출 추계와 OECD국가의 노후소득보장체
　　　계』. 보건복지가족부, 한국보건사회연구원.

금융감독원. 각 연도.『퇴직연금통계』.

김교싱 외. 2006.『한국사회복지자원총량조사연구』. 사회복지공동모금회.

김종건. 2004. "한국의 복지체제 형성과 변천에 관한 연구." 중앙대학교 박
　　　사학위논문.

김진욱. 2004. "복지혼합의 모형에 관한 이론적 연구."『연세사회복지연구』
　　　제11권. 연세대학교 사회복지연구소.

_____. 2005. "한국 복지혼합의 구조: 2000년도 지출추계를 중심으로."『사
　　　회보장연구』제21권 제3호.

_____. 2007. "한국 사회서비스의 공사역할분담 개혁방향에 관한 연구-공
　　　공책임성 강화를 전제로 한 공사혼합 모델을 중심으로."『사회복지정
　　　책』31집: 177-210.

_____. 2009. "한국의 복지혼합과 복지체제." 정무권 편.『한국복지국가성
　　　격논쟁II』. 인간과 복지.

남찬섭, 2003. "경제위기 이후 복지개혁의 성격." 김연명 편.『한국복지국가
　　　성격논쟁』. 인간과 복지: 143-176.

노대명·강혜규·원일·이은혜. 2008.『보건복지부문 제3섹터에 관한 연
　　　구』. 보건사회연구원.

류건식 외. 2009.『사적연금의 노후소득보장 기능제고 방안』. 보험연구원.

박병현. 2005. "'한국 복지체제의 전환을 위한 현실진단과 과제'에 대한 토
　　　론문." 한국사회복지학회 2005년 춘계학술대회자료집.

생명보험협회. 2010.『FACT BOOK 2010』.

보건복지가족부. 각 연도.『보건복지가족통계연보』.

이순재·김헌수. 2009. "개인연금의 현황과 노후소득보장을 위한 개선방
　　　향."『사회보장연구』제25권 제3호.

이용갑. 2009. "민간의료보험 활성화 정책 결정과정 연구."『보건과 사회과

학』제26집.

조영훈. 2003. "유교주의, 보수주의, 혹은 자유주의? 한국의 복지유형 검토."
김연명 편.『한국복지국가 성격논쟁』. 인간과 복지: 243-273.

_____. 2004. "자유주의 복지유형으로서의 한국복지국가-민영보험의 상대
적 발달을 중심으로."『상황과 복지』제19권: 311-337.

_____. 2009. "자유주의 복지유형으로서의 한국 복지국가." 정무권 편.『한
국복지국가성격논쟁II』. 인간과 복지.

홍경준. 1999.『한국의 사회복지체제 연구』. 나남.

_____. 2005. "한국 복지체제의 전환을 위한 현실진단과 과제."『한국사회
복지학회 2005년 춘계학술대회자료집』.

Ascoli, U. and C. Ranci (eds.). 2002. *Dilemmas of the Welfare Mix*. Kluwer Academy Plenum Publishers.

Beresford, P. and S. Croft. 1984. "Welfare Pluralism: the new face of Fabianism." *Critical Social Policy* 9: 19-39.

Blair, T. 1998. *The Third Way: New Politics for the New Century*. Fabian Society.

Esping-Andersen, G. 1990. *The Three Worlds of Welfare Capitalism*. Polity.

_____. 1999. *Social Foundations of Post-industrial Economies*. Oxford University Press.

Gilbert, N. and B. Gilbert. 1989. *The Enabling State*. OUP.

Glennerster, H. and J. Le Grand. 1995. "The Developments of Quasi-markets in Welfare Provisions in the United Kingdom." *International Journal of Health Services* Vol. 25 (2): 203-18.

Gough, I. and J. W. Kim. 2000. "Tracking the Welfare Mix in Korea." *IFIPA unpublished working paper*, University of Bath.

Kim, J.W. 2004. *Welfare Mix in Korea 1987-2002: Dynamics of Environments, Institutions and Welfare Politics*. Unpublished PhD Thesis. The University of Bath.

Hadley, R. and S. Hatch. 1981. *Social Welfare and the Failure of the State*. Allen and Unwin.

Hansmann, H. 1987. "Economic Theories of Nonprofit Organization." In W. W. Powell (ed.). *The Nonprofit Sector A Research Handbook*. New Heaven: Yale

University Press.

Johnson, N. 1987. *The Welfare State in Transition: The Theory and Practice of Welfare Pluralism*. Harvester Wheatsheaf.

Mayo, M. 1994. *Communities and Caring-The Mixed Economy of Welfare*. St. Martin's Press.

Kim, J.W. 2004. *The Welfare Mix in Korea - Dynamics of Environments, Institutions and Welfare Politics*. Unpublished PhD Thesis. The University of Bath.

_____. 2005. "The Dynamics of the Welfare Mix in Korea: An Expenditure Study between 1990 and 2001." *International Social Security Review* 58(4).

Kramer, R. 1981. *Voluntary Agencies in the Welfare State*. University of California Press.

Le Grand, J. and W. Bartlett (eds.). 1993. *Quasi-Markets and Social Policy*. London: Macmillan.

Ranci, C. 2002. "The Mixed Economy of Social Care in Europe." In Ascoli and Ranci (eds.), *Dilemmas of the Welfare Mix*. New York: Kluwer Academy Plenum Publishers.

Salamon, L. M. 1987. "Partners in Public Service: The Scope and Theory of Government-Nonprofit Relations." In W. W. Powell (ed.). *The Nonprofit Sector A Research Handbook*. New Heaven: Yale University Press.

_____. 2002. "The Resilient Sector: The State of Nonprofit America." In Salamon, L. M. ed., *The State of Nonprofit America*. Brookings Institution Press.

Walker, A. 1993. "A Cultural Revolution? Shifting the UK's Welfare Mix in the Care of Older People." In A. Evers and I. Svetlik (eds.). *Balancing Pluralism: New Welfare Mixes in Care for Elderly*. European Centre Vienna, Avebury.

Wolfenden Committee. 1978. *The Future of Voluntary Organisations*. Croom.

|제5장|

일본 복지체제의 현재와 미래:
안정성과 유연성의 조화?

카미무라 야스히로(上村泰裕)

　일본 복지체제의 현재 상황은 어떤가? 그 경쟁력과 취약성의 근원은 무엇인가? 그 미래는 우리가 어떻게 예견할 수 있는가? 이 논문은 이러한 쟁점에 대한 일반적인 개요를 제시한다. 첫 부분에서는 크게 기업과 가족에 의존해 온 일본 복지체제의 특징을 설명하려고 한다. 두 번째 부분에서는 간단하게 사회보장 구조를 살펴본 후, 세 번째 부분에서 탈산업화와 세계화로 인해 제기된 과제에 대해 검토할 것이다. 마지막으로, 일본 복지모델의 미래는 모든 이해관계자 간의 협의를 통해 확인되어야 함을 주장할 것이다.

I. 일본 복지체제의 특징

1. 신성한 보물 세 가지

왜 이 글은 일본 복지체제의 도입부분에서 기업에 대해 논의하는가? 왜냐하면, 일본은 정부뿐 아니라 기업도 그들의 근로자와 가정의 생계 보장에 몰두해왔기 때문이다. 일본 고용체계는 세 가지로 특징 지어지는데, 첫째는 장기(평생)고용이고, 둘째는 연공에 따른 임금체계이며, 셋째는 기업 노동조합이다. 장기고용은 대학졸업 후 은퇴 전까지 동일한 회사에서 근로자로 일하는 것을 의미하며, 연공에 따른 임금체계는 근로자의 근무연수와 나이에 따라 임금이 증가하는 것이다. 기업 노동조합은 기업 내에 조직되어 있는 조합으로서 이러한 특징들은 일본 고용체계의 "신성한 보물 세 가지"로 불린다(Odaka, 1984).

Dore(1990)는 일본과 영국의 대기업을 비교하면서, 영국 기업이 "시장지향"의 성격을 띠는 것과 반대로 일본 기업은 "조직지향"의 성격을 갖는다는 점을 강조했다(〈표 1〉). 조직지향적인 기업에서는 근로자가 회사에서 장기근로를 하면 할수록, 지위와 임금도 점점 높아지게 된다. 근로자는 회사를 그들 자신의 것으로("우리 회사"로) 여기고, 언젠가 경영진의 구성원이 될 것으로 기대한다. 이와 같은 기업의 유형은 제조업에 적절하다. 왜냐하면 제조업에서는 품질의 지속적인 향상을 도모하기 위해서 경영자와 근로자의 협력 관계가 필수적이기 때문이다.

물론 이것은 이념형일 뿐, 일본의 모든 기업이 이와 같지는 않다. 이런 종류의 모델은 파트타임 근로자, 파견 근로자, 그리고 계약직 근로자를 배제하고 대기업의 정규 직원에게만 적용된다. 하지만 일본 복지체제의 특징을 파악하기 위해서는 이것을 이해하는 것이 여전히 중요하다. 왜냐하면 일본 복지체제는 일본 고용체계의 이 이념형에 바탕을 두어왔기 때문이다.

〈표 1〉 두 체계의 대조적인 특징

	시장지향적 체계	조직지향적 체계
이직률	높음	낮음
임금	동일 노동에 대한 동일 보수	연공기반
훈련비용	근로자 또는 정부	기업
입사	모든 수준에서 (직책 및 직위 고하 무관)	정해진 낮은 진입 지점에서만 (하위직 중심)
사회보장	근로자 또는 정부	기업
노동조합	산별노조	개별 기업노조
근로자의 정체성	전문직	회사소속
일하는 동기	자기이익, 경쟁	집단이익, 협력
회사의 정의	주주의 재산	사람들의 공동체
기업 구성원	주주	근로자
관리자	주주들이 위탁한 대리인	회사공동체의 고위직 구성원
지배적인 목표	단기이익, 재정지향	장기적 관점, 생산지향

출처: Dore(1990: 422)

2. 기업에 의한 복지 시책

Dore는 일본에서는 "회사가 근로자의 사회보장과 복지를 책임져야 하는" 반면, 영국에서의 "사회보장은 일차적으로 노동자 또는 국가의 책임이다"라고 지적한다(Dore, 1990: 424). 하지만 실제로는 영국 회사들도 기업복지 제도를 갖고 있으며 일본 정부 역시 사회보장체계를 갖고 있다. 그러나 이 점에서 일본 기업의 역할이 훨씬 더 중요하다는 사실을 말하는 것은 적절하다.

일본에서 대기업의 정규직원은 그들의 삶에 안정을 제공하는 장기고용을 누린다. 게다가 연공에 따른 임금체계는 생계 봉급을 제공하며 부양가족이 있는 중년 근로자에게는 더 많은 급여를 지불한다. 이것들은 일본 고용체계의 특징이 근로자에 대한 직접적인 보호역할을 한다는 것을 보여준다.

기업은 근로자 사회보험의 기여금 절반을 충당하도록 법이 규정하고 있다(법정 복지). 게다가 기업은 근로자를 위한 다양한 복지 프로그램도 제공한다(기업복지). 일반적으로 대기업은 중소기업보다 더 나은 기업복지 프로그램을 제공한다.

3. 역할 분담

일본의 사회지출, 즉 GDP 대비 연금, 건강, 그리고 복지 서비스의 지출 비율은 2005년 19.1%였는데, 이는 다른 선진국에 비해 비교적 낮은 수준이다. 미국의 16.3%를 제외하고는, 다른 국가의 비율이 일본보다 높은데, 영국 21.8%, 독일 27.9%, 프랑스 29.4%, 그리고 스웨덴 29.9%였다(National Institute of Population and Social Security Research, *Cost of Social Security Benefits 2007*).

Wilensky(1984)는 일본의 비교적 낮은 사회보장 지출에 대해 다음 다섯 가지로 설명한다: 1) 청년형 인구(연금과 건강보험에 대한 낮은 수준의 지출이 비교적 적은 노인층의 욕구를 충족시키는 데 충분함); 2) 많은 사회이동 기회(만약 가난한 사람들이 미래에 부유해질 수 있다고 느낀다면 덜 불행하게 됨); 3) 분열된 노동 운동; 4) 성장하는 대기업의 운 좋은 근로자들을 위한 기업 복지 급여 그리고 5) 복지국가의 발전에 대한 욕구를 억제하는 지속적 가족 체계.

비록 이러한 조건이 그 이후에 변했지만 일본 복지체제의 특성이 어떻게 형성되었는지를 이해하기 위해서는 기업 복지급여와 가족체계에 관한 지식이 특별히 중요하다. 일본 복지체제는 강력한 기업복지와 가족복지의 존재라는 전제에 기반을 두었다. 게다가 복지체제의 이러한 특징들 자체가 기업복지와 가족복지의 지속을 요구한다.

II. 기업과 사회보장

1. 건강보험

일본에서는 직업에 따라 상이한 공공 건강보험제도(일본)가 적용된다: 1) 대기업 근로자(3,086만명)는 기업 건강보험조합에서; 2) 중소기업 근로자(3,629만명)는 일본 건강보험조합에서; 3) 선원(16만명)은 선원보험으로; 4) 공무원(937만명)은 공제조합에서; 그리고 5) 농민, 자영업자, 은퇴자(5,072만명)는 국민건강보험제도로 처리된다.

위의 제도 중 첫 번째에서 네 번째까지는 근로자 보험(직업보험)으로서 근로자와 그들의 가족에게 적용된다. 이들 제도의 보험료는 고용주와 근로자가 균등하게 납부한다. 국민건강보험제도는 각 지방자치 당국에서 운영한다.

기업 건강보험조합은 700명 이상의 근로자를 가진 대기업에서 설립된다. 2011년에 전국적으로 1,447개의 조합이 있는데, 이들은 무료 종합건강검진을 제공하며 민간 오락시설을 갖추고 있다. 반대로 일본 건강보험조합과 국민건강보험은 그런 서비스를 제공하지 않는다. 기업 건강보험조합은 대기업에서만 할 수 있는 부가급여를 제공한다.

2. 연금

연금제도 측면에서는 모든 사람들에게 적용되는 기초연금제도(일본)가 있다. 덧붙여 민간부문 근로자에게는 근로자 연금보험이 있고, 공공부문 근로자에게는 공제조합에서 주어지는 연금이 있다. 게다가 근로자를 위한 부가적인 기업연금을 제공하는 기업들도 있다. 자영업자에게는 단지 기초연금만 있다.

근로자 연금보험(일본)은 근로자가 기여기간 40년으로 퇴직연령에 도달한 후에 매월 평균 232,592엔을 부부에게 제공하는 반면에, 기초연금은 40년의 기여기간으로 65세에 이른 후에 매월 66,008엔만을 제공한다.

연금제도는 많은 장기 정규직원이 있는 대기업에 유용한 도구로 기능해 왔다. 그 이유는 1) 연금제도가 나이 든 근로자들이 은퇴하기에 용이하도록 만들기 때문이며, 2) 기업연금제도가 근로자 편에서는 장기 근무를 촉진하기 때문이다. 하지만 주목할 점은 민간부문 근로자의 약 절반인 선도 기업 정규직 근로자만이 기업연금의 혜택을 받는다는 것이다.

3. 고용보험: 성긴 안전망

고용보험제도(일본)는 지난 2년 동안 12개월 이상 보험료를 납부한 실업자들에게 실업수당을 제공한다. 실업수당의 액수는 실업 직전 임금의 50~80%로서 임금과 연령에 따라 다양하다(저임금 소득자와 고령 근로자에게 유리하게 주어진다). 최대수령기간은 기본적으로 1년이다.

2009년 고용보험에 가입된 근로자 수는 3,751만 명으로서, 정규직 근로자의 수(3,380만 명)보다 약간 더 많았다. 이것은 대부분의 비정규직 근로자가 고용보험에 들어있지 않다는 것을 의미한다(법적인 적용범위가 100% 아니었음). 2009년 실업수당 수령자의 수는 97만 명이었는데 반해 실업자는 336만 명이었다(실질적인 적용범위가 30%미만이었음). 이것은 사회적 배제의 한 형태이다.

III. 사회변동과 새로운 사회적 위험

1. 탈산업화는 복지체제에 무엇을 가져다 주는가?

선진국에서는 탈산업화의 시대가 1973년 석유위기와 함께 도래했다. Bell(1973)은 교묘하게 탈산업화 사회의 특성을 다음과 같이 묘사했다. "산업화 이전의 사회에서는 사람들이 자연과 더불어 일을 했고 산업사회에서는 기계와 더불어 일을 한 반면에, 탈산업사회에서는 사람들과 함께 일을 한다(Yamazaki, 2006: 62)." 탈산업사회에서는 지식과 정보를 다루거나 다양한 서비스를 제공하는 것이 고용의 주된 부분이 되어 왔다.

탈산업화는 복지 레짐(welfard regimes)의 전제조건을 변화시키고 있는데, 첫째는 불평등을 심화시킬 것이다. Esping-Andersen(2009)에 따르면, 지식기반 사회에서는 교육과 인지기술을 잘 갖추지 못한 사람은 낮은 소득과 고용 불안에 노출될 것이다. 이것은 제조업에서는 덜 드러났던 개인 생산성의 차이가 지식과 정보 관련 직업에서 분명히 드러났기 때문이다. 그러므로 Esping-Andersen은 인지기술의 차이를 줄이기 위해서 취학전 교육을 의무교육으로 만드는 데 찬성해 왔다.

둘째, 탈산업화는 고용주에게 장기고용의 이점을 감소시킬 것이다. 제조업에서 고용주는 근로자의 기술 개발에 투자함으로써 생산성을 향상시킬 수 있을 것이다. 고용주는 훈련비용의 만회라는 점에서 장기고용을 선호하는데, 이것은 근로자의 생계보장을 위해서도 좋은 것이었다. 하지만 Nishimura(2009)에 의하면, 서비스산업에서의 근로자의 평균 근무 연수가 제조업에서 보다 더 짧다. 이것이 함의하는 바는, 서비스산업에서는 고용주가 근로자의 기술개발과 고용안정에 마음 쓸 동기를 충분히 갖고 있지 않다는 것이다.

셋째, 탈산업화는 노동조합을 약화시키는 경향이 있다. 서비스분야에서의 노조 조직률은 제조업보다 낮다. 그러므로 만약 서비스 분야가 성장하면 전체 산업에서의 노조 조직률은 감소하게 될 것이다. 하지만 주목할 것은 이것이 언제나 발생하는 것은 아니라는 점이다. 모든 선진국이 지난 40년간 탈산업화를 겪는 동안 비록 일본, 프랑스, 독일, 그리고 미국 같은 여러 나라에서 노조 조직률이 감소해 왔지만 덴마크, 핀란드, 스웨덴 같은 북유럽 국가에서는 노조 조직률이 증가해 왔다 (OECD, Trade Union Density in OECD 1960-2007).

2. 탈산업화의 다양한 결과

위에서는 탈산업화의 결과가 국가에 따라 다양하다는 점을 제시했다. 여기서는 탈산업화의 다른 결과들을 묘사하기 위해 Esping-Andersen의 세 가지 복지 레짐(체제)을 언급하고, 그 다음으로 일본의 사례에 관해서도 생각해 보고자 한다.

Baumol(1967)은 생산성의 향상이 제조업에서보다는 서비스 분야에서 훨씬 더 어렵다고 주장한다. 그는 재치 있게 "30분의 호른 5중주는 수행을 위해 시간당 2.5명의 비용지출을 필요로 하는데, 여기서 생산성을 향상시키기 위한 모든 노력은 비평가와 관객 모두의 관심을 받기 쉽다"라고 설명한다(Baumol, 1967: 416). 이것은 특히 아동이나 노인을 돌보는 것과 같은 인적 사회서비스에서 생산성을 향상시키기가 쉽지 않다는 것을 의미한다. 이와 같이 서비스에 있어서는 우리가 낮은 임금이냐 아니면 정부의 보조금이냐 하는 선택에 직면하게 되는 것이다.

1) 자유주의체제(앵글로색슨 국가)는 낮은 생산성에 대해 낮은 임금을 지불한다. 인적 사회서비스는 흔히 저임금 이주민 근로자들이 제공한다. 이리하여 탈산업화는 더 많은 불평등을 야기하게 될 것이다.

2) 사회민주주의체제(북유럽 국가)는 덜 생산적인 서비스에 대해 국가의 보조금으로 높은 임금을 지불한다. 대인 사회서비스(주로 여성)

를 하는 공공근로자의 임금 수준은 높은 세금으로 유지되는데, 이 세금은 주로 민간부문 근로자가 지불한다(주로 남성).

3) 보수주의체제(유럽대륙)는 서비스 경제가 덜 발달되어 있다. 인적 사회서비스는 가족에 의해 제공되고 시장과 국가에 의한 서비스는 비교적 덜 발달되어 있다.

4) 일본 체제는 남성 정규직 근로자의 안정된 고임금 고용과 여성 비정규직 근로자의 불안정한 고용을 결합시켜 왔다. 이와 같은 성차별은 유연성을 달성하였지만 가계간의 소득 불평등을 초래하였는데, 이 체계의 지속가능성은 이제 의문시되고 있다.

3. 세계화는 복지국가를 지속불가능하게 하는가?

그렇다면 세계화는 복지체제에 무엇을 가져다주는가? 세계화는 보통 "사람, 재화, 그리고 화폐의 초국가적 이동의 증가와 이에 따른 국가 간의 사회적 상호의존성 증가"를 의미하지만(Takegawa, 2002: 122), 여기에서 다루는 쟁점들 중에서 가장 중요한 것은 세계화의 경제적 측면이다. 기업의 초국가적 활동이 증가함에 따라 각 정부는 기업을 유치하는 데 있어서 서로 경쟁하지 않을 수 없다.

이제 고용주는 해외이전이라는 선택지를 갖고 있다. 만약 어떤 기업이 자국에 만족하지 않는다면, 공장이나 또는 본사조차도 해외로, 즉 세금과 사회보장에 대한 부담이 덜한 나라로 옮길 수 있다. 이들이 실제로 이전하지 않을 때조차 "우리는 나갈 수 있다"라는 점을 드러내기만 하는 것으로도 자국에서의 목소리가 강화된다(해외이전과 발언권 사이의 관계에 대해서는 Hirschman(1970)을 보라). 만약 정부가 세금과 사회보장에 대한 부담을 감소시킴으로써 이들을 유인하지 않으면 공장을 해외로 옮기게 될 것이라고 이제는 고용주들이 말할 수 있다.

하지만 한 기업이 생산기지를 어떤 국가에 위치시키는 것은 단순하게 세금 및 사회보장 부담이 덜 하기 때문만은 아니다. 이런 면에서 노동비용만이 결정적인 것도 아니다. 기업은 많은 요인에 근거하여 입지를 결정한다. 예를 들어, 국제경영개발원(IMD)은 매년 세계경쟁력 평점결과를 낸다. 이 평점은 다국적 기업이 인식한 각국의 상황에 대한 지수로서 다음과 같은 요인들로부터 도출 된다: 1) 경제적 실적(국내경제, 국제무역, 국제투자, 고용, 물가); 2) 정부효율(국가재정, 재정정책 [즉, 세금 및 사회보장 부담], 제도적 구조, 기업 관련 법률, 전체 사회틀 등); 3) 기업효율(생산성, 노동시장, 재정, 경영실행, 태도와 가치); 4) 기반시설(기초적인 기반시설, 기술적인 기반시설, 과학적인 기반시설, 건강과 환경, 교육).

〈그림 1〉 세금 부담과 경쟁력은 상호 관련되어 있지 않다

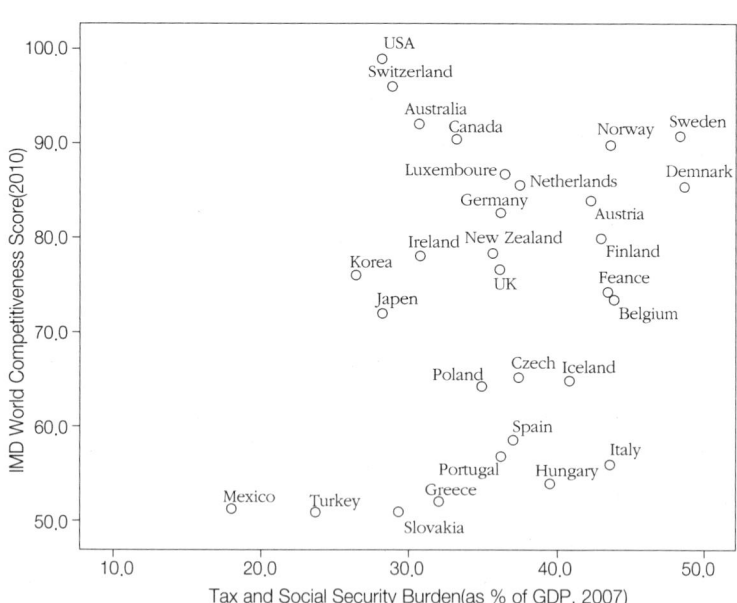

출처) OECD, Tax Revenue Statistics (www.oecd.org/ctp/taxdatabase), International Institute for Management Development, World Competitiveness Yearbook 2010 (www.imd.ch/research/publications/wcy)

〈그림 1〉은 각국의 세금 및 사회보장 부담과 국제경영개발원(IMD) 경쟁력 점수 사이의 관계를 나타낸다. 비록 그들의 부담이 일본보다 더 크다 할지라도 높은 경쟁력을 유지하는 많은 국가들이 있다.

세계화는 비용경쟁뿐 아니라 품질경쟁까지도 부채질한다. 선진국에게는 저가시장에서 신흥국가와 싸우기보다는 첨단기술 시장에서 경쟁하는 것이 더 낫다. 한 국가의 사회보장체계는 품질향상에 결정적으로 중요한 고용주와 근로자 간의 협력관계를 유지하기 위해 작동할 수 있다. 그러므로 만약 우리가 세계적인 경쟁에서 최저가의 길보다 첨단기술을 선택한다면 우리의 사회보장체계도 포기하지 말아야 한다.

이런 점에서 일본은 기로에 서 있다. 〈그림 1〉에서 나타난 바와 같이, 일본의 문제는 무거운 부담이 아니라 경쟁력 쇠퇴이다. 세금과 사회보장 부담을 줄임으로써 경쟁력이 향상 될 수 있는지는 명확하지 않다. 게다가 고령화 인구와 사회보장 비용의 증가에 대해 생각해보면 부담을 줄이는 것은 현실주의적인 선택이 아니다. 그보다는 무거운 부담을 짊어짐에도 불구하고 높은 경쟁력을 유지하는 국가들로부터 그 요인들을 배우는 것이 바람직할 것이다.

IV. 일본복지의 새로운 모델 찾기

1. 개혁논의를 위한 조합주의적 대표체계

일본 복지체제의 환경은 탈산업화와 세계화의 결과로 변화되어 왔는데, 이 체제에서 원래 생각하지 못했던 고령인구와 사회적 배제 같은 문제가 나타났다. 이런 상황에서 사회보장체계의 개혁이 논의되고 있는데, 여기서는 고용주 협회와 노동조합의 대표자가 참석하는 다양한 정부위원회에 관해 아는 것이 중요하다(건강보험에 관해서는 의료단체의 대표자들이 참여하듯이). 이들 대표자가 위원회에 참여하는 이유는 이들이 개혁에서 이해당사자이기 때문이다(Hamaguchi, 2009). 개혁은 고용주, 근로자, 그리고 의사에게서 부담, 혜택, 그리고 이용 가능한 서비스를 변화시킬 것이다. 그러므로 이들은 모두 개혁에 관심을 보여왔으며, 서로 다른 의견을 표명하고 있다.

최고 정상 고용주들의 협회인 일본경제단체연합회는 1,281개의 대규모 기업들로 구성되어 있는데 다음과 같이 주장한다. "우리는 사회보장이 자조로 다룰 수 없는 삶의 위험을 공유하는 제도라고 생각한다. 비록 우리는 연금과 건강보험의 보편적 적용을 유지해야 된다고 생각하지만 여기에 전적으로 의존해서는 안 된다. 사람들의 삶은 자조에 바탕을 두어야 한다(Nihonkeidanren, 2004)." 이것은 복지국가가 국민의 자조에 의존하여 가능한 한 작은 규모로 유지되어야 한다는 생각을 나타내는 것이다.

전국에 있는 노동조합의 중심은 680만 명의 근로자를 대변하는 일본노동조합총연합회(연합)이다. 이 연합은 주장하기를, "고용과 고령의 두 가지 불안정을 제거함으로써 우리가 추구해야 하는 사회는 다음과 같다. 즉, 가족과 기업에 의존하는 '일본형 복지'에서 벗어나서 모두에게 평등하며 개방된, 그리고 사회안전망에 기반을 둔 보편적 보장을 확실히 하고 또한 모두에게 평등하며 개방된 그러한 사회이다(Rengo, 2005)"라고 한다. 이것은 정부가 모두에게 평등하고 적절한 서비스를 제공해야 한다는 생각을 보여주는 것이다.

2. 누가 말 없는 대중을 대변하는가?

일본경제단체연합회와 일본노동조합총연합회는 서로에게 적대적인 듯이 보이지만 이와 반대로 공통된 특징을 갖고 있다. 둘 다 대기업의 고용주와 근로자를 대변한다. 연합의 구성원들은 주로 정규직 근로자들인데 전체 정규직 근로자의 13%만이 연합에 가입해 있다. 연합이 모든 근로자의 이익을 계속해서 대표할 것이라는 데에는 의심을 가지게 될 것이다. 미조직된 비정규직 근로자와 중소기업 근로자는 누가 대변하는가? 사실상 대기업만 대변하는 조합주의적인 정부 위원회에서보다는 의회에서 개혁을 논의하는 것이 더 낫지 않을까?

하지만 조합주의 체계에는 약간의 장점이 있다. 첫째, 정부 위원회는 전문적인 관점에서 사회보장 문제를 다룰 수 있는 반면에, 의회는 단 하나의 쟁점에 집중할 수 없다. 둘째, 조합주의적인 대표체계는 기업과 노동의 협력 유지를 수월하게 하는데 이것은 산업의 국제경쟁력을 유지하는데 중요하다. 셋째, 정부와 노동이 글로벌 세계에서 기업에게 비용을 공유하도록 요청해야만 할 때에 기업이 체계 내에 계속 머물게 하는데 유용하다.

문제는 노동 내부의 분열이다. 정규직 근로자의 이해관계는 비정규직 근로자의 그것과 다른데 연합이 대변하지 않는 비정규직 근로자의 수가 크게 증가해 왔다. 그래서 세 가지의 시나리오가 가능하다: 1) 비정규직 근로자를 배제하고 정규직 근로자의 생계 보장에 대해서만 관심을 가지는 것; 2) 정규직 근로자의 생계 보장을 비정규직 근로자의 수준으로 줄이는 것; 3) 비정규직 근로자의 생계 보장을 정규직 근로자의 수준으로 향상시키는 것. 결과적으로 첫 번째는 정치적으로 정당화될 수 없기 때문에 두 번째와 세 번째 사이에서 한 가지 방법을 찾는 것이 현실적인 것으로 보인다. 우리가 이것을 민주적으로 할 수 있는지 여부를 통해 조합주의의 능력을 검증할 것이다.

3. 안정성과 유연성을 어떻게 조화시킬 것인가?

일본 복지체제는 기업복지와 가족복지에 의존함으로써 사회보장 비

용을 억제해 왔다. 이 글의 첫 부분에서 소개되었듯이, Wilensky(1984)
는 그 당시의 비교적 낮은 사회보장지출을 설명하는 다섯 가지 이유를
제시하였다: 1) 청년형 인구; 2) 많은 사회이동 기회; 3) 분열된 노동운
동; 4) 성장하는 대기업의 운 좋은 근로자들을 위한 기업급부; 그리고 5)
복지국가의 발전에 대한 욕구를 억제하는 지속적인 가족 체계.

하지만 이들 조건은 지난 30년 동안 변화되어 왔다: 1) 인구의 고령화;
2) 고착된 사회계층화 (소위 격차사회); 3) 노조 연합의 설립 (하지만 다
른 한편으로 노조 조직률의 감소); 4) 고용형태의 다양화 및 기업복지
의 위축; 그리고 5) 낮은 출생률과 증가하는 이혼율. 게다가 앞에서 보
았듯이 탈산업화와 세계화는 거대한 변화를 가져왔다. 이러한 상황에
서는 기업복지와 가족복지에 더 이상 의존할 수가 없다. 이들의 결점은
기업급부를 받지 못하는 비정규직 근로자가 증가하고, 또한 이혼율 증
가로 아동빈곤이 심화되는 데서 분명해졌다(Abe, 2008). 비록 기업복
지와 가족복지의 실패를 대신하기 위해서 사회보장체계를 개선하는 것
이 필수적이지만, 이를 위해 불가피한 세율 인상에 대해서는 아직까지
어떠한 합의도 없다.

그러면 일본 복지체제의 미래를 어떻게 개념화 할 수 있을까? 고용정
책의 방향에 대한 연구집단의 한 보고서는 우리에게 힌트를 제공한다
(JILPT and the Ministry of Health, Labour and Welfare, 2007). 보고서에
따르면, 기업의 경쟁력과 근로자의 생활안정을 조화시키기 위해서는
세 가지 근본적인 목표를 달성하는 것이 필요하다: 1) 형평성 보장 (차
별반대, 기회평등 등); 2) 안정성 보장 (기술개발, 안전망 개선 등); 그리
고 3) 다양성 존중 (정규직 고용과 비정규직 고용 사이의 유연한 전환
을 가능하게 하는 제도의 도입 등). 이것은 일본 고용체계의 장점을 유
지하면서 경직성을 바로잡으려는 바램을 보여준다. 그리고 경쟁력을
위해 유연성을 추구하는 것과 근로자의 생활 안정성을 보장하는 것을
조화시킬 필요가 있다는 생각에 근거를 두고 있다(유럽에서는 이것이
"유연보장성(flexicurity)"으로 알려져 있다).

이렇게 말하는 것은 쉽지만, 실행하기가 어렵다. 왜냐하면 한때 경쟁력과 안정성의 원천이었던 일본 고용체계의 특징들이 형평성 보장과 다양성 존중을 어렵게 해왔기 때문이다. 이 세 가지 목표를 동시에 달성하는 것은 가능한가? 우리는 일본회사가 갖는 강점의 원천인 "우리의 회사"라는 감정을 근로자들이 잃는 것을 원하지 않는다. 또한 우리는 가급적 이런 감정을 뒷받침하는 기업복지를 유지하기를 원한다. 이를 위해 조합주의적 대표체계는 여전히 중요하다. 동시에 우리는 정규직 근로자의 안정성만을 보장하기 위해 비정규직 근로자를 배제하는 구조를 변화시켜야 한다. 정규직 고용과 비정규직 고용 사이의 전환을 가능하게 하기 위해서는 고용 및 사회보장 체계에서의 개혁이 필수적이다. 이러한 주장은 조합주의 체계 바깥에서 나올 것인데, 조합주의 안과 밖에서 이루어지는 논의들은 서로를 보완하면서도 맞서야 한다. 일본복지의 새로운 모델은 일본사회의 미래에 이해관계가 있는 모든 사람들 사이에서 이루어지는 숙의를 통해서 만들어져야 할 것이다.

_영문 번역: 김윤정 (경상대학교 일반대학원 사회복지학과 박사과정)

참고문헌

[일본어 문헌]

Abe, Aya. 2008. *Child Poverty: Thinking about Inequality in Japan.* Iwanami Shoten.

Hamaguchi, Keiichiro. 2009. *A New Labor Society: For Reconstructing the Employment System.* Iwanami Shoten.

JILPT and the Ministry of Health, Labour and Welfare. 2007. "Towards an Excellent Market Society: Equity, Stability and Diversity."

Nihonkeidanren. 2004. *Towards a Comprehensive Reform of the Social Security System.*

Nishimura, Yukimitsu. 2009. "Work Pattern as Livelihood Security and the Changing Skill Development: Between Employment and Welfare." Hiroshi Miyajima, Shuzo Nishimura, and Takanobu Kyogoku (eds.). *Companies and Labor.* University of Tokyo Press.

Odaka, Kunio. 1984. *Japanese Management: Myth and Reality.* Chuokoronsha.

Rengo. 2005. *Social Security Vision for the 21st Century: Digest Version.*

Takegawa, Shogo. 2002. "Globalization and the Welfare State: For the Cosmopolitan Social Policy." Mitsuo Ogura and Takamichi Kajita (eds.). *Globalization and Social Change.* University of Tokyo Press.

Yamazaki, Masakazu. 2006. *Conversing Humans: Homo Sociabilis.* Chuokoronsha.

[영어 문헌]

Baumol, William. 1967. "Macroeconomics of Unbalanced Growth: The Anatomy of Urban Crisis." *American Economic Review* No.57.

Bell, Daniel. 1973. *The Coming of Post-industrial Society: A Venture in Social Forecasting.* Basic Books.

Dore, Ronald. 1990. *British Factory, Japanese Factory: The Origins of National Diversity in Industrial Relations.* University of California Press.

Esping-Andersen, G. 1990. *The Three Worlds of Welfare Capitalism.* Polity Press.

_____. 2009. *The Incomplete Revolution: Adapting Welfare States to Women's New Roles.* Polity Press.

Hirschman, Albert. 1970. *Exit, Voice, and Loyalty: Responses to Decline in Firms, Organizations, and States.* Harvard University Press.

Wilensky, Harold. 1975. *The Welfare State and Equality: Structural and Ideological Roots of Public Expenditures.* University of California Press.

|제6장|

사회복지의 공공성 측정에 관한 연구

신동면

I. 서론

한국 사회복지의 과제를 논의할 때 '사회복지의 공공성 강화'가 필요하다는 주장은 빠지지 않는다. 사회복지 공급주체로서 국가 역할이 확대되어야 하며, 이를 위하여 사회복지 예산과 정부에 의한 사회서비스 제공이 증대되어야 한다는 것이다. 특히, 이명박 정부에 들어서 민영 의료보험의 확대와 영리 의료법인 허용이 논의되고, 신규 시장 창출을 통한 사회서비스 확대가 추진되면서 사회복지 공공성에 대한 관심이 더 높아졌다. 사회복지에 대한 국가 책임을 강화하는 것이 필요한 시점에 이명박 정부는 복지의 시장화를 추구하여 사회복지의 공공성을 후퇴시킨다는 비판이 늘고 있다.

이와 같이 사회복지의 공공성은 사회복지 전달체계와 직접적으로 연결되어 있는 문제이다. 즉, 사회복지 전달체계를 크게 공공부문과 민간부문으로 구분할 때, 사회복지의 공공성 강화는 공공부문, 다시 말해서

국가 역할을 확대하는 것을 의미한다. 그런데, 서구 복지국가의 발달과
정을 통시적으로 살펴보면, 사회복지를 위한 국가 역할의 확대는 정부
서비스의 확대를 요구하는 수요적 측면, 재분배를 지향하는 정치적 측
면, 예산의 확대를 추구하는 정부조직의 제도적 측면 등에서 비롯되었
다(Boix, 2000). 이러한 요인들을 고려한다면, 사회복지를 위한 국가 역
할의 확대가 반드시 공익(public interest)에 부합하는 것은 아니다. 예
를 들어, 사회복지 관련부처 공무원과 정책결정자가 자신과 조직의 영
향력을 확대하기 위하여 예산 극대화 전략을 추구하고, 그 결과 사회복
지를 위한 예산이 증가하고 산하기관이 신설 · 확대될 수 있다. 이처럼
공무원이 자기이익을 극대화하기 위한 행동에서 비롯된 사회복지 예산
의 증가와 조직의 확대는 오히려 공익에 위배된다고 할 수 있다.

한편, 서구 복지국가에서는 최근 들어 사회복지를 위한 국가의 역
할을 축소하며, 개인의 책임과 근로를 강조하는 방향으로 사회보장제
도의 개혁을 시도하고 있다. 사회복지를 위한 정부 기관을 민간부문
에 위탁하여 운영하는 외부계약은 일반적 서비스 제공방식으로 자리
잡았다. 지역사회복지에서 공공과 민간의 파트너십이 강조되고, 정부
가 직접적으로 서비스를 제공하는 것이 아니라 민간 사회복지시설에
지원금을 제공하는 방식이 널리 활용된다. 사회복지 서비스를 제공하
는 공공기관들은 시장원리를 적극적으로 도입하여 보다 효율적인 조
직운영을 모색한다(Taylor-Gooby, 2009). 그 결과, 서구 복지국가들이
케인즈언 복지국가(Keynsian Welfare State)에서 슘페터리언 근로국가
(Schumpeterian Workfare State)로 변모하였다거나, 복지국가(welfare
state)에서 능력개발국가(enabling state)로 변모하였다는 주장이 점점
더 설득력을 얻고 있다(Jessop, 1993; Gilbert, 1989). 사회복지의 공공성
이 사회발전의 역사성과 정치성을 가지면서 형성되는 추상적 개념이라
면(정무권, 2008), 서구 복지국가들에서 관찰되는 이와 같은 변화는 사
회복지의 공공성에 대한 이해를 바꿀 수밖에 없다.

사회복지를 위한 국가 예산의 증가와 조직의 확대가 항상 공익에 부

합하는 것은 아니며, 또한 최근 복지국가들에서 사회복지를 위한 국가
역할이 변모하였다는 점을 고려한다면, 사회복지의 공공성 개념에 대
한 보다 깊은 논의가 필요하다. 이 글에서는 행정학에서 논의되는 공공
성 개념을 빌려 사회복지의 공공성 개념을 논의하고자 한다. 행정학 연
구자들 사이에서 공공성(publicness)이 행정이 추구해야 하는 기본 이
념이라는 데는 이견이 없다. 그러나 '공공성이 무엇인가'에 대해서는
일반적으로 통용되는 합의된 개념을 찾기 어렵다. 이는 공공성이라는
단어가 일상생활에서 다양한 의미로 사용되고 있기 때문이다.[1] 이 논
문에서는 공공성 개념을 둘러싼 논쟁에 참여하는 것이 아니라, 한국 행
정학 연구에서 공공성 논의를 이끈 주요 연구들(소영진, 2003, 2008; 임
의영 2003)에서 밝히고 있는 공공성 개념을 빌려 사용하고자 한다.

　임의영(2003)은 공공성을 정치적 차원의 민주주의와 윤리적 차원의
사회정의로 나누어 파악한다. 절차적으로 의사결정과정의 민주성 정도
와 내용적으로 사회정의 수준에 따라 공공성의 정도가 다르다고 본다.
소영진(2008)은 공공성의 다양한 특성을 크게 두 가지 범주로 나누어 공
공성에 대한 개념을 정의한다. 하나는 공공성을 실현하는 행위주체 또
는 방법이나 절차와 관련된 것으로, 공공성에 관한 형식적 특성을 의미
한다. 정부 관련성, 공동체 관련성, 외부 의존성, 개방성 등이 이에 속한
다. 다른 하나는 공공성이 추구하는 내용에 관한 것으로, 공공성에 관한
실질적 특성을 나타낸다. 평등, 정의, 공익, 공리 혹은 후생 등이 이에 속
한다. 소영진이 주장하는 것처럼, 공공성 개념을 형식적 특성과 실질적
특성으로 구분하여 접근하는 것은 사회복지의 공공성을 이해하는 데 있
어서 유용하다. 즉, 사회복지의 공공성은 형식적 측면에서 사회복지 공

---

1) 소영진(2003)은 공공성이 전체 또는 다수에 관한 일, 권위, 정부, 전유 불가능성,
　이타성, 공익성 등의 특성을 지닌다고 보며, 이 중에서 공익성은 공공성의 특징
　을 규정하는 핵심 요소라고 보았다. 임의영(2003)은 공공성이 지닌 다의적 특성
　으로 정부 관련성, 공중성, 공식성, 공익, 접근 가능성과 공유, 개방성, 공지성 등
　을 꼽고 있다.

급과정에서 국가 관련성을 나타낸다면, 실질적 측면에서 사회복지의 공공성은 사회적 결과로서 평등 또는 정의와 관련된다고 할 수 있다.

논문에서는 "한 사회에서 복지 생산이 국가, 시장, 그리고 가족 간에 배분되는 방식의 질적 차이"에 관심을 둔 에스핑-안데르센(Esping-Andersen, 1990; 1999)의 복지체제론(welfare regime)이 사회복지의 공공성에 관한 논의의 단초를 제공할 수 있다는 점에서 복지체제론에 대한 비판적 검토에서 논의를 시작한다. 다음으로 사회복지의 공공성은 형식적 측면에서 복지혼합에서 차지하는 국가 역할로, 실질적 측면에서 사회권을 중심으로 그 개념이 정의되어야 한다는 것을 주장한다. 끝으로 형식적 측면에서 사회복지의 공공성과 실질적 측면에서 사회복지의 공공성을 실증적으로 측정할 수 있는 지표를 제시한다.

II. 복지체제론에 포함된 사회복지의 공공성 논의

행정의 공공성을 정부 관련성을 의미하는 형식적 차원과 평등과 정의를 의미하는 실질적 차원으로 나누어 살펴볼 수 있는 것처럼, 사회복지의 공공성은 형식적 측면과 실질적 측면으로 나누어 정의할 수 있다. 형식적 측면에서 사회복지의 공공성이 사회복지 공급주체로서 국가의 역할과 관련된다면, 실질적 차원에서 사회복지의 공공성은 사회복지 공급구조가 야기하는 사회적 결과로서 평등 또는 정의 정도를 의미한다. 이는 에스핑-안데르센이 복지체제의 구성 요소로 포함하였던 복지혼합(welfare mix), 복지결과(welfare outcomes)와 일맥상통한다. 그에 따르면, 복지체제는 한 사회의 특정 시점에서 사회복지를 둘러싼 사회연합의 이해와 가치를 구현하고 있으며, 이는 사회복지 생산을 둘러싼 각 공급주체들의 역할과 책임을 통하여 나타난다. 그리고 사회복지 공

급구조가 야기하는 복지결과로서 탈상품화(de-commodification), 계층
화(stratification), 탈가족화(de-familialisation)가 복지체제별로 다르다
고 본다(Esping-Andersen, 1999).

에스핑-안데르센에게 복지혼합은 한 사회 내에서 국가, 시장, 가족
사이에 복지가 생산·분배되는 상호의존적 방식을 일컫는다(Esping-
Andersen, 1999: 34-5). 그러나 에스핑-안데르센이 밝힌 복지혼합을 구
성하는 세 공급주체, 즉 국가, 시장, 가족의 복지 생산이 한 사회의 사회
복지 공급 총량을 보여주지 못한다. 사회복지 공급주체로서 비영리조
직과 기업의 역할을 간과하고 있기 때문이다(김진욱, 2009: 600). 여러
학자들이 지적하고 있는 것처럼, 일본, 한국, 대만 등 동아시아 국가들
에서 기업이 제공하는 복지 규모가 서구에 비하여 매우 크다. 또한, 국
가가 제공하는 사회서비스가 저발전되었고 비영리조직들이 국가를 대
신하여 사회서비스 분야에서 주요 역할을 수행하고 있다. 이러한 사실
을 고려한다면, 한 사회에서 복지가 생산·분배되는 상호의존적 방식
을 올바르게 파악하기 위해서는 국가, 시장, 가족과 함께 비영리조직과
기업의 역할을 포함하여야 한다.

에스핑-안데르센이 복지혼합의 구성요소로 파악한 국가, 시장, 가
족의 복지 관련 지표들도 재구성되어야 한다. 그는 국가 복지제도 중
에서 연금급여, 실업급여, 상병급여 등 소득보장 프로그램을 중심으로
국가의 복지 제공을 계상하고, 탈상품화와 계층화 효과를 분석하였다.
그 결과, 국가의 공공부조 지출과 복지관련 조세지출(tax expenditure)
을 간과하였으며, 사회서비스 즉, 교육, 주택, 보건 등을 위한 국가 지출
을 고려하지 않고 있다. 또한, 에스핑-안데르센은 시장의 복지공급 역
할을 측정하는 지표로 개인이 시장에서 구입한 사적연금과 민간 의료
보험에서 받은 급여액만을 계상한다. 개인이 민간 보험회사로부터 구
입한 생명보험의 급여액과 교육과 의료 서비스 등을 구입하기 위한 가
계 지출도 시장의 복지 공급량에 포함시켜야 한다. 끝으로, 그는 가족
의 복지공급 역할을 측정하는 지표로 가족이 노인과 아동 보살핌을 담

당하는 정도와 여성의 가사 노동시간을 측정하였다. 그런데 동아시아 국가들에서 노인의 사회소득(social income)을 보면, 가족 성원 간 사적 소득이전이 차지하는 비중이 높다. 이러한 현실을 고려하면, 가족의 복지공급 역할을 측정하는 지표에 사적 소득이전을 포함시켜야 한다(김연명, 2009: 191).

비록, 에스핑-안데르센이 제시한 복지혼합은 복지 공급 주체의 범위를 확대하고 지표의 수정이 필요하다고 하지만, 사회복지 공급과정에서 국가의 역할을 이해하는 데 매우 유용한 분석적 개념이다. 복지혼합은 한 사회의 복지 총량에서 국가가 차지하는 비중이 얼마나 되는지, 국가와 민간의 역할이 어떻게 분담되어 있는지 등을 알려준다. 복지혼합에 대한 분석 즉, 국가, 시장, 가족, 비영리조직, 기업 등 사회복지 공급주체 간에 복지가 생산·배분되는 상호의존방식은 형식적 측면에서 사회복지의 공공성을 보여준다. 다시 말해서, 복지혼합에서 국가가 차지하는 역할을 살펴봄으로써 형식적 측면에서 사회복지의 공공성을 규명할 수 있다.

한편, 에스핑-안데르센은 복지체제론에서 한 사회 내에서 복지혼합이 야기하는 복지결과(welfare outcomes)에 관심을 갖는다. 복지결과와 관련하여 그는 초기 연구에서 국가복지제도 중 연금급여, 실업급여, 상병급여를 중심으로 탈상품화와 계층화 개념을 제시하였다(Esping-Andersen, 1990). 탈상품화는 한 개인이 자신의 복지욕구를 충족시키기 위하여 노동시장에 의존하지 않아도 되는 정도라고 정의한다.[2] 계층화는 국가복지제도로 인해 사회 구성원들이 차별화되는 방식을 설명하기 위한 개념이다. 그에 따르면, 사회민주주의 복지체제에서 사회연대성을 전제로 국가복지제도가 설계되어 계층화 효과는 미약하며, 보

---

2) 탈상품화 점수를 계산하기 위하여 근로자 평균임금 대비 최저급여액의 비중, 근로자 평균임금 대비 평균급여액의 비중, 보험료 기여기간, 전체 프로그램 재원에서 수급자가 지불한 비용, 수급자비율을 변수로 고려했다.

수주의 복지체제에서는 사회보험이 직종별로 다르게 운영되어 '지위의 차별화(status segmentation)'라는 계층화 효과가 나타나고, 자유주의 복지체제에서는 공공부조 수혜자와 일반복지제도 수혜자 간의 이중성(dualism)이라는 계층화 효과를 발견할 수 있다(Esping-Andersen, 1990). 이와 함께, 그는 최근 연구에서 복지공급 주체로서 가족의 역할에 주목하면서, 국가가 가족의 보살핌 부담을 대신하는 정도를 나타내는 개념으로 탈가족화를 제시하였다(Esping-Andersen, 1999: 61).[3] 탈가족화 정도가 낮은 복지체제에서는 여성의 노동시장 참여율이 낮고 출산율이 떨어지며, 이에 따라 여성인력을 효과적으로 활용하지 못할 뿐 아니라 국가재정 수입에서도 부정적 영향을 초래한다.

그러나, 에스핑-안데르센이 복지결과로서 제시한 탈상품화, 계층화, 탈가족화 개념들은 국가가 복지 공급을 위해 소득 이전자, 서비스 공급자, 재원 보조자, 그리고 규제자 역할을 수행함으로써 사회 구성원들의 인간다운 생활을 영위하는 데 어떠한 영향을 미치는지를 보여주지 못한다. 에스핑-안데르센은 국가복지제도에서 연금급여, 실업급여, 상병급여를 중심으로 탈상품화와 계층화 정도를 제한적으로 분석하여, 인간다운 생활을 영위하는 데 필요한 다른 사회정책 영역, 예컨대 교육, 주택, 보건 등을 포함하지 않았다. 탈상품화는 소득보장 프로그램에 초점을 두고 분석된 소비차원에 국한된 제한적 개념이기 때문에 사회적 존재로서 개인의 인간다운 삶을 영위할 수 있는 능력(capability)을 보여주지 못한다(Room, 2000). 또한, 탈상품화는 가부장성과 성불평등을 전제하는 개념으로, 여성의 경우 노동시장에 참여할 권리 즉, 노동권을 내용으로 하는 경제적 시민권의 확보가 탈상품화 보다 중요한 과제라고 할 수 있다(우명숙, 2009). 계층화는 국가 복지제도가 사회집단

---

3) 탈가족화 지표는 GDP 대비 정부의 결손가족서비스지출 비중, 아동부양 가구에 대한 가족수당과 조세감면 규모, 3세 미만 아동의 공보육 부담률, 65세 이상 노인 중 정부의 가사도움을 받는 비율로 정하였다.

에 미치는 차별적 영향과 복지국가의 경로의존적 발전을 보여줄 수 있을 뿐이다. 끝으로 탈가족화 개념 역시 아동과 노인에 대한 공적 보살핌의 수준을 나타낼 뿐이며, 사회적 존재로서 개인의 인간다운 삶을 영위할 수 있는 능력을 나타내 줄 수는 없다. 따라서 국가가 복지 공급을 통하여 사회적 존재인 개인의 인간다운 삶을 영위할 수 있는 능력에 어떤 영향을 미치는지 분석하기 위해서는 에스핑-안데르센이 제시한 복지결과의 세 가지 요소—탈상품화, 계층화, 탈가족화—가 적절치 않다. 요컨대, 에스핑-안데르센이 복지체제론에서 제시한 복지혼합과 복지결과를 나타내는 탈상품화, 계층화, 탈가족화는 사회복지의 공공성을 두 측면으로 나누어 이해하려는 이 논문에 대하여 분석적 통찰력을 제공한다. 복지혼합이 형식적 측면에서 사회복지의 공공성과 관련된다면, 복지결과로서 탈상품화, 계층화, 탈가족화는 실질적 측면에서 사회복지의 공공성과 관련된다. 단, 에스핑-안데르센이 밝힌 복지혼합의 구성 주체로 비영리조직과 기업을 포함하여야 할 것이며, 국가, 시장, 가족의 복지공급 역할을 측정하는 지표가 재구성되어야 한다. 복지결과를 나타내는 탈상품화, 계층화, 탈가족화 개념은 사회적 존재로서 인간다운 삶을 살 수 능력을 나타낼 수 있는 개념으로 대체하여야 실질적 측면에서 사회복지의 공공성을 측정할 수 있을 것이다.

III. 사회복지 공공성의 두 가지 차원: 복지혼합과 사회권

1. 형식적 차원에서 사회복지의 공공성: 복지혼합에서 국가의 역할

국민의 복지를 위하여 복지국가는 소득 이전자, 서비스 제공자, 재원 보조자, 규제자의 역할을 수행한다. 그러나 이러한 역할들은 국가에 의

해 독점적으로 수행되는 것은 아니다. 가족, 비영리조직, 시장, 기업 등
도 그 기능과 정도의 차이는 있지만, 소득 이전자, 서비스 제공자, 재원
보조자, 규제자의 역할을 수행한다.

국가는 사회보장제도를 통해 소득을 재분배하는 소득 이전자 역할
을 담당한다. 그러나 소득 이전자 역할은 국가의 고유 역할이 아니다.
전통적으로 가족구성원 간, 특히 부모 자식 관계에서 보는 것처럼, 가
족 내에서 소득의 이전이 광범위하게 이루어져 왔다. 스탠딩(Standing,
1999)은 사회소득(social income)이라는 개념을 통하여 정부가 지급하
는 급여는 개인이 향유할 수 있는 소득의 일부분이며, 이외에도 가족,
비영리조직, 기업, 지역사회 등에서 소득의 이전이 이루어진다는 것을
강조한다.[4] 최근 정부에서 발표한 우리나라 60세 이상 노인의 주요 소
득원을 보면, 본인 및 배우자 부담이 60.0%로 가장 많고, 자녀 또는 친
척 지원이 31.4%, 정부 및 사회단체가 8.6% 순으로 나타나, 가족 내 소
득 이전의 비중이 여전히 높다(통계청, 2009). 소득 이전이 가족, 기업,
비영리조직 등을 통해서도 이루어질 수 있기 때문에 국가가 담당하는
소득 이전자 역할은 사회소득에서 공적 소득 이전이 차지하는 비중을
통하여 알 수 있다.

국가는 교육, 의료, 대인서비스 등의 사회서비스를 제공하는 서비스
제공자 역할을 담당한다. 그런데 가족과 비영리 조직은 복지국가가 발
전하기 이전에 가장 중요한 서비스 제공자였다. 가족은 아동 및 노인
돌봄을 제공하는 핵심 주체이며, 가족 내 보호는 노동력의 재생산에 기
여하는 기본 방식이었다. 그런데 돌봄 노동의 사회화가 추진되면서 국
가와 함께 영리를 추구하는 민간 기관들이 서비스 공급자로 부상하였
다. 서비스 공급에서 국가와 민간 기관의 차이는 소유권과 이익추구 경
향을 기준으로 구분된다. 시장에서 민간 공급자는 이익을 목적으로 개

---

4) 사회소득 = 임금 + 가족, 친척, 지역사회로부터 급여와 원조 + 기업복지 + 국가로
   부터 급여 + 개인투자소득.

인에게 서비스를 판매하며, 구매자는 자신의 지불능력에 따라 서비스를 구입한다. 시장을 통한 서비스의 공급은 개인의 욕구가 아닌 지불능력에 대응하기 때문에 사회적 형평과 평등의 관점에서 가장 취약하다. 사회 서비스는 국가, 시장, 가족, 비영리조직 등에 의하여 제공되기 때문에 국가가 담당하는 서비스 공급자 역할은 사회서비스 총량에서 국가가 직접 제공하는 서비스 비중을 통하여 알 수 있다.

국가는 사회복지를 위한 재원 보조자의 역할을 수행한다. 예컨대, 국가는 사회복지를 위한 민간부문의 활동을 장려하기 위하여 개인 또는 기업의 기부금에 대하여 소득공제의 혜택을 제공한다. 이와 함께 국가는 비영리 사회복지시설의 서비스 제공을 촉진하기 위하여 지원금을 제공한다. 그러나 국가만이 사회복지를 위한 재원 보조자 역할을 수행하는 것은 아니다. 비영리 복지시설의 재원을 살펴보면, 국가가 제공하는 지원금뿐만 아니라 민간 부문의 자발적 기부금에도 크게 의존한다. 재원 보조자와 관련된 국가 역할을 살펴보기 위해서는 비영리 사회복지시설의 서비스 공급에 소요되는 총 재원에서 국가 지원금이 차지하는 비중을 통하여 알 수 있다.

국가는 법률적 근거를 갖추고 사회복지 공급기관에 대한 규제자의 역할을 수행한다. 그런데 사회 서비스의 제공 과정을 살펴보면, 시장기구에 의한 자기규제를 빼놓을 수 없다. 예컨대, 의료체계는 국가주도(state-led), 공단관리(corporate-governed), 시장주도(market-driven)체계에 따라 규제자 역할을 담당하는 주체가 정부, 공단, 민간 의료공급자로 다르게 나타난다(Giaimo and Manow 1999). 공단관리체계와 시장주도체계에서 국가는 민간 의료공급자들의 활동 영역을 정하고 이들의 활동에 대한 통제권을 행사한다. 예를 들어, 공단관리 의료체계에서는 국가와 함께 사회보험체계의 이해 당사자들이 주요 행위자로 규제활동에 참여한다. 시장주도 의료체계에서는 민간 의료공급자 간 경쟁을 통하여 서비스의 질과 가격이 조절된다. 그런데 미국과 같이 시장주도 의료체계라고 할지라도 순수 시장체계는 존재하지 않는다. 왜냐하면, 시장주도 의료체계에서 국가는 재원, 공급자, 수혜자와 관련되어 규제자 역할을 수행하기 때문이다(Wendt, Frisina and Rothgang, 2009: 81). 따라서 국가의 규제자 역할은 사회 서비스 제공 과정에서 재원, 공급자, 수혜자를 둘러싼 국가의 통제 정도를 살펴봄으로써 알 수 있다.

요컨대, 자본주의 사회에서 사회복지를 위한 국가 역할은 국가별로 서로 다르며, 한 나라에서 국가 역할도 사회보장 프로그램의 변화에 따라 지속적으로 변화한다. 사회복지를 위한 국가 역할의 축소는 단기적으로 한 사회에서 제공되는 복지 총량의 감소를 가져오지만, 일정 기간이 경과하면 다시 복지 총량이 원상태로 회복된다. 사회복지를 위한 국가 역할의 변화는 공급주체들 간의 역할 조정을 초래하기 때문이다. 그러나 사회복지 공급과정에서 국가, 시장, 가족, 비영리조직, 기업 등이 담당하는 역할과 기능이 서로 다르기 때문에 국가 역할의 변화는 복지혼합의 성격을 바꿀 수밖에 없다. 그러므로 복지혼합에서 차지하는 국가의 역할을 평가함으로써 사회복지를 위한 국가의 관여 정도 즉, 형식적 측면에서 사회복지의 공공성을 파악할 수 있다.

2. 실질적 차원에서 사회복지의 공공성: 사회권

마샬은 자본주의 발전의 역사에서 법률 형태를 빌려 표현되는 시민권(citizenship) 발전에 주목하고, 시민권 실현을 통해 자본주의 사회의 내재적인 계급대립이 완화되고 자본주의가 유지될 수 있었다고 설명한다(Marshall, 1949). 그에 따르면, 시민권은 공민권, 정치권, 사회권이 차례대로 획득되어 온 '유사-진화적(quasi-evolutionary)' 과정을 겪어 왔다. 첫 번째 시민권은 공민권(civil right)으로 개인의 자유를 위하여 필요한 권리이다. 신체의 자유, 정치적 결사의 자유, 사상의 자유, 종교의 자유, 재산 소유의 자유, 계약의 자유 등을 의미한다. 두 번째 시민권은 정치권(political right)으로 정치과정에 참여할 수 있는 권리이다.

이는 참정권(또는 투표권)이 평등하게 보장됨을 의미한다. 세 번째 시민권은 사회권(social right)으로 인간다운 생활을 영위할 권리이다. 이는 적정한 수준의 경제적 보장에 대한 권리뿐만 아니라 더 나아가 사회적 유산을 향유하고, 그 사회의 보편적 기준에 따라 문화적 존재로서 삶을 영유할 수 있는 권리를 의미한다(Marshall, 1949: 7-8).

그런데 마샬은 인간다운 삶을 영위하는 데 필요한 사회권의 구체적인 권리 내용을 분명하게 밝히지 않았다. 앞서 인용한 바와 같이, 사회권은 시민이 인간다운 삶을 영위하며 향유하는 경제적, 사회적, 문화적 권리 전반을 포함하는 것이라고 추상적으로 설명한다. 이 글에서는 도얄과 고프(Doyal and Gough, 1991)의 인간욕구이론(Human Need Theory) 에 기초하여 사회권의 구체적 권리 내용을 정의하고자 한다. 도얄과 고프(Doyal and Gough, 1991)의 인간욕구이론에 따르면, 사회적 존재로서 인간이 인간다운 생활을 영위하기 위해서는 신체적 건강(physical health)과 자율성(autonomy)을 지녀야 한다. 그리고 모든 사람들이 신체적 건강과 자율성에 대한 욕구를 지닌다는 점에서 이것을 기본욕구(basic needs)라고 부른다.

기본욕구는 사회 구성원 누구나 인간다운 삶을 영위하기 위하여 보편적으로 요구되는 객관적 욕구이기 때문에 국가는 다양한 방식들— 재화, 서비스 제공 등—을 통해 기본욕구를 충족시켜야 한다. 도얄과 고프는 기본욕구를 충족시키기 위한 국가의 다양한 활동들은 다음에 열거한 11가지 매개욕구(intermediate needs)를 충족시키기 위한 것이라고 설명한다: 적정 영양을 함유한 음식과 물, 적정 주거, 안전한 작업환경, 적정 보건, 아동보호, 안정적 가족 관계, 안전한 생활환경, 경제적 보장, 안전한 출산과 육아, 기초 교육. 11가지 매개욕구가 모두 충족되었을 때, 인간은 신체적으로 건강하고 자신의 삶에 대한 의사결정에서 자율성을 지닐 수 있기 때문에 사회적 존재로서 인간다운 삶을 영위할 수 있는 능력을 갖추게 된다(Gough, 2000: 6). 11가지 매개욕구를 고려할 때, 사회권의 권리 내용은 소득보장권, 노동권, 건강권, 주거권, 교육권 등으로 정의할 수 있다.[5] 인간다운 생활의 영위, 즉 사회권 실현을 위해서 국가는 소득보장, 의료, 주거, 고용, 교육 제도 등을 통하여 시민들에게 급여와 서비스를 제공함으로써 기본욕구를 충족시켜야 할 의무를 지닌다.

마샬은 자본주의 역사에서 사회권의 실현은 복지국가의 발전을 통해서 획득되어 졌다고 주장한다. 복지국가는 소득 이전자, 서비스 공급자, 재원 보조자, 규제자 등의 역할을 수행하여 모든 시민이 인간다운 삶을 영위할 수 있는 토대를 마련하게 되었다. 국가가 사회권을 보장하는 것은 다음과 같이 몇 가지 의미를 지닌다. 첫째, 사회권이 실현되면서 시민은 공민권을 통해 얻었던 소극적 자유를 넘어 적극적 자유를 누릴 수 있게 되었다. 정치권은 소유에 따른 권리와 민주주의 1인 1표제의 대립관계 하에서 사회권이 없으면 불완전한 권리일 뿐이다. 사회권은 소수 지배계급의 시민권을 제한하는 측면은 있지만, 다수의 공민권과 정치권을 보장하는 기능을 수행한다.

둘째, 사회권의 보장은 사회 불평등과 사회계급 간 차별이 완화됨을 의미한다. 사회권 실현을 위한 복지제도는 자본주의 시장제도 원리와는 다른 급여원칙을 포함한다. 사회권을 보장하기 위해 필요한 재화가 시장 외부에서 주어지기 때문에 시장 교환을 통해 형성되는 계급 불평등을 완화시키고 근로자를 시장의 힘(market force)으로부터 보호하는 탈상품화(de-commodification)를 촉진한다.

셋째, 사회권 실현을 위하여 권리뿐만 아니라 시민으로서 의무도 강조된다. 시민은 납세, 기여금납부, 교육, 공동체 복지 증진, 병역, 노동 의무 등을 이행하여야 한다. 시민이 누릴 수 있는 노동권, 교육권, 건강

---

5) 안치민(2006: 375)은 사회권의 세 가지 구성요소에 대하여 사회적 권리는 사회보장권(사회보험, 공공부조), 사회복지 서비스권, 건강권, 교육권을 포함하는 것으로, 경제적 권리는 노동권으로, 문화적 권리는 문화권과 환경권을 포함하는 것으로 정의한다. 문진영 외(2008)은 사회권의 영역을 소득보장, 건강, 주거, 노동, 그리고 교육의 5개 영역으로 구분한다.

권은 이에 대응하는 시민의 의무를 동시에 요구한다. 그러므로 사회권은 시민의 기본욕구를 충족시키고 개인 능력을 발전시키기 위해 설계된 급여와 서비스에 대한 수급 권리와 급여와 서비스 제공을 위해 필요한 자원을 부담하는 의무를 동시에 전제한다(Taylor-Gooby, 2009).

요컨대, 현대 복지국가는 사회권을 보장함으로써 사회 구성원 모두가 향유하는 자유와 평등의 실질적 확대를 지향한다. 실질적 측면에서 사회복지의 공공성은 사회복지를 위한 국가의 역할 즉, 소득 이전자, 서비스 공급자, 재원 보조자, 규제자의 역할을 통해 사회권을 실현함으로써 사회 구성원 모두의 자유와 평등을 실질적으로 확대하는 것이라고 할 수 있다. 그런데 공민권과 정치권은 일단 한번 주어지면 되돌리기 힘든 권리인데 반해 사회권은 '더 많이 또는 더 적게'라는 정도(degree)의 문제를 가진다는 점에서 앞의 두 권리와는 비교된다. 그러므로 사회권의 범위와 실질적 내용은 사회적 합의 또는 사회집단 간의 갈등과 대립 속에서 확대되거나 줄어들 가능성이 있다. 사회권의 세부 내용은 고정되어 있는 것이 아니라 시대 상황과 조건에 따라 다르게 정의된다(Marshall and Bottomore, 1992: 86). 이는 현대 복지국가가 변화하는 사회적 가치를 반영하여 사회권의 정도가 설정되기 때문이다.

최근 복지국가들은 세계화, 탈산업화, 저출산·고령화 사회의 위협에 직면하여 사회보장제도 개혁을 모색하고 있다. 세계화의 압력 속에서 완전고용, 고용보호, 그리고 소득평등이라는 복지국가의 세 가지 목표를 동시에 추구하기 어려워졌고, 탈산업사회에서 고용 없는 성장이 이루어지고 이중 노동시장 문제가 심화되고 있으며, 저출산·고령(화) 사회의 충격이 커지고 있다. 더욱이, 복지국가의 확대기 동안 사회권을 지탱해 온 호혜(reciprocity), 포섭(inclusion), 신뢰(trust)의 사회적 가치가 약화되고 있다(Taylor-Gooby, 2009). 이러한 상황에서 복지국가들은 사회복지 공급과정에서 국가역할의 축소를 모색하며, 복지의 개인적 책임과 근로를 점점 더 강조하고 있다(Esping-Andersen, 2002). 이에 따라 형식적 측면에서 사회복지의 공공성과 실질적 측면에서 사회복지

의 공공성이 변화하고 있다. 다음에서는 형식적 측면에서 사회복지의
공공성과 실질적 측면에서 사회복지의 공공성의 변화를 어떻게 실증적
으로 측정할지 논의한다.

IV. 사회복지의 공공성 측정

1. 형식적 측면: 복지혼합 지표

사회복지 공공성의 형식적 측면은 복지혼합에 대한 분석을 통하여
파악할 수 있다. 복지혼합은 복지재화와 서비스를 제공하는 공급주체
의 다원성을 지칭하는 분석적이며 경험적인 개념으로서, 한 사회의 복
지욕구가 충족되는 데 있어 국가 외의 다양한 공급주체들이 존재한다
는 인식에 기반을 둔다(김진욱, 2009: 596). 즉, 한 사회의 전반적인 복
지수준은 사회복지에 대한 국가의 역할만으로 평가될 수는 없으며, 시
장, 기업, 비영리부문, 가족 등 다양한 비국가영역의 역할들이 함께 고
려되어야 한다. 그리고 복지혼합의 총량을 파악하기 위해서는 국내에
서 이루어지는 공급주체들의 활동뿐 아니라 국외로부터 제공되는 복지
를 포함시켜야 한다. 예컨대, 개발 도상 국가들의 경우에 사회복지 제
공에서 국내보다는 외국으로부터의 지원이 더 큰 비중을 차지하는 경
우가 허다하다. 우리나라에서도 한국전쟁 이후부터 1960년대 초반까
지 사회복지의 공급에서 미국을 비롯한 국제 자선단체의 지원이 차지
하는 비중이 매우 높았었다.[6]

---

6) 6.25 전쟁 이후 1950년대 동안 외국의 원조구호물자의 양은 정부의 전체 사회보
   장 및 서비스에 소요된 지출의 80%이상에 해당하는 금액이었다(Shin, 2003).

　이러한 맥락에서 고프(Gough, 1999)는 복지혼합의 구성부문을 〈표
1〉에서와 같이 국내 및 국외 부문으로 나누고, 복지혼합을 구성하는 공
급주체로 국가, 시장, 비영리조직, 기업, 가족을 포함한다. 현재, 우리
나라의 경우 복지혼합에서 차지하는 국외부문의 역할이 미미하기 때문
에 국내부문에 초점을 맞추어 복지혼합의 총량을 파악할 수 있을 것이
다. 그리고 복지혼합의 총량에서 국가가 차지하는 비중을 통하여 형식
적 측면에서 사회복지의 공공성을 규명할 수 있을 것이다.

　〈표 1〉에서는 복지혼합을 구성하는 각 공급주체가 사회복지 제공에
서 어떠한 역할을 담당하는지 보여줄 수 있는 지표들을 제시하고 있다.
첫째, 복지혼합에서 국가의 역할을 파악하기 위해서는 정부가 사회복
지 및 서비스에 배분한 지출액과 사회보험기금에서 지출된 복지급여,
그리고 조세지출을 포괄하여 살펴보아야 한다. 둘째, 시장부문이 복지
혼합에서 차지하는 역할을 알기 위해서는 개인이 시장에서 의료, 보육,

〈표 1〉 복지혼합에서 공급 주체별 역할 측정을 위한 지표

	국 내	국 외
국가	- 현금급여(사회보험, 공공부조) - 사회서비스 지출 - 조세지출 - NGO 혹은 비영리조직 지원금	국제기구 또는 외국으로부터 원조 및 서비스
시장	- 민간보험 급여(생명보험, 연금보험) - 가계보육비 지출 - 가계교육비 지출 - 가계의료비와 민간보험 의료비	다국적 기업이 운영하는 민간보험, 교육 및 의료등의 서비스
비영리 조직	- NGO 혹은 비영리조직이 제공하는 급여와 서비스 지출비용	국제 NGO로부터 원조, 서비스.
기업	- 법정 기업복지비 - 자발적 기업복지비	다국적 기업이 제공하는 기업복지
가족	- 가족 내 사적 소득이전 금액 - 돌봄 노동의 경제가치	외국거주 가족으로부터 송금

자료: Gough(1999)를 수정 작성

교육 서비스를 구입하기 위하여 지출한 금액과 민간보험에서 지급하는 급여를 살펴보아야 한다. 즉, 가구가 부담하는 교육비, 보육비, 의료비지출 그리고 민간보험의 급여와 의료비 등을 포함하여야 한다.

셋째, 비영리조직이 복지혼합에서 담당하는 역할을 파악하기 위해서는 NGO 혹은 비영리 조직이 제공하는 급여와 이들이 서비스 제공을 위해 지출한 비용을 살펴보아야 한다. 넷째, 기업이 복지혼합에서 담당하는 역할을 파악하기 위해서는 법정 기업복지와 자발적 기업복지를 위하여 기업이 지출한 비용을 살펴보아야 한다. 끝으로 복지혼합에서 가족이 담당하는 역할은 가족 내 사적 소득이전 금액과 가족에서 이루어지는 돌봄 노동의 경제적 가치를 통하여 알 수 있다.

이상의 복지혼합 다섯 가지 하위 영역의 총 사회복지 지출을 합산하여 복지혼합 총량을 구할 수 있을 것이다. 여기에서 국가복지가 차지하는 비중을 살펴보면, 형식적 측면에서 사회복지의 공공성을 규명할 수 있다.

2. 실질적 측면: 사회권 지표

국가가 시민의 사회권을 실현하기 위해서는 '여러 가지 의무'를 '여러 가지 각도'에서 충족시켜야 한다. '여러 가지 의무'가 앞에서 도얄과 고프의 인간욕구이론에서 매개욕구를 중심으로 살펴본 사회권의 구체적 권리 내용이라면, '여러 가지 각도'는 사회권을 위한 국가의 의무 정도를 내포한다고 할 수 있다. 사회권이 '더 많이 또는 더 적게'라는 정도(degree)의 문제를 특징으로 갖기 때문이다. 앞에서 논의한 인간욕구이론에 따르면, 인간은 신체적으로 건강하고 자신의 삶에 대한 의사결정에서 자율성을 지닐 수 있을 때, 사회적 존재로서 인간다운 삶을 영위할 수 있게 된다. 그리고 기본욕구의 충족을 위해서 11가지의 매개욕구(적정 영양을 함유한 음식과 물, 적정 주거, 안전한 작업환경, 적정 보건, 아동보호, 가족 관계, 안전한 생활환경, 경제적 보장, 안전한 출산과 육아, 적정 교육)가 실현되어야 한다. 이를 위하여 국가는 소득이나 자산에 관계없이 모든 시민들이 인간다운 삶을 영위할 수 있도록, 특별히 최소한의 복지기준을 충족시킬 수 있도록 할 의무를 지닌다.

그러므로 사회권은 의무주체인 국가에 대해 상관적 의무를 요구할 수 있어야 하고 국가는 이를 수행해야 한다. 유엔의 "사회권 규약에 관한 일반 논평(General Comment No. 3.: Report of the Committee on Economic, Social and Cultural Rights, UN Doc. E/1991/23)"을 보면, 사회권규약에서 국가 의무의 성격을 점진적 실현 의무로 규정하고 있으나, 자유권과 마찬가지로 사회권이 재판규범성으로서 즉각적으로 적용될 수 있으며 최소 핵심의무(minimum core obligations)는 즉각적으로 이행되어야 할 문제라고 설명한다. 1998년 "마스트리히트 사회권규약(Maastricht Guidelines on Violation of Economic, Social and Cultural Rights)"에서도 사회권을 보장하기 위한 국가의 의무를 점진적 의무와 즉각적 의무로 나누어 설명한다. 이러한 논의들을 거쳐 오늘날 사회권의 보장을 위한 국가 의무의 정도는 4중 구조로 이해되고 있다. 국가 의무의 4중 구조는 권리의 존중, 보호, 충족, 증진(obligation to respect, protect, fulfil, promote)의 의무로 이루어져 있다(박찬운, 2009: 120). 존중의 의무는 국가가 개인의 권리를 침해하지 않는 것을 의미하고, 보호의 의무는 국가가 제3자에 의한 침해로부터 개인의 권리를 보호하는 것이다. 충족의 의무는 국가의 적극적 조치를 통하여 개인의 권리를 실현하는 것을 의미하고, 증진의 의무는 국가가 권리의 실현을 증진하기 위하여 여러 가지 인적·물적 조건을 정비하는 것을 의미한다.

이와 같이 사회권에 대한 국가의 의무를 다중 구조로 파악하면, 국가의 의무는 즉각적으로 실현할 의무와 점진적으로 실현할 의무로 나누어 볼 수 있다. 즉, 존중의무와 보호의무가 국가가 즉각적으로 실현할 즉시 이행의무라면, 충족의무와 증진의무는 국가가 점진적으로 실현할 점진적 이행의무이다. 유엔의 사회권 규약에서는 국가의 즉시 이행의무(존중 의무와 보호 의무)에 속하는 것으로 남녀평등,[7] 남녀근로조건 차별금지,[8] 노동 기본권, 아동 보호,[9] 초등 의무 무상교육, 교육 선택의 자유[10] 등을 포함하고 있다. 그리고 사회권을 실현하기 위하여 최저 소득보장, 최저 건강보호, 최저 주거환경, 최저 교육환경 등을 최소 핵심 의무(minimum core obligation)로 규정하며, 국가는 이에 대한 즉시 이행의무를 지닌다고 본다. 물론, 국가 정책결정 과정에서 소득보장, 건강보호, 주거, 교육환경 등은 본질적으로 가용자원 범위 내에서 실현하는 점진적 이행의무(증진 및 충족 의무)에 해당한다고 할 수 있다. 그러나 이들이 최저 핵심의무로 규정되어 있다면, 국가가 즉시 이행해야 할 의무에 속하는 것으로 보아야 한다.

〈표 2〉에서는 실질적 측면에서 사회복지의 공공성을 나타내는 사회권의 권리내용을 5가지 영역-소득보장권, 건강권, 노동권, 주거권, 교육권-으로 나누어 각 영역별 사회권의 권리내용과 이를 평가할 지표를 선정하였다. 이는 문진영 외(2008)의 사회권 지표구성과 크게 다르지 않다. 문진영 외는 소득보장, 건강, 주거, 노동, 교육 영역에서 총 85개 지

---

7) 사회권 규약 제3조: 이 규약의 당사국은 이 규약에 규정된 모든 경제적, 사회적 및 문화적 권리를 향유함에 있어서 남녀에게 동등한 권리를 보장한다.

8) 사회권 규약 제7조 a항 : 보수와 관련하여 모든 근로자에게 최소한 다음의 것을 보장하도록 한다: 공정한 임금과 어떠한 종류의 차별도 없는 동등한 가치의 노동에 대한 동등한 보수, 특히 여성에게 대하여는 동등한 노동에 대한 동등한 보수와 함께 남성이 향유하는 것보다 열등하지 않는 근로조건을 보장.

9) 사회권 규약 제10조 3항: 가족 또는 기타 조건에 의한 어떠한 차별도 없이, 모든 아동을 위하여 특별한 보호와 지원의 조치를 취해야 한다. 아동은 경제적 사회적 착취로부터 보호된다. 아동을 도덕 또는 건강에 유해하거나 또는 생명에 위험하거나 또는 정상적 발육을 저해할 우려가 있는 노동에 고용하는 것은 법률에 의하여 처벌할 수 있다.

10) 사회권 규약 제13조 3항: 이 규약의 당사국은 부모 또는 법정후견인이 그들 자녀를 위하여 공공기관에 의하여 설립된 학교 이외의 기관으로 국가가 정하거나 승인한 최소한도의 교육수준에 부합하는 학교를 선택하는 자유 및 그들의 신념에 따라 자녀의 종교적 도덕적 교육을 확보할 수 있는 자유를 존중한다.

표를 제시하고, 최우선적 중요성을 가진 제1수준 지표로 30개, 2차적 중요성을 갖는 제2수준 지표로 28개, 그리고 보충적 특성을 갖는 제3수준 지표로 27개를 포함하였다. 그러나 85개 지표들 중에서 몇몇은 국가의 의무를 내포하는 사회권 지표라기보다 사회지표에 가깝고, 1차, 2차, 3차 구분의 근거가 분명하지 않다. 이러한 문제를 보완하기 위하여 여기에서는 사회권의 지표를 27개로 축소하여 새롭게 정의하였으며, 사회권 실현을 위한 국가의 의무를 즉시 이행의무와 점진적 이행의무로 구분하여 나타냈다.

〈표 2〉 사회권 지표

영역	권리내용	국가의무	지표구성	
			지표	조작적 정의
소득 보장권	최저 생계유지	존중보호	절대적 빈곤율	가구소득이 최저생계비 미만인 가구 비율
	소득 보장제도 포괄성	증진 충족	국민연금 가입률	19세 이상 공적연금 가입대상 인구 대비 국민연금 가입자 비율
			고용보험 가입률	전체 임금근로자 대비 고용보험 피보험자 수의 비율
			산재보험 가입률	전체 취업자 대비 산재보험 가입자 비율
			공적연금 수혜율	60세 이상 노인 중 국민연금과 기초노령연금을 받는 노인의 비율
건강권	의료 서비스 수급	증진 충족	건강보험 수혜율	전체인구 중 건강보험 급여 수혜자 비율
			건강보험 보장률	전체의료비 중 건강보험이 보장해 주는 비율
			의료급여환자본인부담률	의료급여 환자가 부담하는 본인부담금의 비율
			유질환자중 미치료자비율	환자들 중에서 병원에서 치료를 받지 못한 사람의 비율
	예방의료	증진 충족	소아예방 접종률	권고한 기간 동안 해당 예방접종을 받는 소아 인구의 비율
			노인인플루엔자 접종률	65세 이상 노인 중 인플루엔자 예방접종을 받은 노인 비율
			주요 질환에 의한 사망률	주요 질환(암,순환기질환, 자살, 손상 등)에 의한 사망율

주거권	적정 주택	존중 보호	최저주거기준 미달가구 비율	주택법의 최저주거기준 미달 가구의 수 (가구당 최소면적·침실 개수기준, 시설 기준)
	주거 안정성	증진 충족	강제철거 및 퇴거가구 수	지난 1년 동안 1000명당 강제철거 및 퇴거된 가구수
			공공임대주택 가구 비율	전체 가구 중 공공임대주택 가구 비율
노동권	근로	증진 충족	고용률	취업자 / 생산가능인구(경제활동인구 + 비경제활동인구) × 100
			실업률	경제활동인구 - 취업자 /경제활동인구 × 100
			여성 고용률	25~54세 여성의 고용률
			장애인 고용률	25~54세 장애인의 고용률
	공정하고 안전한 근로조건	보호 존중/ 증진 충족	최저임금적용 근로자비율	최저임금기준의 적용을 받는 근로자 비율
			여성근로자의 동일임금률	남성근로자 임금 대비 여성근로자의 임금 비율
			산재발생률	근로자 1000명당 연간 산재발생률
	집단적 노사관계	증진 충족	노동조합 조직률	조합원수 / 임금근로자 - 공무원×100
			단체협약 적용률	단체협약을 적용하고 있는 기업 수 / 전체 기업 수×100
			공무원 노동조합조직률	공무원 조합원수 / 노조가입허용 공무원 수×100
교육권	아동기의 중등교육	증진 충족	고등학교 교육 탈락률	고등학교 교육 탈락자의 비율
	성년기의 평생교육	증진 충족	평생학습참여비율	20-64세 성인인구 중 직업훈련 등 평생학습 참여자의 비율

첫째, 소득보장권은 모든 시민이 인간다운 삶을 영위할 수 있는 수준의 소득을 유지할 권리를 말한다. 국가는 각 개인이 소득 중단이라는 사회적 위험에 대처할 수 있도록 사회보험과 공공부조를 통해 소득 이전자의 역할을 수행하고 있다. 모든 시민이 소득보장의 권리를 향유하기 위해서는 소득보장제도로부터 배제된 집단이 없어야 한다. 그러나 우리나라의 사회보험제도는 광범위한 사각지대가 존재하고 있고, 공공부조 역시 수급조건 기준으로 인해 가구의 소득인정액이 최저생계비 미만이지만 부양의무자 기준을 충족하지 못하여 수급대상에서 제외된

비수급 빈곤가구를 양산한다. 이러한 사회보장제도 현실을 고려하여, 소득보장권은 최저생계유지에 대한 권리와 소득보장 포괄성에 대한 권리로 나누어 살펴보기로 한다. 최저생계유지에 대한 권리는 국가의 최저 핵심의무이며, 국가가 즉각적으로 이행해야 할 즉시 이행의무에 속한다. 최저생계유지에 대한 권리의 실현정도를 파악하기 위하여 가구소득이 최저생계비 미만인 가구 비율인 절대빈곤율을 지표로 선정하였다. 국가는 소득보장 포괄성에 대한 권리를 실현하기 위하여 증진 및 충족 의무를 지닌다. 소득보장 포괄싱을 나타내는 지표로, 국민연금·산재보험·고용보험의 가입율과 공적연금 수혜율을 지표로 하였다.

둘째, 건강권은 모든 시민이 신체적·정신적 건강을 향유할 권리를 말한다. 센이 지적하는 바와 같이 건강은 인간 삶의 가장 중요한 조건중 하나이며, 인간능력(capability)의 핵심 요소이다(Sen, 2002). 건강권이 실현되기 위해서는 모든 시민이 의료서비스를 이용할 수 있어야 하며(availability), 접근 가능해야 하며(accessibility), 수용할 수 있는 방식으로 제공되어야 하며(acceptability), 양질의 서비스여야 한다(quality)(인권운동사랑방, 2006: 247). 이를 위하여 국가는 의료서비스를 직접적으로 제공할 뿐 아니라 비영리 시설을 재정적으로 지원하거나 민간 의료기관에 대한 적절한 규제를 행사하는 등의 노력을 기울인다. 건강권의 세부 내용은 의료서비스를 제공받을 권리와 예방의료에 대한 권리로 나누어 볼 수 있다. 이 두 권리를 실현하기 위하여 국가는 행동계획을 세우고 가용자원의 범위 내에서 점진적으로 노력하는 증진 및 충족의 의무를 지닌다. 의료서비스를 제공받을 권리는 우리나라 의료보장제도를 고려하여, 건강보험 수혜율, 건강보험 보장률, 의료급여 대상자 본인부담률, 유질환자중 미치료자 비율을 지표로 선택하였다. 예방의료에 대한 권리는 소아 예방접종률, 노인 인플루엔자 예방접종률, 주요질환 사망률을 지표로 선정하였다.

셋째, 주거권은 인간으로서 존엄과 가치를 유지하기 위하여 필요한 최소한의 주거수준(housing minimum standard)에 대한 권리를 말한다.

주거권은 적정주거(adequate housing)에 대한 권리와 주거 안정성에 대한 권리를 포함하였다. 적정 주거에 대한 권리를 실현하기 위하여 국가는 최저 주거수준을 보장할 즉시 이행의무를 지닌다. 적정 주거에 대한 권리 실현은 최저 주거기준 미달 가구 비율[11]을 통하여 확인할 수 있다. 주거 안정성에 대한 권리를 실현하기 위하여 국가는 점진적으로 노력하는 증진 및 충족 의무를 지닌다. 공공임대주택 가구비율과 강제철거 및 퇴거 가구 수를 지표로 선정하였다.

넷째, 노동권은 모든 시민이 노동의 권리와 의무를 지닌다는 것을 전제하며, 근로자가 개별적 · 집단적 노사관계에서 향유하는 권리를 말한다. 노동권은 근로 권리, 공정하고 안전한 근로조건 권리, 집단적 노사관계 권리를 포함하였다(International Covenant on Economic, Social and Cultural Rights, Code 6-8). 근로 권리는 개인이 자유롭게 선택하거나 수락한 노동에 의하여 생계를 영위할 권리를 말하며, 이를 실현하기 위하여 국가는 증진 및 충족 의무를 지닌다. 근로 권리의 실현 정도는 고용률, 실업률, 여성 고용률, 장애인 고용률을 지표로 한다. 공정하고 안전한 근로조건 권리는 근로자가 자신과 그 가족의 인간다운 생활을 위한 최저임금 이상의 보수를 지급받으며, 동일가치 노동에 대한 동등한 보수와 근로조건을 적용받고, 안전한 작업환경을 보장받는 등의 내용을 포함한다. 공정하고 안전한 근로조건의 권리를 실현하기 위하여 국가는 존중 및 보호 의무와 함께 증진 및 충족 의무를 지닌다. 이에 대한 지표는 최저임금 적용 근로자 비율, 여성근로자의 동일임금 비율, 산재발생률을 선정하였다. 집단적 노사관계 권리는 근로자들이 노동조합을 결성하고, 노동조합에 가입하고, 파업할 수 있는 권리를 말하며, 국가는 이를 위한 존중 및 보호 의무를 지닌다. 집단적 노사관계의 권

---

11) 건설교통부가 2004년에 발표한 최저주거기준을 보면, 가구구성별 최소면적 및 용도별 방의 개수, 필수적 설비기준, 주택의 구조 · 성능 및 환경기준을 포함하고 있다.

리 지표는 노동조합 조직률, 단체협약 적용률, 그리고 공무원의 노동조합 조직률을 선정하였다.

다섯째, 교육권은 모든 시민이 능력에 따라 균등하게 교육받을 권리를 가진다는 것을 말한다. 교육권은 교육기회의 평등뿐만 아니라 교육결과의 평등을 위한 노력이라는 점에서 교육을 가로막는 구조적 요인을 제거하고 차별받기 쉬운 집단을 위한 적극적 조치를 포함한다. 교육권은 아동기의 중등교육에 대한 권리와 성년기의 평생교육에 대한 권리로 나누어 볼 수 있으며, 국가는 교육권을 실현하기 위하여 점진적으로 노력하는 증진 및 충족 의무를 지닌다. 대학 진학률이 83%에 달하는 우리나라 현실을 고려하여 중등교육에 대한 권리는 고등학교 교육 탈락자 비율을 지표로 한다. 평생교육에 대한 권리는 경제활동인구 중에서 직업훈련 등 평생학습에 참여한 교육훈련자의 비율을 지표로 선정한다.

V. 결론

사회복지의 공공성은 일반적으로 사회복지 공급과정에서 국가역할을 의미한다. 이 논문에서는 사회복지의 공공성을 형식적 측면과 실질적 측면으로 나누어 살펴볼 것을 제안하였다. 전자는 사회복지 공급과정에서 국가, 시장, 가족, 비영리조직, 기업 간에 복지가 생산 배분되는 양식을 나타내는 복지혼합에서 국가가 차지하는 역할을 통하여, 후자는 복지혼합이 초래하는 복지결과라고 할 수 있는 사회권을 통하여 파악할 것을 주장하였다. 특히, 인간다운 삶을 영위할 권리를 지칭하는 사회권의 추상성을 구체적 수준으로 낮추어 실질적 측면에서 사회복지의 공공성을 파악하고자 하였다. 즉, 사회권의 영역을 소득보장권,

건강권, 주거권, 노동권, 교육권의 5대 영역으로 구분하고, 각각의 영역에서 전 국민이 향유하는 권리의 내용을 규명하였으며, 각 권리의 실현 정도를 나타낼 수 있는 지표를 제시하였다. 국가는 사회권 실현에 대한 의무를 지니기 때문에 각 영역의 세부적 권리를 실현하기 위한 사회정책과 프로그램을 발전시켜 나가야 한다.

사회복지의 공공성을 형식적 측면과 실질적 측면으로 나누어 이해하는 것은 최근의 복지국가 변화를 고려할 때 이론적 측면뿐 아니라 실천적 측면에서도 의의가 있다. 사회복지를 위한 국가의 역할이 축소되며, 복지에 대한 개인의 책임과 근로의 의무가 강조되는 현실에서 복지혼합에 대한 분석은 국가, 시장, 가족, 기업, 비영리조직 간의 복지공급 구조의 변화를 실증적으로 보여 줌으로써 사회복지를 위한 국가의 역할을 보여준다. 그리고 실질적 측면에서 사회복지의 공공성을 사회권을 중심으로 이해함으로써 모든 사회구성원들이 인간다운 삶을 영위하기 위하여 국가가 즉각적으로 이행해야 할 의무와 점진적으로 이행할 의무가 무엇인지 밝히고, 이를 위한 국가의 전략적 접근이 가능하도록 한다. 사회복지의 공공성 강화라는 과제를 추진함에 있어서 사회복지를 위한 국가역할의 확대라는 형식적 측면에 국한하여 이해하는 데 그치지 않고, 사회권의 세부 권리 내용을 중심으로 실질적 측면에서 사회복지의 공공성을 이해하는 노력이 필요하다.

참고문헌

강신욱 외. 2005. 『사회적 배제의 지표개발 및 적용방안 연구』. 한국보건사회연구원.

김연명. 2009. "동아시아 복지체제론의 재검토." 정무권 편. 『한국복지국가의 성격논쟁 II』. 인간과 복지 : 167-198.

김진욱. 2009. "한국의 복지혼합과 복지체제." 정무권 편. 『한국복지국가의 성격논쟁 II』. 인간과 복지 : 595-632.

김태일. 2008. "공공성과 사회복지정책: 국민연금을 중심으로." 윤수재 외(편). 『새로운 시대의 공공성연구』. 한국행정연구원 : 339-370.

문진영 외. 2008. 『사회권 지표개발을 위한 기초연구』. 국가인권위원회.

박찬운. 2008. "한국에서의 RBA에 입각한 사회권 증진 방안 소고." 국가인권위원회, 『한국사회정책학회. 해외전문가초청토론회 자료집』.

석재은. 2009. "한국 장기요양서비스의 복지혼합: OECD 국가들과의 비교적 접근." 정무권 편, 『한국복지국가의 성격논쟁 II』. 인간과 복지 : 811-854.

소영진. 2003. "행정학의 위기와 공공성 문제." 『정부학연구』 제9권 1호 : 5-22.

_____. 2008. "공공성의 개념적 접근." 윤수재 외(편). 『새로운 시대의 공공성연구』. 한국행정연구원 : 22-45.

안치민. 2006. "사회권의 성격과 사회권 보장." 『한국사회복지학』 제58권 4호 : 371-392.

우명숙. 2009. "한국여성의 경제적 시민권과 생산적 복지개혁의 한계." 정무권 편. 『한국복지국가의 성격논쟁 II』. 인간과 복지 : 547-594.

인권운동사랑방. 2006. 『경제적 · 사회적 · 문화적 권리에 관한 국제규약해설집』. 국가인권위원회.

임의영. 2003. "공공성의 개념, 위기, 활성화 조건." 『정부학연구』 제9권 1호 : 23-50.

장지연. 2009. "한국사회 젠더레짐과 복지국가의 성격." 정무권 편. 『한국복지국가의 성격논쟁 II』. 인간과 복지 : 493-534.

정무권. 2008. "공공성과 보건정책: 건강보험을 중심으로." 윤수재 외(편).

『새로운 시대의 공공성연구』. 한국행정연구원 : 396-419.

통계청. 2009. 『2009년 사회조사결과: 복지 · 문화와여가 · 소득과소비 · 노
동 · 사회참여』. 통계청.

Boix, C. 2000. "Democracy, Development and the Public Sector." *American Journal of
Political Science* 45(1): 1-17.

Esping-Andersen, G. 1990. *The Three Worlds of Welfare Capitalism*. Cambridge:
Polity.

_____. 1999. *Social Foundation of Post-Industrial Economies*. Oxford: Oxford
University Press.

_____. "Towards the Good Society, Once Again?" In G. Esping-Andersen, D. Gallie, A.
Hemerijck and J. Myles. *Why We Need a New Welfare State*. Oxford: Oxford
University Press: 1-25.

Giaimo, S. and Manow, P. 1999. "Adapting welfare state: the case of health care reform
in Britain, Germany, and the United States." *Comparative Political Studies*
32(8): 967-1000.

Gilbert, N. and B, Gilbert. 1989. *The Enabling State: Modern welfare capitalism in
America*. New York: Oxford University Press.

Gough, I. 1999. "Welfare regime: On adapting the framework to developing
countries." *SPDC working paper,* University of Bath.

Jessop, B. 1993. "Towards a Schumpeterian Workfare State? preliminary remarks on
post-Fordist political economy." *Studies in Political Economy.* 40: 7-39.

Marshall, T. H. (ed.). 1964. "Citizenship and Social Class. in T. H. Marshall, Class,
Citizenship and Social Development." *Westport CT: Greenwood Press
Publishers:* 64-122.

Marshall, T. H. and T. Bottomore. 1992. *Citizenship and Social Class.* London: Pluto.

Sen, A. 2002. "Why health equity?" *Health Economics* 11(8): 659-666.

Room, G. 2000. "Coomodification and decommodification: a developmental
critique." *Policy & Politics.* 28(3): 331-351.

Shin, D.-M. 2003. *Social and Economic Policies in Korea: Ideas, Networks and
Linkages.* London: RoutledgeCurzon.

Standing G. 1999. *Global Labour Flexibility: Seeking distributive justice.* New York:

St. Martin's Press.

Taylor-Gooby, P. 2009. *Reframing Social Citizenship.* Oxford: Oxford University Press.

Wendt C., L. Frisina and H. Rothgang. 2009. "Health System Types: A Conceptual Framework for Comparison." *Social Policy & Administration* 43(1): 70-90.

부록 I　　안 마리 기유마르 교수 논문의 영문본

• appendix A

Social Investment and Activation:
New welfare paradigms to adjust to increasing longevity and demographic ageing

Anne-Marie Guillemard(Université Paris Descartes)

[Article translated from French by Noal Mellott (CNRS, Paris, France)]

[Abstract] The consequences of demographic aging and increasing longevity are mainly seen through the single prism of pensions and the reforms to undertake for guaranteeing the future of pension systems and rebalancing social transfers between the economically active and retirees. This extremely reductionistic view uses the old paradigms of the post-WW II welfare state to conceive the solutions to problems in this new millennium. But the question of aging affects all dimensions in our societies: our ways of working, of distributing socially defined periods of time over the life course, of providing coverage for risks, of defining the identity of each stage of life and relations between generations—all these are undergoing deep changes. We must break free of a shortsighted view, which sees pension reform as the principal response to demographic trends. Instead, the deep social changes that have taken place since the industrial era should lead us to reexamine our ways of thinking about and ensuring solidarity between age-groups and generations. Taking up the challenge of an ageing population and longer life span can be an opportunity for developed societies — the opportunity to invent a new age management with synergy between generations, to reconfigure welfare so as to guarantee the security of individuals in an organization of the life course that is now flexible and uncertain. All this calls for more preventive welfare instruments for developing human capital and mobility throughout the life course. These new paradigms of social investment and activation should reconfigure welfare to enable it to respond to the challenges of an ageing, long-life society. They can serve as the basis for a strategy capable of turning demographic ageing into an opportunity for building a society based on solidarity for all ages of life.

Ageing and longevity: New interactions between employment and welfare over the life course

A longer life span challenges the whole cultural pattern whereby the ages of have been organized life along with socially defined periods of time. The tripartite model of the life course — education for the young, work for the middle-aged, retirement for the old — that gradually took shape during the industrial era has come under question. As much can be said about the organization of the welfare system, since it has been built up around these three ages and their associated risks. The contract between generations on retirement, agreed upon in 1945, is back on the agenda.

Retirement today: An tripartite life-course organization inherited from the industrial era

Retirement systems are currently based on a tacit contract between generations. This contract provided for distributing periods of work and inactivity over the life course; and it defined the profiles of risks to be covered by social insurance as a function of age. Worked out during the development of industrial society, this contract reflected a specific arrangement of: the individual' s employment status, the contents of welfare and the life-course organization. Under the tripartite model, the major period of inactivity was assigned to old age with compensation through social transfers via pension systems. After WW II, it was urgent to establish a universal right to retirement for "old people", the poorest segment of the population in developed countries. In exchange for this right to rest at the end of life, young people and adults were reserved the right to steady, lifelong jobs following a short period of education. The construction of retirement systems was, along with other social policies, a powerful factor in institutionalizing and standardizing the life course. The three ages of life were specialized: education for the young, work for adults and inactivity on a pension for the old.

The sociology of the life course has shown how strongly the welfare state's development has interacted with the social organization of the life course (Mayer and Schoepflin 1989; Kohli 1987). For example, the laws on child labor, the age of retirement and obligatory schooling all set landmarks in industrial society's tripartite organization of the life course. Owing to its universal social entitlements and formal rules, many of them formulated in terms of age, the welfare state has "hierarchized", "standardized" and "chronologized" life events. As the welfare state developed, the three successive stages in the life course were defined; and their chronological boundaries, set. These age boundaries were thresholds marking the irreversible passage from one stage of life to the next with its status and function. At the same time, forms of competition or solidarity between age-groups were defined.

The construction of welfare systems also had a major impact on biographies. It provided the individual with a long, comprehensible time frame for the unfolding of his/her life course in three successive stages marked with age-related boundaries.

The calendar for passing from one age to the next was foreseeable. According to Mayer and Schoepflin (1989:198):

> "In the welfare state, the continuous flow of life is transformed into a series of situations, all of which have a clear, formal definition [...] Periodization of life and proliferation of sharp transitions which derive from the social insurance system combine into a lifelong biographical pattern."

Age thus became the means used to mark the linear life course into irreversible stages. In all fields, the welfare state implemented what amounted to an age-based government, an "age police".[1] The division into age-groups was a widely adopted public policy instrument for dealing with social problems. This management by age-segmentation of the population soon became the key means for public interventions — for instance, when laws set the ages for starting to work, for schooling, or for stopping work and going on retirement. These laws have been relayed and extended by public programs that, in the fields of employment, education and social services, rely on age-based eligibility requirements.

Under the aforementioned tripartite model, work was the central stage in life. It imposed its system of a linear, quantitative and segmentable time. The time devoted to working was the pivot for indexing the other stages of life, the time for inactivity being the flip side of work. This dominance of work over the other socially defined stages of life accounts for the "synchronization" and "standardization" of biographical and occupational calendars during the industrial era. For men,[2] entry into adulthood meant holding a steady job and founding a family through marriage (soon followed by the birth of the first child).

---

1) "Age police" in line with the older meaning of government under the monarchy as "ruling". A. Percheron (1991) used this phrase in the chapter "Police et gestion des âges", where she writes, "The age police is the instrument and product of the welfare state, and constitutes a key dimension of any policy action."

2) It should be pointed out that the tripartite model was a standard of the life course for men alone, who were considered to be heads of household and breadwinners. Women, who were left for a long time on the fringes of the wage-earning world, experienced a temporality turned toward the household and provision of care. When they worked, their jobs were secondary, a way of "making ends meet."

The challenges of a new flexible life course in a knowledge-based society

The arrangement made by industrial society between work, welfare and the life course is coming undone. The organization of time is more flexible; and the socially defined periods of life have been thrown out of synch, "desynchronized". The time devoted to work has splintered. Work and free time or economic inactivity overlap during each stage of life. These stages have been despecialized; their boundaries, blurred (Guillemard 2010). They are no longer "monochronous"; and activities, no longer compartimentalized as a function of them. This blurring of ages has upset the orderly, hierarchized sequence of three stages. It has leveled age thresholds; and passages have become reversible. A family might be founded at the age of 40 or 50 with, eventually, late parenthood; grown-up children might go back to live with their parents or engage in a new period of education at the age of 40; etc. Given this new tangle of periods, biographical itineraries no longer correspond to the traditional sequence under the tripartite organization of the life course. Biographies are increasingly complex and uncertain. The normative reformatting of the life course, along with the destandardization of biographical itineraries, means that it is hard to foresee how life will unfold. The life course is flexible, more individualized. It risks becoming chaotic.

The upheaval in the organization of the life course can be set down to several factors.

First of all, labor changes, related to the decline of Fordism in manufacturing and the emergence of networks and of an information or knowledge-based society, are making career itineraries less stable and less continuous.

Secondly, the welfare system, with its lists of risks and corresponding entitlements, is having trouble covering the new risk profiles related to these less certain biographical itineraries with their repeated movements between economic activity and inactivity (Guillemard 2005). The industrial era's rigid welfare instruments are increasingly inadequate for addressing the new needs for security associated with more flexible occupational itineraries. There is the need for protection from the rapid obsolescence of know-how and qualifications, for mobility of all sorts and for several "reconversions" during the course. All this necessitates coverage for periods of inactivity affecting all age-groups, not just old age. Inactivity no longer accumulates at the end of the life course in the form of retirement alone.

Thirdly, demographic changes related to the longer life span and the ageing of the population are threatening industrial society's tripartite life-course model. In recent decades, advances in longevity, which lead to a longer life in good health, are paradoxical in relation to the considerably shorter time being devoted to work over the life course. The shortening of the worklife can be set down to the inability of developed countries, especially in Europe, to find responses to employment problems that are compatible with the ageing of the population there.

The trend toward an extended period of inactivity at the end of the worklife is, obviously, untenable given the demographic ageing of developed societies since 2010. It represents a twofold menace. For one thing, it imperils the organization of social transfers through pensions systems between generations. For another, the shorter time devoted to work prompts questions about the size of the workforce needed by the economies of developed countries and about a possible labor shortage.

The response to this twofold menace lies in a better distribution of work opportunities among age-groups and generations. However trends in the labor market make it hard for us to discern efforts in this sense, at least in France, Belgium and certain southern European countries. The coming of a knowledge-based, information society has destabilized the rules for keeping older wage-earners in the workforce and extending to them the benefits of promotions on the company's internal labor market (Guillemard 2010). The reorganization of manufacturing has very often swept aside the experience acquired by older workers. This experience represented most of their "capital". In some cases, the pace of technological changes has made workers obsolescent. The new ways of organizing work and production in firms usually entail recruiting young people, who are better educated and less expensive, and ejecting older employees from the workforce. But practices of this sort will soon run up against two obstacles: the ageing of the workforce and labor shortages. These obstacles are already cropping up. During the period 2006-2015 in Europe, thin cohorts of young people born after the baby-boom will be entering the labor market while masses of baby-boomers will be going on retirement. It is now predicted that much of the labor force in developed countries will be made up of persons over the age of 45, a category whose careers are now in jeopardy in several European countries.

Continental and southern Europe: Age as the main variable for adjusting to fluctuations in the labor market

Our comparative studies of policies and practices regarding the second part of careers on three continents (Europe, North America and in Japan) have shown that these societies have not all chosen the same policy options to cope with demographic ageing (Guillemard 2005). They have adopted quite different strategies with respect to employment, education, training and welfare, which can be summarized as two opposite strategies.

The one strategy, characteristic of continental Europe (and France in particular) has opted to compensate older wage-earners who exit early from the labor market and to thus "share" jobs with young people. Older wage-earners were offered advantageous conditions in compensation for early exit. They were assigned the status of being on welfare (preretirement, early retirement, unemployment insurance, disability) at a time when changes in the world of work and the intensification of work processes hardly provided them with attractive prospects at the workplace. Age thus gradually became a legal criterion for dispensing them from working. It was said that they could not be reclassified, that they were unemployable. As a result, age soon became the principal variable for adjusting to fluctuations in the labor market.

Employment policies pursued a systematic rationale of age-based segmentation and discrimination. As a result, young as well as older people were pushed onto the fringes of the labor market. The young were said to be a "category to integrate" thanks to public policies (Van de Velde 2007). The old were ejected into various categories of long inactivity with the prospect of eventually entering the retirement system. These measures have not had the hoped-for effects on employment and unemployment, but they have deeply altered mentalities and endowed society with what I have called an "early exit culture". Among the many perverse effects of this, a major one has been to pit welfare against employment, thus worsening the situation this strategy was intended to fix.[3]

The second strategy, corresponding to radically different policy options, has been adopted mainly in Scandinavia and Japan. The response to the increasing vulnerability of wage-earners over the age of 45 has taken the form of active, targeted labor market policies in their behalf, the aim being to help reclassify them and keep them in the labor market. This strategy seeks to maintain the "right to a job at any age" instead of providing compensation for exiting early. A "culture for the right to a job at any age" has emerged. It is based on a sort of agreement that makes it an obligation for people to work, regardless of their age, in exchange for the offer, insured by society, of numerous opportunities for staying in employment.

It is noteworthy that this second strategy, unlike the first, favors public policies that are "age neutral". Policies target needs instead of age-groups. In contrast, the first strategy multiplies age-based measures. These have reinforced age barriers and discriminatory behaviors based on age, a process clearly under way in France.

In fact, France now stands out owing to its poor performance in the employment rates of both young and old. The employment activity rate of 55-64 year-olds is among the lowest in the world: 39% compared with 48% for the EU-15 (See Table 1). A little more than one out of three persons in this age-group is still working; and only 17% of those over 60 still have jobs. The median age of exit from the labor market is still 58 (58,9 in 2010), despite the 2003 pension reform and the phasing out of preretirement schemes. In continental Europe (and especially France), a correlation can be drawn between, on the one hand, the drop in older persons' employment activity rate and, on the other hand, the strategy of rationing the work of older wage-earners in an effort to "save" jobs. For several decades, employers, wage-earners and public authorities have agreed on this strategy.

---

3) Esping-Andersen (1996) has described as "welfare without work" the spiraling inactivity resulting from the strategy of providing compensation to the most vulnerable age-groups in the labor market. This spiral is typical of continental welfare states.

⟨Table 1⟩ Change in employment activity rate
(between 1995 and 2009, men and women)

Pays															
Allemagne	37,8	38,2	37,7	37,8	37,4	7,7	38,4	39,4	41,4	45,4	48,4	51,5	53,8	56,2	49
Belgique	23,3	22	22,5	24,7	25	25,2	25,8	28,1	30,1	31,8	32	34,4	34,5	35,3	51
Danemark	49,3	51,4	50,4	54,2	54,6	56,5	57,3	60,7	61,8	59,5	60,7	58,6	57	57,5	17
Espagne	32,1	34	35,3	34,9	36,8	39,1	39,7	40,8	41	43,1	44,1	44,6	45,6	44,1	37
Finlande	34,4	35,7	35,7	39,2	41,2	45,5	47,8	49,6	51,1	52,7	54,5	55	56,5	55,5	61
France	29,4	28,9	28,3	28,4	29,4	30,7	33,8	36,3	37,5	38,5	38,1	38,2	38,2	38,9	32
Italie	27,8	27,8	27,7	27,5	27,3	26,9	28,6	30	30,2	31,4	32,5	33,8	34,4	35,7	25
Pays-Bas	28,8	31,4	33	35,3	37,9	39,3	42	44,5	44,6	46,1	47,7	50,9	53	55,1	91
Portugal	45,5	46,8	50,2	50,7	51,3	50,7	51,9	51,7	50,1	50,5	50,1	50,9	50,8	49,7	11
Royaume-Uni	47,5	48,5	48,3	49,4	50,4	52,2	53,2	55,4	56,1	56,8	57,3	57,4	58	57,5	22
Suède	62	61,6	62,7	64,6	64,3	66,2	68,3	68,6	69	69,4	69,6	70	70,1	70	13
UE-15	35,8	36,4	36,4	37	37,5	38,4	39,8	41,5	42,3	44,2	45,3	46,5	47,4	48	33
Japon		64,2	63,8	63,4	62,8	62	61,6	62,1	63	63,9	64,7	66,1	66,3		3,3
Etats-Unis		57,2	57,7	57,7	57,8	58,6	59,5	59,9	59,9	60,8	61,8	61,8	62,1		8,6

Source: Eurostat (EFT).

In parallel, the employment activity rate of 15-24 year-olds is very low in France compared with the rest of Europe: 31% versus an average of 41% for the EU-15. It has slumped since the early 1980s despite the multiplication of measures for the social and occupational "inclusion" of young people. These poor results can be interpreted as the perverse effects of an extreme age-based management of employment, which has been the major factor in the construction of the early exit culture.

Policies such as these age-based ones do not just represent a set of rules and regulations for public interventions. They also form networks of motivations, justifications and references with a cognitive impact that molds the behaviors of all players in the labor market. This is the meaning I have given to "age culture", defined as a set of shared values and norms about how to conceive of the question of growing old and of the rights and obligations attached to age.

These policies have fostered age-based stereotypes in the workplace. Persons in their fifties are already approaching the end of their careers. They are said to be unemployable, since they are deemed less productive, reluctant to change their ways and, furthermore, expensive due to seniority. A similar reasoning has been applied to youth who, deemed to be inexperienced and less productive, are left on the fringes of the labor market where they precariously wait for an "occupational inclusion" that is yet to come. Age-based measures open a "corridor of action" for employer strategies (Mayntz and Scharpf 2001). For decades now, companies have opted for the easy solution of pushing ageing wage-earners out of the workforce. As a consequence, they have dispensed themselves from improving working conditions so as to prepare for the inevitable ageing of the workforce. They have not tried to update older wage-earners' skills and qualifications, or to give a boost to mobility during the second part of careers. Nor have employers given thought to the transfer of know-how between generations, to the conditions for recruiting young people and providing them with career prospects so as to make them part of the firm's loyal workforce.

This spiraling process has excluded the too young and too old from the labor market, a trend especially strong in France where only one generation is now at work. Economic production now relies almost entirely on 30~50 year-olds, a group experiencing more stress at the workplace as work processes intensify. As we know, this intensification is the opposite of adapting jobs to an ageing population. It reduces the capacity and motivation for staying in the workforce (Volkoff *et al*. 2000).

Since so little thought has been given to our conceptions of age and the cognitive frameworks that underlie the actions, motivations and justifications that mold behaviors, reforms risk not being operational. Modifying the existing institutional framework, changing the retirement system's parameters or phasing out preretirement do not take issue with the early exit culture, which now has solid grounds in mentalities. Such a strategy is not up to the issues. It amounts to handling tomorrow's problems with yesterday's formulas and tools. It can have but disappointing results not on par with the unprecedented mobilization of the labor force necessary to address the challenge of demographic ageing in continental Europe.

Let us bear in mind that making the worklife longer is the factor with the most impact on balancing the books of pension systems owing to its double dividends, namely: an increase in the number of persons paying into pension funds and a reduction in the number drawing benefits. Young and old cannot be mobilized around employment by making marginal adjustments in existing arrangements. Maintaining persons over 50 in the labor market supposes that their employability has been maintained and that working conditions have been improved enough for them to be able to continue working. In turn, attracting and retaining young people in the labor market calls for designing new, motivating career prospects. In both cases, new strategies of social investment and activation for all ages are needed to cope with these challenges.

Toward a new solidarity between age-groups and generations around employment and retirement

From age-based management to managing age diversity

Age-based management seems to have reached its limits. It has lost relevance in the new context of temporal flexibility. It is no longer operational since the tripartite life-course model has come undone. This sort of management has proven incapable of responding to the new needs for security arising out of a highly mobile, flexible society where a literal revolution is taking place in the social definition of the ages of life. Worse yet, it has set off a spiral of perverse effects. It has reinforced barriers and stereotypes related to age, and even fostered age-based discrimination. It is time to invent the instruments for a new management of the population that is adapted to a worldwide, knowledge-based, long-life society. Instead of segmenting the population by age, the new policies should be

〈Table 2〉 Total Participation to training(vocational, unformal...)
by age group, in Europe

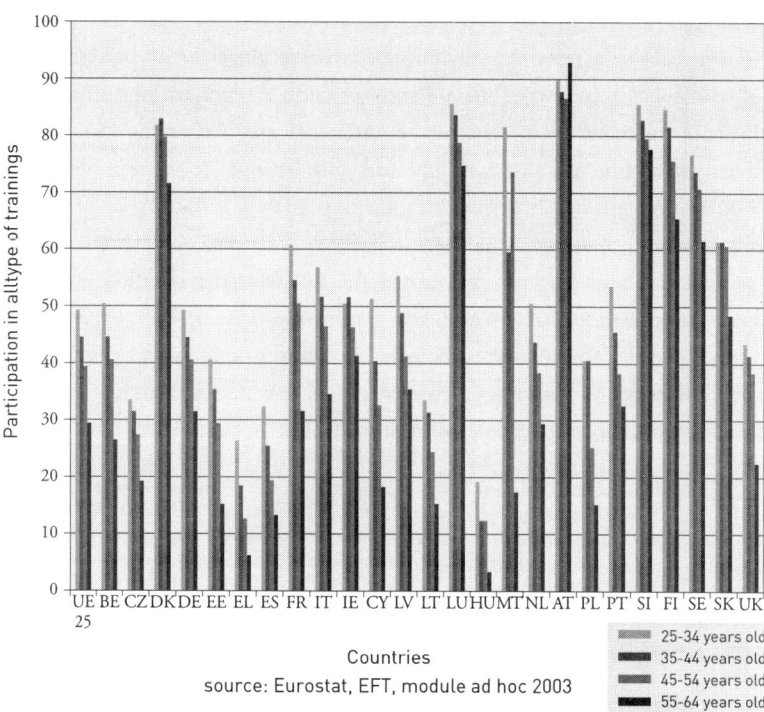

Countries
source: Eurostat, EFT, module ad hoc 2003

- 25-34 years old
- 35-44 years old
- 45-54 years old
- 55-64 years old

neutral with regard to age and adopt a life-course perspective. This calls for new conceptions about occupational itineraries and preventive social investments.

The Finnish example illustrates methods for developing a new management of age diversity and synergy between generations(Guillemard 2010). A forward-looking management of life-course itineraries and skills is a key element in such social policies. These innovative instruments already play a major role in constructing "social Europe". Education throughout the life course is already a reality in all Scandinavian countries. Finland is joining this group (See Table 2).

Another important life-course policy is to improve working conditions and promote well-being at the workplace. This, too, is an age-neutral policy. It benefits all age-groups and represents a fundamental tool for managing the diversity of ages in a long-life society. It is essential to make work "sustainable" and reduce its wear-and-tear if we want to make careers longer. As the European data show, there is, in any given country, a strong correlation between the quality of work and older workers's employment activity rate. These new policies for managing the life course have the objective of better controlling flows and trajectories in an ageing, long-life society. They call for a forward-looking management of itineraries during all ages of life. They entail inventing new forms of mobility, more horizontal than vertical.

The challenges of longevity and demographic ageing can thus become an opportunity for breaking with past methods based on segmentation by age. Another management of ages is to be invented, one in phase with the new requirements of a knowledge-based society, which requires that wage-earners be more mobile, more autonomous and better educated throughout life.

Reconfiguring welfare: From covering risks to providing security over the life-course

This more flexible life course calls for drawing up new profiles of the risks run over the life span. Welfare's current structure, with its lists of risks dating from the industrial era and of corresponding entitlements, is no longer capable of covering these new risks. At stake is the invention of a new security for ensuring continuity in the now individualized, uncertain life-course itineraries. From this perspective, welfare's main objective is no longer to repair the damage when an accident or event corresponding to a specific risk takes place, nor to guarantee the stability of jobs by socializing responsibility as in welfare states during the industrial era. The objective should be to make itineraries secure by providing the support necessary for the mobility and changes that now punctuate the life span (Guillemard 2008).

This is the new horizon of proposals for reconfiguring welfare, whether formulated in terms of "social investment" (Esping-Andersen 1996), "social drawing rights" (Supiot 1999) "asset-based welfare" or "transitional labor markets" (Gazier 2003). All these proposals seek to rework the paradigms underlying welfare programs dating from the industrial era and to define "an optimal management of uncertainty" (Ewald 1992:21). They have resolutely rejected making adjustments as a function of the business cycle and conducting partial reforms. Instead, they focus on the very architecture of the welfare system.

Compensation for risks is but one function among others to be assumed by welfare, which must now also provide support for the individual's autonomy by ensuring the continuity of his/her life-course itinerary despite alternating periods of economic activity and inactivity. The key is to maintain occupational aptitudes and employability. This calls for new guarantees. It is the very meaning of the concept of "social investment" developed by Esping-Andersen, for whom equal opportunity entails programs other than those for the maintaining and redistributing income. These new means are to guarantee the development of human capital and the access to education and occupational qualifications throughout the life span. They could provide more support to the most underprivileged.

Extending social security coverage to life-course itineraries, welfare's new objective, implies working out a new compromise on wages and revising the intergenerational contract. Under the industrial era's compromise, wage-earners accepted subordination to an employer in exchange for security. A new compromise should be worked out whereby wage-earners, whether young or old, would receive new guarantees concerning security and their prospects in exchange for the increasing mobility, autonomy and commitment demanded of them. In addition, the industrial era's intergenerational contract based on retirement must be redesigned. Specializing stages of the life course in work or inactivity is no longer in phase with the new flexible life course. We must change how periods of time for work, education and compensated inactivity are distributed over the life span. Individuals will have more choice as to their itineraries, and periods of inactivity with compensation will be spread out among all ages. All this goes in hand with a global, preventive strategy for active ageing so as to despecialize the ages of life and invent a new management of age diversity. Retirement could come later but, as a counterpart, there would be more choice. As a consequence, a standard retirement age imposed on everyone would no longer be the rule. Work would be spread out over the life span thanks to alternations between sabbaticals and employment.

Far from being a fatal catastrophe, the demographic challenges of ageing and longevity could lead to developing a social Europe that is more generous and cohesive, with a renovated form of solidarity between generations. These demographic trends do not imply that pensions will inevitably shrink and be served later in life, or that the welfare state will be dismantled. They can be an opportunity for "building a society for all ages" with more solidarity between generations, a society that pays more attention to age diversity. The way to achieve this is demanding. It calls for strong determination by public authorities. When examining the northern European countries that have taken up this challenge, we notice that they have innovative economies. They have fully entered into the new knowledge-based economy and modernized by developing a social investment state for supporting the autonomy and aptitudes of individuals throughout the life course.

Bibliography

Esping-Andersen, G. (1996). "Welfare states without work: The impasse of labour shedding and familialism in continental European social policy." in G. Esping-Andersen (ed.). *Welfare states in transition: National adaptations in global economies*. London: Sage, pp.66-87.

Ewald, F. (1992). "Responsabilité, solidarité, sécurité. La crise de la responsabilitéen France àla fin du 20e siècle." *Risques*, 10, pp.9-24.

Gazier, B. (2003). *Tous "sublimes" vers un nouveau plein-emploi*. Paris: Flammarion.

Guillemard, A.M. (2005a). "Politiques publiques et cultures de l'âge. Une perspective internationale." *Politix*, 18(72), pp.79-98.

Guillemard, A.M. (2005b). "The advent of a flexible life course and the reconfigurations of welfare." in Andersen, Guillemard, Jensen, Pfau- Effinger (eds.). *The Changing face of Welfare*. Bristol Policy Press, p.55-74.

Guillemard, A.M. (2008b). "Conclusion." in A.M. Guillemard (ed.). *Oùva la protection sociale?* Paris: Presses Universitaires de France, pp.376-386.

Guillemard, A.M. (2010). *Les défis du vieillissement. Âge, emploi, retraite. Perspectives internationales*. Paris: Armand Colin.

Kohli, M. (1987). "Retirement and the moral economy: An historical interpretation of the German case." in *Journal of aging studies*, I-2, pp.125-144.

Mayer K., Schoepflin, U. (1989). "The state and the life course." *Annual review of sociology*, XV, pp.187-209.

Mayntz, R. and F.W. Scharpf (2001). "Institutionnalisme centrésur les acteurs." *Politix*, 14(55), pp.95-123.

Percheron, A. (1991). "Police et gestion des âges." in A. Percheron et R. Remond (eds.). *Age et politique*, Pars: Economica, pp.111-139.

Supiot, A. (ed.) (1999). *Au-delàde l'emploi: Transformations du travail et devenir du droit du travail en Europe*, report for the European Commission, Paris: Flammarion.

Van de Velde, C. (2007). "La dépendance familiale des jeunes adultes en France. Traitement politique et enjeux normatifs" in S. Paugam (ed.). *Repenser la solidaritéau XXIème siècle,* Presses Universitaires de France, p. 315-334.

Volkoff, S., Molinié, A.F. and Jolivet, A. (2000). *Efficaces àtout âge? Vieillissement démographique et activités de travail*, Dossier du Centre d'Études de l'Emploi, 16, Paris: La Documentation Française.

부록 II   카미무라 야스히로 교수 논문의 영문본

• appendix B

Present and Future of the Japanese Welfare Regime:
A Way to Reconcile Stability with Flexibility?

KAMIMURA Yasuhiro (Nagoya University)

What is the current situation of the Japanese welfare regime? What are the sources of its competitiveness and weakness? How can we foresee its future? This paper provides a general overview of the issue. In the following sections, I will explain the characteristics of the Japanese welfare regime, which has heavily relied on companies and families (Section 1). After briefly looking at the social security schemes (Section 2), I will examine the challenges posed by postindustrialization and globalization (Section 3). Finally, I will argue that the future of the Japanese welfare model needs to be ascertained through deliberations among all stakeholders (Section 4).

1. Characteristics of the Japanese Welfare Regime

The Three Sacred Treasures

Why, at the beginning of a paper on the Japanese welfare regime, do I discuss companies? Because, in Japan, companies as well as the government have deeply committed themselves to the security of the livelihood of their workers and families.

The Japanese employment system has been characterized by: 1) long-term (lifelong) employment, 2) a seniority-based wage system, and 3) company unions. Long-term employment means that employees work for the same company from shortly after graduating college until retirement. A seniority-based wage system is one in which wages increase according to the years of service and age of an employee. Company unions are unions that are organized within companies. These characteristics were once called "the three sacred treasures" of the Japanese employment system (Odaka 1984).

Dore (1990) compared large companies in Japan and the United Kingdom, and highlighted the "organization-oriented" nature of Japanese firms in contrast with the "market-oriented" nature of British firms (Table 1). In organization-oriented companies, the longer an employee works for a company, the more her or his status and salary increase. Employees feel the company to be their own ("our company"), and expect that they will become a member of the management team one day. This type of company is suitable for manufacturing industries, because in manufacturing it is necessary to establish a cooperative relationship between management and labor in order to promote a constant improvement in quality.

Of course this is the ideal type—not all Japanese companies are like this. This kind of model applies only to regular employees in large companies, and it excludes part-time workers, dispatched workers, and contract workers. It is still important, however, to understand it in order to capture the characteristics of the Japanese welfare regime, for the latter has been based on this ideal type of Japanese employment system.

⟨Table 1⟩ Contrasting characteristics of the two systems

	Market-oriented system	Organization-oriented system
turnover rate	high	low
wage	equal pat for equal work	seniority-based
training expense	worker or government	company
entry into firm	at all levels	only at lower entry ports
social security	worker or government	firm
union	industry	individual enterprise
worker's identity	professional	involvement in the firm
motivation to work	self interest, competition	group interest, cooperation
definition of the firm	property of the shareholders	community of people
member of the company	shareholders	employees
managers	the shareholder's trusted agents	the senior members of the firm community
dominant objective	short-tenn profits, finance-oriented	long-term view, production-oriented

Source) Extracted from Dore (1990:422)

Welfare Provision by the Company

Dore points out that, in Japan, "firms assume responsibility for workers' security and welfare," whereas in the United Kingdom, "social security is primarily the responsibility of the worker or of the state" (Dore 1990: 424). In reality though, even British companies have corporate welfare schemes, while the Japanese government also has a social security system. It is correct, however, to say that the role of Japanese companies in this regard is much more important.

In Japan, regular workers of large companies enjoy long-term employment, which brings stability to their lives. Moreover, the seniority-based wage system provides a living wage, and pays more to middle-aged workers who have a family to support. These are points where the characteristics of the Japanese employment system directly serve as protection for the worker.

For their part, companies are required by law to cover half of the premium of an employee's social insurance (legal welfare). Moreover, companies provide various welfare programs for their employees (corporate welfare). In general, large companies have better corporate welfare programs than small and midsize companies.

Division of Roles

Japan's social expenditure-the cost of pensions, health, and welfare as a percentage of GDP, was 19.1% in 2005, which was relatively low compared with other advanced countries. Except for the 16.3% of the United States, the rates of other countries were higher than that of Japan-United Kingdom 21.8%, Germany 27.9%, France 29.4%, and Sweden 29.9%. (National Institute of Population and Social Security Research, Cost of Social Security Benefits 2007).

Wilensky (1984) suggested five reasons that explain Japan's relatively low social security expenditure at that time: 1) Young population (a low expenditure for pension and healthcare is enough to meet the needs of the relatively few elderly people); 2) Many opportunities for social mobility (less complaints by the poor if they feel they can be rich in the future); 3) Divided labor movement; 4) Corporate benefits for the lucky workers of large and growing firms; and, 5) Persistent family system that suppresses the need for the development of a welfare state.

Although these conditions have changed since then, it is especially important to know about corporate benefits and the family system in order to understand how the characteristics of the Japanese welfare regime were shaped. The Japanese welfare regime was based on the premise of the existence of powerful corporate welfare and family welfare. Moreover, these characteristics of the welfare regime themselves require the persistence of corporate welfare and family welfare.

2. Company and Social Security

Health Insurances

In Japan, people are covered by different public health insurance schemes according to their occupation. 1) Employees of large companies (30.86 million) are covered by the Corporate Health Insurance Societies. 2) Employees of small and midsize companies (36.29 million) are covered by the Japan Health Insurance Association. 3) Seamen (0.16 million) are covered by the Seamen's Insurance. 4) Public employees (9.37 million) are covered by the Mutual Aid Associations. 5) Farmers, the self-employed, and retirees (50.72 million) are covered by the National Health Insurance scheme.

Of the above schemes, 1)~4) are referred to as employees' insurance (occupational insurance), and they cover workers and their families. Premiums for these schemes are paid in equally by employer and employee. The National Health Insurance schemes are run by each municipality.

Corporate health insurance societies are established by large companies-those that have more than 700 employees. As of 2011, there are 1,447 societies across the country. They provide comprehensive health checkups free of charge and some have private recreation facilities. In contrast, the Japan Health Insurance Association and the National Health Insurance do not provide such services. Corporate health insurance societies provide the kind of fringe benefits that only large companies can.

Pensions

In terms of pension schemes, there is the Basic Pension scheme that covers all people. In addition, private-sector workers have the Employees' Pension Insurance, and public-sector workers have pensions from the Mutual Aid Associations. In addition, there are companies that provide additional corporate pensions for their employees. For their part, self-employed workers have only the Basic Pension.

The Employees' Pension Insurance provides a couple with 232,592 yen per month, on average, after reaching retirement age with 40 years of contribution, while the Basic Pension provides only 66,008 yen per month after the age of 65 with 40 years of contribution.

The pension system has served as useful tool for large companies that have many long-term regular workers, because: 1) The pension system makes it easy to retire older workers; and, 2) the corporate pension scheme promotes a long-term commitment on the part of employees. Note, however, that only about half of private-sector workers are covered by a corporate pension those who are regular workers of leading companies.

Employment Insurance: A Porous Safety Net

The Employment Insurance scheme provides unemployment benefit provided the unemployed person has paid the premiums for more than 12 months during the past two years. The amount of the benefit is 50~80% of her or his last wage, varied according to wage and age (low-wage earners and old workers are given favorable treatment). The maximum benefit period is basically one year.

The number of workers covered by employment insurance in 2009 was 37.51 million, which was slightly more than the number of regular employees (33.80 million). This means that most non-regular workers were not covered (legal coverage is not 100%). The number of recipients of unemployment benefit in 2009 was 0.97 million, while there were 3.36 million unemployed persons (effective coverage was less than 30%). This is a form of social exclusion.

3. Social Change and New Social Risks

What Does Postindustrialization Bring to Welfare Regimes?

In advanced countries, the era of postindustrialization came with the oil crisis of 1973. Bell (1973) described the nature of postindustrial society tactfully, which was summarized as follows. "While people worked with nature in preindustrial society, and worked with machines in industrial society, now people work with people in postindustrial society" (Yamazaki 2006: 62). In postindustrial society, dealing with knowledge and information or providing various services has become the major part of our employment.

Postindustrialization is changing the preconditions of welfare regimes. First, it may exacerbate inequality. According to Esping-Andersen (2009), in a knowledge-based society, those who are not well equipped with education and cognitive skills will be exposed to low incomes and employment insecurity. This is because the difference in individual productivity, which was less visible in manufacturing, has come to be apparent in jobs related to knowledge and information. Thus Esping-Andersen argues in favor of making pre-school education compulsory so as to reduce the disparity of cognitive skills.

Second, postindustrialization may reduce the advantage of long-term employment for employers. In manufacturing, employers could increase productivity by investing in the skill development of their employees. Employers prefer long-term employment with respect to recovering training costs, a preference that was also good for the livelihood security of employees. According to Nishimura (2009), however, the average number of years of service for workers in service industries is shorter than in manufacturing. This implies that employers in service industries do not have sufficient motivation to care for skill development and the stable employment of their employees.

Third, postindustrialization tends to weaken labor unions. The unionization rate in the service sector is lower than in manufacturing. Therefore, if the service sector grows, the unionization rate of the whole industries will decrease. Note, however, that this does not always happen. While all advanced countries have experienced postindustrialization in the past 40 years, the unionization rate has increased in Nordic countries such as Denmark, Finland and Sweden; although there are many opposite examples such as Japan, France, Germany, and the United States (OECD, Trade Union Density in OECD Countries 1960-2007).

The Various Consequences of Postindustrialization

The above suggests that the consequences of postindustrialization vary among countries. Here I would like to refer Esping-Andersen's three welfare regimes (Esping-Andersen 1990) to describe the different consequences of postindustrialization, and then think about the Japanese case.

Baumol (1967) argues that improvement in productivity is much difficult in the service sector than in manufacturing. He wittily explains, "A half hour horn quintet calls for the expenditure of 2.5 man hours in its performance, and any attempt to increase productivity here is likely to be viewed with concern by critics and audience alike" (Baumol 1967: 416). That means it is not easy to improve productivity-especially in personal social services such as child care and elderly care. As for services, we are thus confronted with a choice of a low wage or a government subsidy.

1) A liberal regime (Anglo-Saxon countries) pays a low wage for low productivity. Personal social services are provided by low-wage workers who are often immigrants. Thus postindustrialization may bring more inequality.

2) A social democratic regime (Nordic countries) pays a high wage with a state subsidy for less productive services. The wage levels of public employees for personal social services (mainly female) are maintained by high taxes, which are mainly paid by private-sector workers (mainly male).

3) A conservative regime (Continental Europe) has a less-developed service economy. Personal social services are provided by families, and services by the market and state are relatively less developed.

4) The Japanese regime has combined stable, high-wage employment for male regular workers with unstable, low-wage employment for female non-regular workers. This gender discrimination has contained income inequality among

households, while achieving flexibility, although the sustainability of this system is now in question.

Does Globalization Make the Welfare State Unsustainable?

What, then, does globalization bring to the welfare regimes? While globalization usually means "the increasing cross-border mobility of people, goods, and money, and the accompanied increase of interdependence among national societies" (Takegawa 2002: 122), the most relevant to the issue here is the economic aspect of globalization. As a result of increasing cross-border activities of companies, governments are forced to compete with each other in attracting companies.

Now employers have an exit option. If a company is not satisfied with the home country, it can move its factories or even its headquarters abroad, say to a country where the burden of taxes and social security is lighter. Even when they do not really exit, merely suggesting that "we can exit" strengthens their voice within the home country (as for the relationship between exit and voice, see Hirschman 1970). Now employers can say that if the government does not attract them by reducing the burden of taxes and social security, they will move their factories abroad.

It is not, however, simply because the burden of taxes and social security is less that a company locates its production sites in a certain country. Nor is labor cost alone crucial in this respect. Companies decide their location based on many factors. For example, the International Institute for Management Development (IMD) publishes a world competitiveness scoreboard every year. The scoreboard is an index of the conditions of each country as perceived by multinational companies, derived from the following factors: 1) economic performance (domestic economy, international trade, international investment, employment, prices); 2) government efficiency (public finance, fiscal policy [i.e. tax and social security burden], institutional framework, business legislation, societal framework); 3) business efficiency (productivity, labor market, finance, management practices,

〈Figure 1〉 Burden and competitiveness are not correlated

Data Sources) OECD, *Tax Revenue Statistics* (www.oecd.org/ctp/taxdatabase), International Institute
for Management Development, *World Competitiveness Yearbook 2010* (www.imd.ch/
research/publications/wcy)

attitudes and values); and, 4) infrastructure (basic infrastructure, technological
infrastructure, scientific infrastructure, health and environment, education).

<Figure 1> shows the relationship between the tax/social security burden and
the IMD competitiveness score of each country. There are many countries that
maintain a high competitiveness, even though their burdens are heavier than in
Japan.

Globalization fuels not only cost competition but also quality competition.
For advanced countries, it is better to compete in high-tech markets, rather than
to struggle with emerging countries in low-end markets. A country's social security
system can work to maintain a cooperative relationship between employers and
employees, which is crucial in enhancing quality. Thus, if we choose the high-tech

rather than the low-end road in global competition, we should not abandon our social security system.

In this regard, Japan is at a crossroads. As shown in Figure 1, the problem for Japan is not a heavy burden, but a decline in competitiveness. It is not clear whether competitiveness can be improved by reducing the burden of taxes and social security. Moreover, if we think about the ageing population and increasing social security costs, reducing the burden is not a realistic option. Rather, it would be advisable to learn from countries that maintain high competitiveness despite shouldering a heavy burden.

4. Searching for a New Model of Japanese Welfare

Corporatist Representative System for Discussing Reform

The environment of the Japanese welfare regime has changed as a result of postindustrialization and globalization. There have also emerged problems that the regime originally did not suppose, such as an ageing population and social exclusion. In this situation, reform of the social security system is being discussed. Here it is important to know about the various government councils that are attended by both representatives from the employers' association and the labor union.

The reason these representatives (as well as representatives from the medical association, as for health insurance) attend these councils is that they are stakeholders in reform (Hamaguchi 2009). Reform may change the burden, benefits and available services for employers, workers, and doctors. Thus they all have vested interests in reform, and express different opinions.

The peak employers' association is Nihonkeidanren (Japan Business Federation), which has 1,281 large companies. It insists: "We think social security is a scheme for sharing life risks that cannot be covered by self-help. Although we think we should maintain the idea of universal coverage of pensions and health insurance, we should not totally rely on them. People's lives should be based on self-help" (Nihonkeidanren 2004). This represents the idea that the welfare state should be kept as small as possible by relying on the self-help of the people.

The national center for unions is Rengo (Japanese Trade Union Confederation), which represents 6.8 million workers. It argues that: "By getting rid of the two insecurities of employment and old age, we should aim at a society that assures security for everyone based on social safety nets, and which is equal and open to all, departing from 'Japanese-style welfare,' which relies on family and company" (Rengo 2005). This represents the idea that the government should provide equal and adequate services for all.

Who Represents the Inarticulate Masses?

Contrary to the hostility they appear to have for each other, Nihonkeidanren and Rengo share a common character. Both represent the employers and employees of large companies. The members of Rengo are mainly regular workers, only 13% of whom join Rengo. It may become doubtful that Rengo will continue to represent the interests of all workers. Who represents unorganized non-regular workers and workers at small and midsize companies? Would it not be better to discuss reform in the Diet rather than in corporatist government councils which, in fact, represents only large companies?

There are, however, some merits in the corporatist system. First, a government council can deal with the social security issue from a professional point of view, while the Diet cannot concentrate on just one issue. Second, the corporatist representative system makes it easy to maintain cooperation between business and labor, which is important in maintaining the international competitiveness of industry. Third, for government and labor, it is useful to keep business within the system, when they have to ask business to share costs in a globalizing world.

The problem is the cleavages within labor. The interest of regular workers is different from that of non-regular workers, and there has been a large increase in the number of non-regular workers who are not represented by Rengo. There are three possible scenarios: 1) To care only for the livelihood security of regular workers, excluding non-regular workers; 2) To reduce the livelihood security of regular workers toward the level of non-regular workers; and, 3) To upgrade the livelihood security of non-regular workers to the level of regular workers. As the first option cannot be politically legitimized, it seems realistic to find a way between the second and the third options. Whether we can do it democratically or not will test the ability of corporatism.

How to Reconcile Stability with Flexibility?

The Japanese welfare regime has contained social security costs by depending on corporate welfare and family welfare. As introduced in the first section, Wilensky (1984) suggested five reasons that explain the relatively low social security expenditure at that time: 1) Young population; 2) Many opportunities for social mobility; 3) Divided labor movement; 4) Corporate benefits for the lucky workers of large and growing firms; and, 5) Persistent family system that suppresses the need for the development of a welfare state.

These conditions have changed over the past 30 years, however, in terms of: 1) Ageing population; 2) Fixed social stratification (the so-called gap society); 3) The establishment of Rengo (but a declining unionization rate on the other hand); 4) Diversified employment patterns and shrinking corporate welfare; and, 5) Low birthrate and an increasing divorce rate. Moreover, as shown in the previous section, postindustrialization and globalization have brought about massive changes. In this situation, corporate welfare and family welfare are no longer dependable. Their defects have become obvious in the increase of non-regular workers who do not receive corporate benefits, and child poverty exacerbated by the increasing divorce rate (Abe 2008). Although it is necessary to upgrade the social security system to cover the failure of corporate welfare and family welfare, there as yet is no consensus on increasing tax rates-which are inevitable if this is to be done.

How then can we conceptualize the future of the Japanese welfare regime? The report of the study group on the direction of employment policy (JILPT and the Ministry of Health, Labour and Welfare 2007) gives us a hint. According to the report, to reconcile the competitiveness of firms and the stability of workers' lives, it is necessary to achieve three essential goals: 1) Ensure equity (antidiscrimination, equal opportunity, etc.); 2) Ensure stability (skill development, improving the safety net, etc.); and, 3) Value diversity (introduction of a scheme that enables a flexible transition between regular and non-regular employment, etc.). This represents a hope for redressing the rigidity of the Japanese employment system, while preserving its merits. It is based on the idea that flexibility for competitiveness and security for the stability of workers' lives need to be reconciled (which is known as "flexicurity" in Europe).

This is easy to say, but hard to do, because the characteristics of the Japanese employment system, which was once the source of competitiveness and stability, have made it difficult to ensure equity and to value diversity. Is it possible to achieve these three goals at the same time? We do not want workers to lose the feeling of "our company," which is a source of strength for Japanese firms. We also want to maintain the corporate welfare that supports that feeling, as far as possible. To this end, the corporatist representative system is still important. At the same time, we should change a structure that excludes non-regular workers just to ensure stability for regular workers. It is necessary to reform the employment and social security system to enable transitions between regular and non-regular employment. This kind of claim may be made from outside the corporatist system. Discussions within and outside corporatism should both complement and counter each other. A new model for Japanese welfare should be hammered out in deliberations among all those who have a stake in the future of Japanese society.

Bibliography

[Japanese]

Abe, Aya. Child Poverty: Thinking about Inequality in Japan. Iwanami Shoten, 2008.

Hamaguchi, Keiichiro. A New Labor Society: For Reconstructing the Employment System. Iwanami Shoten, 2009.

JILPT and the Ministry of Health, Labour and Welfare. "Towards an Excellent Market Society: Equity, Stability and Diversity." 2007.

Nihonkeidanren. Towards a Comprehensive Reform of the Social Security System. 2004.

Nishimura, Yukimitsu. "Work Pattern as Livelihood Security and the Changing Skill Development: Between Employment and Welfare." Hiroshi Miyajima, Shuzo Nishimura, and Takanobu Kyogoku (eds.). Companies and Labor. University of Tokyo Press, 2009.

Odaka, Kunio. Japanese Management: Myth and Reality. Chuokoronsha, 1984.

Rengo. Social Security Vision for the 21st Century: Digest Version. 2005.

Takegawa, Shogo. "Globalization and the Welfare State: For the Cosmopolitan Social Policy." Mitsuo Ogura and Takamichi Kajita (eds.). Globalization and Social Change. University of Tokyo Press, 2002.

Yamazaki, Masakazu. Conversing Humans: Homo Sociabilis. Chuokoronsha, 2006.

[English]

Baumol, William. 1967. "Macroeconomics of Unbalanced Growth: The Anatomy of Urban Crisis." American Economic Review, No.57, 1967.

Bell, Daniel. The Coming of Post-industrial Society: A Venture in Social Forecasting. Basic Books, 1973.

Dore, Ronald. British Factory, Japanese Factory: The Origins of National Diversity in Industrial Relations. University of California Press, 1990.

Esping-Andersen, Gøsta. The Three Worlds of Welfare Capitalism. Polity Press, 1990.

_____. The Incomplete Revolution: Adapting Welfare States to Women's New Roles. Polity Press, 2009.

Hirschman, Albert. Exit, Voice, and Loyalty: Responses to Decline in Firms, Organizations, and States. Harvard University Press, 1970.

Wilensky, Harold. The Welfare State and Equality: Structural and Ideological Roots of Public Expenditures. University of California Press, 1975.

부록Ⅲ 영문 차례 (Contents)

• appendix C

Appendix

| 색 인 |

| ㄱ |

필자 소개 (원고 게재 순)

❖조영훈(Young Hoon Cho)

미국 UCLA 사회학과대학원에서〈Enterprise Unionism and the Development of the Japanese Welfare State〉의 논문으로 박사학위를 취득했으며, 삼성금융연구소 선임연구원을 거쳐 현재 동의대학교 사회복지학과 교수로 재직 중이다. 연구관심은 복지국가 비교와 복지국가의 변화이며, 국가별로는 일본, 한국, 캐나다, 영국, 미국, 스웨덴, 칠레, 멕시코에 대한 글을 썼다. 저서로『변화하는 세계, 변화하는 복지국가』(2004),『일본복지국가의 어제와 오늘』(2006),『캐나다 복지국가 연구』(곧 출간예정)가 있고, 공저로『사회서비스분야 일자리 창출 방안에 대한 연구』(2006)와『사회문제론』(2008)이 있다.『한국복지국가 성격 논쟁 1』(2002)과『한국복지국가 성격 논쟁 2』(2009)에 기고하였다.(yh1cho@deu.ac.kr)

❖안 마리 기유마르(Anne-Marie Guillemard)

파리 데카르트 소르본느 대학교(파리 5대학)의 사회 및 인문대 명예 교수로 재직 중이다. 프랑스 대학 연구원(Institut Universitaire de France), 유럽 아카데미(Academia Europaea), '유럽 시민사회와 새로운 거버넌스' 전문가 네트워크, '고령화 유럽의 노인 잠재성 활성화' 유럽 연구자 컨소시엄의 회원이기도 하다. 또한 그녀는 *Revue française de sociologie*(프랑스 사회학회지), *Ageing and Society*, *Hallym International Journal of Ageing*(Baywood Publishing Company), *Retraite et Société*(은퇴와 사회)의 편집위원으로 활동 중이다. 그녀의 관심 분야는 복지정책 국제 비교, 퇴직 체계와 고용, 공사 영역에서의 연령 관리, 세대간 계약 및 복지국가 개혁 등이다. 최근의 단독 저서로서는 *Les défis du vieillissement, Age, Emploi, Retraite. Perspectives internationales*(고령화, 연령, 고용 그리고 퇴직의 도전: 국제적 관점, 2010)가 있으며 공저로서 *Où va la protection sociale?*(사회보호, 어디로 가고 있는가?, 2008), *The Changing Face of Welfare*(2005)가 있다. (amg@ehess.fr)

❖ 심창학(Chang Hack Shim)

파리 4대학(파리-소르본느 대학)에서 〈프랑스 사회보장 제도 형성 (1944-1949): 보편주의와 통합주의간의 비양립성〉으로 박사학위를 받았으며, 현재 경상대학교 사회복지학과 교수로 재직중이다. 주요 관심 분야는 비교사회정책, 빈곤 및 사회적 배제, 활성화 전략(activation strategy), 복지 레짐 이다. 저서로 『프랑스 산재보험제도 연구』(2003), 공동 저서로 『사회안전망과 고용안전망 연계의 국내외 사례연구』 (2011), 『사회정책과 인권』(2011), 『사회적 일자리 창출에 관한 국내외 사례 연구』(2010)가 있으며 이외 『비정규 노동과 복지』(2011), 『주요 국가들의 경제위기탈출과 고용전략』(2009), 『프랑스의 행정과 공공정책』(2008), 『비교빈곤정책론』(2005), 『세계의 노인복지정책』(2005) 등에 글을 실었다.(chshim@gnu.kr)

❖ 김진욱(Jin Wook Kim)

영국 바스대학에서 〈한국의 복지혼합 1987-2002: 환경, 제도, 복지 정치의 역동성〉으로 사회정책학 박사학위를 받았으며, 현재 서강대학교 신학대학원 사회복지학과 부교수로 있다. 주요 관심 분야는 비교사회정책, 여성가족정책, 빈곤 및 소득불평등, 사회서비스 등이다. 저서로는 『한국의 복지혼합』(발간예정)이 있으며, 『한국복지국가 성격논쟁2』(2009), 『한국복지국가의 전망』(2010) 등에 글을 실었다. 이외에 *International Journal of Social Welfare, Ageing and Society, Policy and Politics* 등의 국제저명학술지에 다수의 논문을 발표하였다.(sspjwk@sogang.ac.kr)

❖ 카미무라 야스히로(Yashuhiro Kamimura)

동경대학 사회학과 박사과정을 수료하고 호세이(法政)대학 사회과학부 부교수를 거쳐 현재 나고야(名古屋)대학 대학원 사회환경학전공 부교수로 재직 중이다. 주요 관심분야는 복지사회학, 비교사회학, 동아시아 사회정책 등이다. 주요 저서와 논문으로는 『東アジアの福祉システム構築』(편저, 2003), "福祉政策の課題と国際比較"(2009), "社会問題と社会政策"(2009), "雇用構造と若者の就業:日韓台の労働統計の比較分析"(2009), "The Tripartite Relationship and Social Policy in Taiwan: Searching for a New Corporatism?"(2009), "Social Foundations of East Asian Social Policy"(2010) 등이 있다.(kamimura@lit.nagoya-u.ac.jp)

❖ 신동면(Dong Myeon Shin)

연세대학교에서 〈한국의 산업구조조정과 국가기업 관계에 관한 연구〉로 행정학 박사학위를 받았으며, 영국 바스대학교에서 〈한국의 사회 · 경제정책의 변화: 아이디어, 네트워크, 정책연계〉로 사회정책학 박사학위를 받았고, 현재 경희대학교 행정학과 교수로 있다. 주요 관심 분야는 비교사회정책, 동아시아 복지국가, 복지행정 등이다. 저서로 『Social and Economic Policies in Korea: Ideas, Networks and Linkages』(2003), 『동아시아 국가의 공공부조』(2007)가 있으며, 공동 저서로 『Social Protection in Southeast & East Asia』(2002), 『사회양극화 극복을 위한 사회정책 구상』(2007), 『일본형 복지사회의 개혁』(2007), 『한국 복지국가 성격논쟁 II』(2009), 『한국 복지국가의 전망』(2010), 『영국의 행정과 공공정책』(2010) 등이 있다.(dmshin@khu.ac.kr)

경상대학교 인권사회발전연구총서 ②

사회정책과 새로운 패러다임

인 쇄 | 2011년 12월 26일
발 행 | 2011년 12월 30일
엮은이 | 심창학 · 조영훈
발행인 | 부성옥
발행처 | 도서출판 오름
등록번호 | 제2-1548호 (1993. 5. 11)
주 소 | 서울특별시 서초구 서초동 1420-6
전 화 | (02)585-9122, 9123   팩 스 | (02)584-7952
E-mail | oruem@oruem.co.kr
URL | http://www.oruem.co.kr

ISBN 978-89-7778-368-3   93340